国家软科学重大项目
(2011GXS2D026)

中国区域经济发展动力机制研究系列

中国区域经济发展动力机制研究系列
China's Dynamic Mechanism of the Regional Economy Development Series

中国区域农业发展的动力机制
——以中原经济区为样本

DYNAMIC MECHANISM OF
REGIONAL AGRICULTURAL DEVELOPMENT IN CHINA

史自力 张建杰
高明国 张改清 刘宇翔 / 著

社会科学文献出版社
SOCIAL SCIENCES ACADEMIC PRESS (CHINA)

前　言

2007年中央一号文件第一次明确提出了建设现代农业的基本要求，然而大到全国范围，小至省市层次，农业发展的自然基础、社会经济条件千差万别，如何因地制宜发展现代农业成为一个问题。在2011年《全国主体功能区规划》中，中原经济区首次被纳入国家层面的重点开发区域，并将"扎实推进工业化、城镇化、农业现代化，实现'三化'并举，加快中原崛起、河南振兴"作为其战略目标。在中原经济区建设中，现代农业的发展被赋予了特殊的使命，成为保障中原经济区建设成功实施"三化"构架中的重要一环。根据随后在2012年颁布的《全国现代农业发展规划（2011~2015年）》中提出的以"七区二十三带"农业战略格局为核心，着力建设重点推进、率先实现和稳步发展三类区域，中原经济区又在经济地理意义上重叠于重点推进区，由此也更加突出了其粮食生产核心区的战略地位。作为保障国家粮食安全的重要农业主产区，其内部不同区位的发展潜力和资源环境承载能力存在差异，如何据此分区规划，乃是因地制宜推进现代农业发展的关键。

主体功能区是根据不同区域的发展潜力和资源环境承载能力，按区域分工和区域协调发展的原则划定的具有某种功能的规划区域（马凯，2006）。据此，"十二五"规划将我国国土空间划分为优化开发区域、重点开发区域、限制开发区域和禁止开发区域四类主体功能区。将主体功能区理论运用于现代农业实践，同样可以将其划分为优化开发农业区、重点开发农业区、限制开发农业区、限制开发生态区四个区域类别（杜黎明，2010）。农业功能区划是现代农业发展的关键环节，是强化农业发展要素空间管治所必需的步骤，其目的重在形成现代农业发展的合理的区域分工体系，突出现代农业发展的区域特色。为此，本书基于主体功能区视角研究中原经济区现代农业的动力机制问题，主要分为以下四部分内容。

基础篇——机制溯源

中原经济区包括河南省全境以及与河南省毗邻的晋东南、冀南、鲁西南和皖北的部分区域，区域面积近30万平方公里，拥有1.8亿多人口，涵盖5省28个地市。中原经济区内不同地区农业自然条件的差异性要求适应现代农业发展的分工、分业趋势，突出各地的农业比较优势，进行专业化分工和区域化布局，体现不同区域的农业特色，进行主体功能区的划分，基于主体功能对农业进行的区域规划，是现代农业区划发展的最新理论成果与实践创新。根据现代农业的"高产、优质、高效、安全、协调"的具体特征，结合中原经济区现代农业发展的具体要求，从主体功能区规划的角度，构建中原经济区各具体区域现代农业发展评价指标体系，指标体系包含农产品产量、农产品质量、农业生产效率、农业环境品质四个指标层。运用指标体系对中原经济区各地市农业发展相关统计数据进行量化处理，不仅能度量各地市现代农业发展的总体水平，而且通过分析不同区域现代农业发展的系数结构，可以得出不同地市现代农业发展的特色，为进行现代农业主体功能区划分提供直接的依据。由总量而结构，由结构而特色，由特色而方向，成为进行中原经济区现代农业发展主体功能区规划的基本路径。

根据现代农业主体功能区的思想，以及对现代农业发展指标体系的定性分析，我们将中原经济区现代农业发展分为郑州城市圈都市农业区、中原城市群外围高效农业区、黄淮海现代农业特区、南部养护型特色农业区和西部防护型生态农业区5个单元。其中，郑州城市圈都市农业区包括郑州市8城区及周边的中牟县、荥阳县、郑州机场航空港区、新郑市、登封市、巩义市、新密市7个卫星城镇，共15个单元；中原城市群外围高效农业区是指除郑州之外的中原城市群其他8市，包括开封、洛阳、新乡、许昌、漯河、焦作、济源、平顶山；黄淮海现代农业特区包括冀南的邯郸，鲁西南的聊城、菏泽，皖西的淮北、宿州、亳州和阜阳，以及河南省的安阳、濮阳、鹤壁、商丘、周口、驻马店，共4省13个地市；南部养护型特色农业区主要指沿大别山铺开的信阳和沿桐柏山铺开的南阳2市；西部防护型生态农业区主要包括河南省的三门峡，山西省的运城、长治、晋城，共4市。

郑州城市圈都市农业区以生态农业、旱作农业、乡村旅游、休闲农业作为发展重点；中原城市群外围高效农业区大力发展高效农业、创汇农业，体现现代农业的扩张性与高附加值；黄淮海现代农业特区则是服务于国家特定粮食安全战略，并据此享有国家特种优惠的行政区域；南部养护型特色农业区立足于自然环境特色搞山区特色经济，同时发展水源涵养型水作农业，打造我国南水北调清洁水源源头和中原经济区南部生态养护基地；西部防护型生态农业区现代农业发展的定位是保护性耕作、生态退耕、林果经济和杂粮等旱作农业，配之以生态退耕加强黄土高原水土流失治理、风沙治理、水源保护与生态环境建设，打造中原经济区西部生态屏障。

从主体功能区规划上看，郑州城市圈都市农业区实质上是优化开发农业区；中原城市群外围高效农业区实质上是重点开发农业区；黄淮海现代农业特区实质上是粮食保障性限制开发农业区，即通过限制进一步的工业化、城市化开发，让农业特区承担起中原经济区国家层面上的粮食安全保障功能，同时享有特殊的补偿与现代农业发展促进政策；南部养护型特色农业区和西部防护型生态农业区实质上是限制开发生态区，即通过对"跟进式"工业化、城市化发展的限制，为中原经济区发展打造南部生态优化区域和西部生态防护屏障，承担起中原经济区生态安全的主要功能。各功能区现代农业的发展分工并不是十分严格的，不同类型功能区仅限于各司主体功能。根据各个分区内农业自然资源禀赋多宜性与农业生产传统多样性的特征，各主体功能区具体的农业发展在形式上可能存在主体功能担负下的多样化特征，这些农业主体功能区之间表现出联系密切的互补与协同效应。

理论篇——机制机理

中原经济区建设的"三化"统筹中，现代农业建设具有举足轻重的地位。现代农业建设涉及现代农业生产系统的结构与演进，关于现代农业生产力系统的理论成果是对任何国家或地区农业现代化必须廓清的理论与实践问题。

农业是自然再生产与经济再生产的交织，还伴随着社会再生产的过程，但首先表现为生产力的范畴。现代农业生产力系统由独立实体性要素、运筹性要素、渗透性要素、准备性要素、生态调控性要素（支撑/约束性要素）构成。其中，独立实体性要素指农业生产中以物质实体形式存在的具有相对独立性的因素，即农业生产资料与农业劳动者。运筹性要素包括农业生产的经营状况、组织形式、分工合作、预测决策等内容。渗透性要素主要指自然科学及其在农业生产运用中所体现的农业生产技术及技术创新状况。准备性要素主要包括各种类型的农业教育和新型农民的培养。生态调控性要素（支撑/约束性要素）指农业生产的环境品质。如果农业生产的资源、生态、环境要素是良性的，则可以推动现代农业的发展，这些要素就是现代农业发展的支撑要素；而如果这些要素是恶性的，不仅对现代农业建设无甚裨益，反而会导致农业的不可持续性，就变成了现代农业发展的约束性障碍。

新中国成立后，农业现代化的追求成为我国发展战略的一部分，农业现代化建设先后沿着机械化、电力化、水利化、化学化和良种化的政策路径发展。家庭承包经营之后，我国农业市场化、商品化趋势逐渐呈现，现代农业发展的路径呈现一种多元发展的态势，反映了现代农业生产力系统的综合性与复杂性的特征。其中，生物技术的突破与应用、农业科技创新、农业经营制度的拓展、农业生产组织形式的创新，大大提升了我国现代农业生产力的发展水平，但农业水利的年久失修和农业生态环境的总体恶化态势，则说明农业生产力系统约束性的张力在加大，农业可持续发展的压力增大。

基于对促进现代农业发展目标和主体功能区空间管治目标有效融合的考虑，结合资源环境承载能力、现有开发密度和强度以及发展潜力情况，考察各主体功能区现代农业发展的创新驱动因素，是分类指导中原经济区现代农业发展的基本前提。郑州城市圈都市农业区将技术创新与制度创新作为现代农业发展的核心驱动因素，以技术创新作为产业承接或产业转移的内在动因，以制度创新作为诱导产业成长发育的外在激励，由此激活资源、组织及管理要素，为现代农业发展提供持续稳定的发展动力。中原城市群外围高效农业区要充分发挥市场创新、技术创新及制度创新对现代农业生产力系统诸功能要素的激发活化与整合提升作用。黄淮海现代农业特区围绕粮食产业发展探索科技创新新模式、组织创新新思路、产业融合新构架以及制度创新新成效，同时通过政策创新与市场创新优化现代农业发展的驱动因素，最大限度地发挥黄淮海现代农业特区粮食产业发展的典型示范效应。南部养护型特色农业区要将政策创新与技术创新作为核心驱动，促进养护型特色农业区效益农业与生态农业的协同发展。西部防护型生态农业区现代农业发展在动力依托上以政策创新作为核心驱动力，促进生态现代化与农业现代化的协调发展，同时借助各级财政资金投入配套、生态技术攻关助力及各主体功能区协调发展，促进限制开发生态区资源环境保护与农业的良性循环发展。

实践篇——机制作用

首先，在对中原经济区五大主体农业功能区的经济发展状况总体判断的基础上，分析了中原经济区现代农业发展的组织依托——农户、农民专业合作社、农业企业。现代农业发展中，农户采纳现代技术的行为对其有较大的影响。根据对河南等省份水稻种植农户对直播技术采纳行为的分析发现，农村劳动力兼业化是影响农户技术采用的一个重要因素。当其他要素既定时，非农业就业比例较高的农户更关心新技术，尤其是节约劳动力技术的采用加快了农业生产中机械技术进步的步伐；农户生产经营规模、土地经营细碎化程度对农户先进技术采用的影响很大，农户人均耕种规模越大，地块越集中，其先进技术的采用意愿越强；农业技术的发散渠道及农技服务状况对农户的技术采纳意义重大。另外，农业技术扩散的路径及技术服务变量、技术社区服务变量等对农户技术采纳也产生很大的影响。在重视农户对现代农业推进作用的同时，不能忽视现代农业组织的作用。农民专业合作社与农业企业是现代农业的重要载体，尽管二者的经营目标和管理方法有所差别，但是对于现代农业发展来说都具有重要的促进作用。农民专业合作社基于农民的角度，以成员价值为最大目标，将资金、土地、人力资本有效地整合起来，通过标准化、现代化的管理推进现代农业的发展，更有利于农民收入水平的提高，有利于绿色、生态、有机的现代农业目标，有利于实现农村和农业的协调发展。企业以追求利润最大化为目标，在资本上占有巨大优势，目前在市场上具有较高竞争优势且能快速地推广现代农业的生产方式，并能够提高当地政府的税收收入。

其次，对中原经济区不同主体功能区的效率作了分析。中原经济区五大农业区现代农业发展水平趋异。其中，郑州城市圈都市农业区的技术装备程度、中原城市群外围高效农业区的机械化和化学化以及黄淮海现代农业特区的水利化都居于较高水平，而南部养护型特色农业区与西部防护型生态农业区的农业投入水平总体偏低。五大功能区投入产出的综合效率并未完全随其投入强度正向变化，而是与其农作经营类型高度相关。以粮作经营为主体的黄淮海现代农业特区和南部养护型特色农业区生产效率处于劣势，而其他功能区则趋优，尤其是西部防护型生态农业区。总体上，五大功能区全要素生产率在下滑。

再次，针对中原经济区现代农业发展对"三化"的影响作了分析。基于劳动力转移视角的分析表明，由于长期受工农、城乡差距的影响，积贫积弱的农业、农村、农民成为制约"三化"协调发展的短板。解决这一问题的关键之一在于实现农村劳动力合理转移。农村劳动力的转移，一方面为工业化、城镇化建设提供了充足、廉价的劳动力；另一方面也丰富了农村劳均资源禀赋，提高了劳均农业产出。但由于受政策因素的影响，无法直接判断农村劳动力转移和现代农业发展水平之间是否存在直接、显著的因果关系，不过可以确定的是，农村劳动力的转移促进了现代农业的发展。在此基础上，从社会、经济和生态等各个方面对农业现代化和"三化"协调设置了一套评价指标体系，据此以河南省为例，总体判断了农业现代化、工业化、城镇化的演进及其协调性。进一步的主成分分析结果表明，河南省"三化"发展的不同步较为明显，但作为农业大省，农业现代化水平提高1%能够使"三化"协调程度提高1.04%，基本上是同步发展。因而，农业大省发展现代农业的社会经济功能显著，应对其予以政策倾斜。

最后，根据美国、日本、法国现代农业发展的实践，提出中原经济区现代农业发展的主体功能区建设是一个系统的、长期的工程，其实施必须进行分类安排、渐次推进。当前要做的主要工作是黄淮海现代农业特区和郑州城市圈都市农业区的规划。黄淮海现代农业特区的规划必须在指导思想、界线划分、发展导向、功能定位、资源评估、组织配套、重要政策倾斜、地方政策配套、资金投入、分步推进、组织目标等方面拿出可操作性的议案。郑州城市圈都市农业区的规划应该在产业布局与协调、土地制度改革与创新、政策导向、市场预测、村民社会工作配套、招商引资、优惠政策等方面做好先行调研和策划预案。下一个阶段要开始中原城市群外围高效农业区、南部养护型特色农业区和西部防护型生态农业区的现代农业发展规划。关于中原城市群外围高效农业区当前的规划重点是做好农业产业化布局、农业加工园区规划的可行性研究报告、农业物流园区的规划整合与可行性研究报告、农产品安全规范的优化方案的制订、食品安全与市场规范的实施方案；关于南部养护型特色农业区和西部防护型生态农业区现代农业发展规划，当前要做的主要工作是保护性耕作的贯彻与实施，轮耕、休耕、生态耕补偿的落实与到位，退耕还林工作的进一步深化，生态移民与工程移民的社会工作，清洁水源地的划定与保护，节水技术在林果经济中的推广，生态产品的品牌建设，等等。

政策篇——机制优化

中原经济区是一个区域内富有差异性格局的板块，这也是本书研究从主体功能区发展中原经济区内不同区域现代农业的基础。不同主体功能区现代农业发展的机理不同，则适用的政策机制也不同。

第一，以多功能化农业建设为核心，打造郑州城市圈都市农业区。首先，注重农业的物质生产功能，郑州城市圈都市农业要将重点放在蔬菜、水果、畜禽产品、水产品等食品原料的充足和优质供应上，要大力发展肉、菜、禽、蛋、奶等事关市民食物营养结构升级换代和"食品安全"的生态农产品的生产；其次，多功能化在发展休闲、旅游、观光等多功能性都市农业时，不能简单地拘泥于惯常的"农家乐"、采摘等形式，而是要充分挖掘农业的文化元素、农事生产过程的社会内涵、农业生产与自然和谐的生态美感，不断创新休闲农业的产品形态，通过休闲、观光、体验农业过程真正发挥农业的多功能性；最后，郑州城市圈都市农业区发展应立足中原经济区的自然、文化基础，服务于中原经济区现代农业发展的需要，拓展农业的多功能性，在城市经济的发展过程中始终将生态建设、社会服务、文化传承作为都市农业发展的内核。

第二，融通"三化"，谋划城市群外围区农业产业化。农业产业化发展是融通"三化"的桥梁与发动机，是外围区域现代农业发展的基础。在农业产业化发展中，涉农企业是龙头，涉农企业的培育至关重要，要用发展工业的方式，集约发展一大批涉农企业，扶持涉农企业集群发展。同时，还要完善农产品市场网络，加快市场流通体系建设。

第三，培养"核中之核"，建设粮食安全保障的现代农业特区。首先，以提高土地产出率为中心，确保粮食安全保障的基础；其次，以生物工程技术创新为粮食安全保障的科技支撑，始建粮食生产的可持续发展保障机制；再次，以社区建设促进粮食安全保障的社会基础；最后，完善支农惠农政策框架，提高农民粮食生产的积极性。

第四，养护发展，构筑西南部生态安全保障区。首先，加快农村剩余劳动力转移，提高人与环境的协调度；其次，以可持续乡村建设，带动循环农业和低碳农业发展；再次，完善生态退耕机制，构筑经济区生态屏障；最后，发展特色农业，实现经济效益与生态效益共赢。

目　录

基础篇——机制溯源

第一章　中原经济区现代农业发展的背景与依据……… 3
　第一节　背景……………………………………………… 3
　第二节　依据……………………………………………… 4

第二章　中原经济区不同主体功能区现代农业的定位………… 11
　第一节　不同主体功能区现代农业发展的定位………… 11
　第二节　中原经济区不同主体功能区现代农业区域的划分… 13
　第三节　中原经济区现代农业主体功能区的划分……… 18

第三章　中原经济区不同主体功能区现代农业的总体判断
　………………………………………………………………… 24
　第一节　各区的主体功能属性…………………………… 26
　第二节　现代农业主体功能区之间的协同效应………… 32

理论篇——机制机理

第四章 现代农业生产力系统构成 ····· 37
- 第一节 简单农业生产力系统要素构成 ····· 39
- 第二节 现代农业生产力系统模型 ····· 40
- 第三节 现代农业生产力系统要素间的关系及拓展 ····· 42

第五章 现代农业生产力发展的路径演进 ····· 47
- 第一节 新中国成立初期的农业建设 ····· 48
- 第二节 20世纪60~70年代的中国农业现代化建设 ····· 49
- 第三节 20世纪80~90年代的中国农业现代化建设 ····· 52
- 第四节 21世纪以来的中国现代农业建设 ····· 53

第六章 中原经济区现代农业发展的驱动机理 ····· 56
- 第一节 中原经济区现代农业承载的主体功能 ····· 56
- 第二节 中原经济区现代农业发展的驱动因素 ····· 60
- 第三节 中原经济区现代农业发展的协调驱动 ····· 64

实践篇——机制作用

第七章 中原经济区现代农业经济发展状况 ····· 79
- 第一节 郑州城市圈都市农业区 ····· 80
- 第二节 中原城市群外围高效农业区 ····· 83
- 第三节 黄淮海现代农业特区 ····· 85

第四节　南部养护型特色农业区 …………………… 91
第五节　西部防护型生态农业区 …………………… 95

第八章　中原经济区现代农业发展的组织依托 …………… 97
第一节　农户：对现代农业技术的采纳行为 ………… 97
第二节　农民合作：现代农业发展的基石 …………… 111
第三节　农民专业合作社：现代农业发展的纽带 …… 125
第四节　农业企业：现代农业发展的助推器 ………… 150

第九章　中原经济区现代农业主体及不同功能区效率比较
　………………………………………………………… 164
第一节　效率比较的方法 ……………………………… 164
第二节　现代农户与转型农户、传统农户的
　　　　效率比较 …………………………………… 171
第三节　现代农业不同主体功能区效率比较 ………… 187

第十章　中原经济区现代农业发展对"三化"协调的影响
　………………………………………………………… 223
第一节　现代农业与农业现代化、工业化、城镇化的
　　　　协同关系 …………………………………… 223
第二节　现代农业发展对"三化"协调的影响：基于
　　　　农村劳动力转移视角 ……………………… 229
第三节　现代农业发展对"三化"协调的贡献：基于
　　　　主因子的分析 ……………………………… 253

第十一章　中原经济区现代农业发展的经验借鉴与路径选择……269
　第一节　国际经验及借鉴……269
　第二节　国内经验及借鉴……274
　第三节　路径选择……298

政策篇——机制优化

第十二章　中原经济区现代农业发展的战略部署……303
　第一节　以多功能化农业建设为核心，打造郑州城市圈都市农业区……304
　第二节　融通"三化"，谋划城市群外围区农业产业化……310
　第三节　培养"核中之核"，建设粮食安全保障的现代农业特区……314
　第四节　养护发展，构筑西南部生态安全保障区……320

参考文献……325

CONTENTS

Part of Foundation—The Origin of Mechanism

Chapter 1 The Background and Basis of the Modern Agricultural Development in Central Plains Economic Zone / 3
  1. Background / 3
  2. Basis / 4

Chapter 2 The Orientation of Modern Agriculture in Different Major Function-oriented Zones of Central Plains Economic Zone / 11
  1. The Orientation of Modern Agricultural Development in Different Major Function-oriented Zones / 11
  2. The Division of Modern Agricultural Regions in Different Major Function-oriented Zones of Central Plains Economic Zone / 13
  3. The Division of Modern Agriculture in Major Function-oriented Zones of Central Plains Economic Zone / 18

Chapter 3 The Overall Judgment of Modern Agriculture in Different Major Function-oriented Zones of Central Plains Economic Zone / 24
  1. The Major Functional Attributes of Different Zones / 26

2. The Cooperative Effect among Major Function-oriented Zones of Modern Agriculture / 32

Part of Theory—The Principle of Mechanism

Chapter 4 The Composition of Modern Agricultural Productive System / 37
1. The Elements of Simple Agricultural Productive System / 39
2. The Model of Modern Agricultural Productive System / 40
3. The Relationship and Expansion among the Elements of Modern Agricultural Productive System / 42

Chapter 5 The Evolution Path of Modern Agricultural Productivity Development / 47
1. The Agricultural Construction in the Early Period after the Foundation of New China / 48
2. The Agricultural Modernization Construction in China during the 1960s and 1970s / 49
3. The Agricultural Modernization Construction in China during the 1980s and 1990s / 52
4. The Modern Agriculture Construction in China since 21 Century / 53

Chapter 6 The Driving Mechanism of Modern Agricultural Development in Central Plains Economic Zone / 56
1. The Major Function of Modern Agriculture in Central Plains Economic Zone / 56

2. The Driving Factors of Modern Agricultural Development in
   Central Plains Economic Zone　　　　　　　　　　　　/ 60
3. The Coordinated Driving of Modern Agricultural Development
   in Central Plains Economic Zone　　　　　　　　　　　/ 64

Part of Practice—The Effect of Mechanism

**Chapter 7　The Development Situation of Modern Agricultural
　　　　　　Economy in Central Plains Economic Zone　　/ 79**
1. The Urban Agriculture Zones of Zhengzhou City Circle　　/ 80
2. The High Efficient Agriculture Zones Outside of Central
   Plains Urban Agglomeration　　　　　　　　　　　　　/ 83
3. The Modern Agriculture Special Zones of
   Huanghe-Huaihe-Haihe　　　　　　　　　　　　　　　/ 85
4. The Characteristic Agriculture Zones of Conservation Type in
   South Part　　　　　　　　　　　　　　　　　　　　　/ 91
5. The Ecological Agriculture Zones of Protection Type in
   West Part　　　　　　　　　　　　　　　　　　　　　/ 95

**Chapter 8　The Organization Support of Modern Agricultural
　　　　　　Development in Central Plains Economic Zone　/ 97**
1. Farmers: The Adoption of Modern Agricultural Technology　/ 97
2. Farmers' Cooperation: The Cornerstone of Modern
   Agricultural Development　　　　　　　　　　　　　　/ 111
3. Farmers' Specialized Cooperatives: The Link of Modern
   Agricultural Development　　　　　　　　　　　　　　/ 125

4. Agricultural Enterprises: The Booster of Modern Agricultural
Development　　　　　　　　　　　　　　　　　　　／ 150

Chapter 9　The Efficiency Comparison of Modern Agricultural Subjects and Different Function-oriented Zones in Central Plains Economic Zone　／ 164

1. The Method of Efficiency Comparison　／ 164
2. The Efficiency Comparison among Modern Farmers, Transformational Farmers and Traditional Farmers　／ 171
3. The Efficiency Comparison of Modern Agriculture in Different Major Function-oriented Zones　／ 187

Chapter 10　The Influence of Modern Agricultural Development on the Coordination of Industrialization, Urbanization and Agricultural Modernization in Central Plains Economic Zone　／ 223

1. The Cooperative Relations among Modern Agriculture and Agricultural Modernization, Industrialization, Urbanization　／ 223
2. The Influence of Modern Agricultural Development on the Coordination of Industrialization, Urbanization and Agricultural Modernization: Based on the Perspective of Rural Labor Transfer　／ 229
3. The Contribution of Modern Agricultural Development to the Coordination of Industrialization, Urbanization and Agricultural Modernization: Based on the Main Factor Analysis　／ 253

CONTENTS

Chapter 11 The Experience Reference and Path Selection of Modern Agricultural Development in Central Plains Economic Zone / 269

1. The International Experience and Reference / 269
2. The Domestic Experience and Reference / 274
3. The Path Selection / 298

Part of Policy—The Optimization of Mechanism

Chapter 12 The Strategic Deployment of Modern Agricultural Development in Central Plains Economic Zone / 303

1. Focusing on the Multifunctional Agriculture Construction, Build the Urban Agriculture Zones of Zhengzhou City Circle / 304
2. Fusing Industrialization, Urbanization and Agricultural Modernization, Plan Agricultural Industrialization outside of the Urban Agglomeration / 310
3. Culturing the Heart of the Core, Construct the Modern Agriculture Special Zones to Guarantee the Food Security / 314
4. By Conservation Development, Build the Ecological Security Zones in Southwest Part / 320

References / 325

Dynamic Mechanism of Regional Agricultural Development in China

基础篇——机制溯源

第一章
中原经济区现代农业发展的背景与依据

第一节 背景

2007年中央一号文件第一次明确提出了建设现代农业的基本要求，然而大到全国范围，小至省市层次，农业发展的自然基础、社会经济条件千差万别，因此应该因地制宜发展现代农业，使现代农业体现不同的区域特色。立足不同区域的农业资源禀赋，进行各种不同层次的农业主体功能区划分与建设，是因地制宜发展现代农业的战略性举措。主体功能区是根据不同区域的发展潜力和资源环境承载能力，按区域分工和区域协调发展的原则划定的具有某种功能的规划区域（马凯，2006）。就现代农业发展而言，农业主体功能区就是指根据不同区域农业自然条件、技术基础、国家区域发展战略、区域经济社会发展状况等因素，结合不同区域农业发展的历史传统，所划定的体现功能分化、层次差异和协调发展的若干农业功能分区的总称。

2011年1月28日，国务院印发的《全国主体功能区规划》中，中原经济区（Central Plains Economic Region，CPER）首次被纳入国家层面的重点开发区域。中原经济区建设规划的战略目标是"扎实推进工业化、城镇化、农业现代化，实现'三化'并举，加快中原崛起、河南振兴"。在中原经济区建设中，现代农业的发展被赋予了特殊的使命，成为保障经济区建设成功实施的"三化"构架中的重要一环。中原经济区包括河南省全境以及与河南省毗邻的晋东南、冀南、鲁西南和皖北的部分区域，区域面积近30万平方公里，拥有1.8亿多人口，涵盖5省28个地市[①]。从自然环境上看，中原经济区为跨湿润、半湿润、半干旱三种干湿类型，亚热带、暖温带和大陆性三种气候类型，粮食作物种植包括小麦、水稻、玉米、红薯、杂粮等主要种类，经济作物种植更是丰富多样。中原经济区内不同地区农业自然条件的差异性要求适应现代农业发展的分工、分业趋势，突出各地的农业比较优势，进行专业化分工和区域化布局，体现不同区域的农业特色，进行主体功能区的划分。

第二节 依据

一 相关研究及理论

将现代农业建设纳入国家主体功能区发展规划，中原经济区在全国尚属首次，这与中原经济区的主体区域——河南农业大省、国家粮食安全三大核心区之一的地位是密不可分的，也与国家对中原经济区国家层面的粮食安全保障区的战略定位是相适应的。关于中原经济区现代农业建设，完世伟（2011）的研究强调农业发展与工业化、城市化的统筹关系，王永苏（2011）认为工业化、城市化应该对农业现代化起重要的支撑作用。田林元（2010）的研究

[①] 关于中原经济区的地理范畴，大致包括河南省和周边省份部分地市，不同的研究略有出入。这里根据河南省科学院地理研究所安春华等（2010）的研究，中原经济区指河南省全境的18个地市，晋东南的晋城、运城和长治，冀南的邯郸，鲁西南的聊城和菏泽，皖北的淮北、亳州、宿州和阜阳，总计5省28个地市区域。

将中原经济区对保障国家粮食安全的作用置于现代农业发展的首要位置。王汉民、马俊峰（2011）提出以新农业革命迎接中原经济区建设，并构想了新农业革命的五大工程建设。杨承训（2011）则建议以中原经济区建设为契机，突出现代农业发展的基础地位，建立富有中国及世界特色的"农（业）谷"，将农业科技创新放在支撑现代农业发展的领先位置。

以上这些研究从不同的目标及路径为中原经济区现代农业建设提供了相应的思路，还有些则是从区域协调角度进行的富有针对性的研究。李铜山（2011）建议在河南省的黄淮4市开展以粮食生产为主要保障的农业特区建设，然后向河南全省推广。吴新生（2011）也主张借鉴荷兰现代农业的成功经验在黄淮4市首先建立高效农业特区。吴海峰（2010）的研究是为数不多的对中原经济区进行全域性的研究。本书试图从主体功能区的视角对中原经济区现代农业进行探索性的研究，以期为现代农业建设提供相应的理论思考与实践探索。

二　从主体功能区到农业主体功能区

现代农业区域规划离不开对农业结构（包括空间结构、区位结构、资源禀赋等）的合理布局和对农业功能（包括综合功能和主体功能）的科学谋划，农业区划的发展与演进伴随着我国农业现代化的进程。从基于气候、土壤等自然资源进行的农业区划，到基于作物门类、耕作制度等进行的农业区划，再到基于农业部门、农业技术发展、行政区等要素进行的综合性区划，农业区划不断注入时代的内涵。基于主体功能对农业进行的区域规划，是现代农业区划发展的最新理论成果与实践创新。

1. 关于主体功能区规划

2002年以来，我国对区域规划体制进行了改革，逐渐淡化了方位区(如"三大区域"划分)、结构区(如"七大区域"划分)、行政区的定式,而逐渐增加了"功能区"的分异。到"十一五"(2006~2010年)规划期间,正式形成了主体功能区(Major Function-oriented Zone, MFOZ)的基本思想,确立了优化开发区域、重点开发区域、限制开发区域、禁止开发区域四类主体功能区(见表1-1),并以"不完全推进形成主体功能区"进行规划实施。2010年底,《全国主体功能区规划》颁布,并在"十二五"(2011~2015年)规划中全域实施,力图富有前瞻性地谋划好我国未来14.5亿人口和上百万亿元的GDP在960万平方公里的陆地国土空间的分布,并与2.8万亿立方米的水资源、18亿亩的耕地以及其他资源相协调,把该开发的区域集约开发好,把该保护的区域切实有效地保护好(杨海霞,2011)。自此,主体功能区从概念到思路,再到规划、局部实施,最终全面实施,成为我国区域发展规划的战略基础。

表1-1 我国主体功能区资源要素及功能定位

主体功能区	区域资源、禀赋、要素特征				功能定位		
	城乡区域	产业要素	环境禀赋	业态构成	主体功能	辅助功能	其他功能
优化开发区域	城市化率高	工业化基础好	资源环境问题突出	工业品及服务提供为主	工业化与城市化开发	都市农业	生态产品与服务
重点开发区域	城市化率较高	有相应工业基础	资源环境承载能力强	工业品提供	承接产业转移及吸纳人口	农业产业化	生态产品与服务
限制开发区域	城市化率低	农业生产基础好	污染转移与面源污染严重	农副产品提供为主	粮食安全保障、生态产品与服务	特色农业	旅游业畜牧业
禁止开发区域	乡村区域或原生态地区	工农业均不发达	环境生态资源充裕	水源空气等生态产品和和谐人文环境	生态产品与服务		

优化开发区域是我国工业化水平较高的区域，同时其城市化率也较高，较高的工业化、城市化发展水平，说明该区域的开发强度/密度较高，其业态构成以工业品及第三产业的服务提供为主，这个区域的主体功能体现为工业化与城市化的开发。但是由于开发强度/密度较大，环境资源问题凸显，对其工业化、城市化开发的功能优化也势在必行。在这个优化要素中，都市农业的发展及城市生态产品开发、生态屏障建设承担着重要的角色。

重点开发区域城市化率较高，同时也有一定的工业化基础，是我国产业转移和人口吸纳的新型增长点。加速工业化、城市化，以及产业与发展要素的集聚使得该区域的开发强度/密度日趋变高，尽管有一定的环境承载能力，但区域内环境张力加大的趋势也是不可避免的。为了保证重点开发区域内经济发展与环境容量的平衡，以及快速扩张的工业化、城市化对基本食品的保障需求，重点开发区域的现代农业发展也是其重点发展的产业之一。重点开发区域现代农业发展的重心在于进行农业产业化。

限制开发区域的"限制"内涵是，在工业化、城市化基础较低而农村区域占绝对优势、农业发展基础较好的传统农区，不适合搞大规模和高强度的工业化、城市化开发，应适应工农、城乡资源禀赋及要素配置的发展规律，在这些区域进行工业化、城市化的"限制"开发，避免超强度/大密度的开发。工农、城乡发展的资源要素是此消彼长的，在限制开发区域，就是现代农业发展的重点区域。限制开发区域的现代农业发展履行我国粮食安全基本保障的功能，加上这些区域现代农业发展中农业面源污染及工业污染转移的加重，因而此区域提供生态产品及服务，保障现代化发展的生态安全。

禁止开发区域的产业功能相对单一，这个区域的工业化、城市化发展水平均很低，传统与现代意义上的农业产业开发观念也很淡薄，其主要功能就是为城乡居民提供干净的水源、清洁的空气、度假的空间、清闲的氛围、多元化的生活、和谐的自然环境和对生活节奏的调节。禁止开发区域主要包括各级风景名胜区、生态保护区、森林公园、地质公园和世界自然文化遗产等，其更多地以各种类型的生态产品产出，承担特殊社会服务功能，因此在现代产业形态研究中，不管是工业化、城市化，还是现代农业的研究，均不作为重点的研究领域。

2. 农业主体功能区的理论与实践

传统农业部门结构单一、规模小、技术落后、自然色彩浓厚，只有作物自然适应性的地域分化，没有经营管理意义上的区域规划；现代农业部门结构复杂、生产规模较大、技术要素的含量较高、商品化程度高，农业的区域规划显得异常重要。特别是现代农业的基本特征——高产、优质、高效、安全、协调，对农业区域之间的规划提出了更高的要求，现代农业的区域规划是其有别于传统农业的一个重要禀赋。

各地自然地理条件、经济发展水平、原有的国土开发强度/密度、自然环境承载能力、国家的宏观战略部署各不相同，在现代农业发展过程中，对现代农业的功能与特征不可能均衡地体现。各种主体功能区反映的均是主体功能，而不是全部功能，但各主体功能区的边界和范围在较长时期内应保持稳定（李彦、赵小敏、欧名豪，2011）。具体而言，就是在工业化、城市化发展水平较高的区域，由于其整体的开发强度/密度较高，资源环境的承载能力开始减弱，因此其农业开发应该趋向保守，不要有太多的扩张性，而要以优化整合原有的农业资源为主，主要体现为工业化、城市化发展提供"优质、安全"的各类农产品的主体功能。在工业化、城市化未来发展的重点区域，由于其开发强度/密度趋大，资源环境的承载能力仍处于可挖掘阶段，其农业开发应体现市场化农业的"高效性"的特色，重点发展加工度深、价值链长的农业产业化。在某些传统的农区（特别是以粮食种植为主导的农区），工业化、城市化发展的基础较弱，其环境资源对大规模开发的承载能力也较弱，不适合搞跟进式的高强度/密度的开发，因此可以将其发展限制在不牺牲农业、不牺牲粮食和不牺牲生态环境的发展路径上，以确保我国现代化发展的基本粮食安全和生态防护。而在某些开发强度/密度低、环境承载度低，或者对环境安全有特殊战略需求的区域，农业开发主要定位在为社会发展提供生态产品的功能上，体现明显的原生性，禁止进行追求效益性的农业经济开发（见图1-1）。

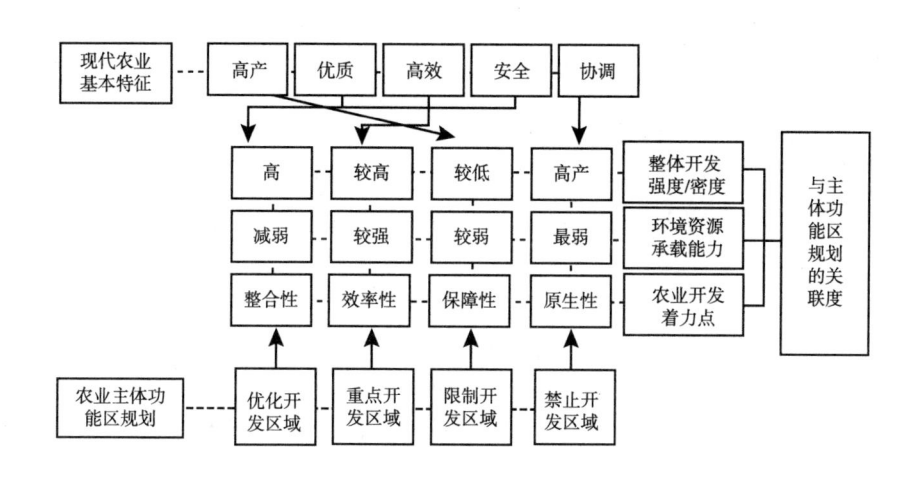

图1-1 现代农业与主体功能区规划关联情况

综上所述，主体功能区是根据不同区域的发展潜力和资源环境承载能力，按区域分工和区域协调发展的原则划定的具有某种功能的规划区域（马凯，2006）。农业主体功能区就是指根据不同区域农业自然条件、技术基础、国家区域发展战略、区域经济社会发展状况等因素所划定的体现功能分化、层次差异和协调发展的若干农业功能分区的总称。农业主体功能区规划是主体功能区战略在现代农业发展中的具体操作与应用。

第二章
中原经济区不同主体功能区现代农业的定位

第一节 不同主体功能区现代农业发展的定位

一 优化开发农业区现代农业

这类区域立足我国经济发达区域土地资源稀缺的客观现实,以现代农业技术创新为主要突破口,发展能够体现世界现代农业水准和国家竞争力的高技术型农业,如农业生物技术和信息农业,提升现代农业的环境兼容性与技术附加值。在城市化发达的区域,现代农业发展还要体现调节市民生活形态和提供城市生态服务的都市型农业的特征(见表2-1)。

表2-1 现代农业发展的各类主体功能区状况

现代农业主体功能区	功能定位	战略重点	地区类型(举例)
优化开发农业区	以高科技含量体现现代农业的方向;以高附加值体现现代农业的高效	资本、技术密集型农业,设施农业,创汇农业,都市型农业	东部沿海地区、大都市郊区
重点开发农业区	集约化农业为工业化提供空间服务;多功能化农业为城镇化提供生活服务	节地型农业、市场型农业、高效农业产业化	大中城市及其周边辐射地带

续表

现代农业主体功能区	功能定位	战略重点	地区类型（举例）
限制开发农业区	确保国家粮食安全；确保农民增收	农业基础设施建设、规模化经营、新农村建设	粮食主产区、传统农业区（黄淮海农业综合开发区）
限制开发生态区	国家生态安全屏障；以环境友好型农业发展增强农业的生态服务能力	生态农业、保护性耕作、水源涵养型农业、特色农业、循环农业	山区半山区、干旱半干旱地区（黄土高原区）

二 重点开发农业区现代农业

这类区域现代农业发展仍然是工业化、城市化主导型的，其功能定位为服务于城乡结构的优化和工业化的发展，以集约化的农业支撑现代城市的空间载体，是一种市场机制作用在工农、城乡的资源及要素配置上发挥基础性作用的高效农业类型。

三 限制开发农业区现代农业

这类区域主要是以农户经济为主体的国家粮食主产区，如黄淮海农业综合开发区、洞庭湖水稻高产区等。该区域现代农业发展主要功能定位是以粮食生产为主，粮食生产一要保证土地产出率的增长，二要保证农民增收。其现代农业发展的重点一是打基础，强化农业基础设施建设，提升农业技术装备水平；二是挖潜力，大力进行农业的产业化、规模化发展，进行新农村建设，提高农业技术进步水平，延长农业产业链条，培育农业全过程就业机制，充分释放农业的就业吸纳功能。

四 限制开发生态区现代农业

这类区域农业发展的立足点是保护区域的生态环境，通过资源节约型和环境友好型农业建设,将其建设成特色农产品发展基地和国土安全的重要生态屏障。围绕生态环境保护,现代农业发展应该重点推广保护性耕作,发展特色农产品、绿色农产品以及旱作农业等生态型农业。

第二节 中原经济区不同主体功能区现代农业区域的划分

一 中原经济区现代农业主体功能区规划的依据

通过对中原经济区各地市的现代农业发展进行大致的度量,计算出各地市现代农业发展的综合系数(总量)及系数组成(结构)状况。再通过总量来估算各地市现代农业发展的大致水平,通过结构来归纳不同地市现代农业发展的大致类型。

1. 现代农业发展指标体系的构建

根据现代农业的"高产、优质、高效、安全、协调"的具体特征,以及与农业各个主体功能区的关联度,结合中原经济区现代农业发展的具体要求,从主体功能区规划的角度,构建了现代农业发展评价指标体系。现代农业发展系数度量由农产品产量、农产品质量、农业生产效率、农业环境品质4个指标层构成,分别用来表述现代农业发展的"十字"特征,每个指标层由4个内容层进行测量,为了使评价指标体系的测量更加方便,我们在内容层的权重分配时,采用均等权重分配,对4个指标项每项赋值 0.25,每个内容项赋值 0.0625,现代农业发展综合指数取值在 [0,1] 范围内,各个内容层的解释见表 2-2。

表 2-2 中原经济区各地市现代农业发展综合指标体系

	指标	内容(%)	释义*
现代农业发展综合指数(I)	农产品产量(p)	p_1:人均产值贡献比	人均农林牧渔产值
		p_2:人均粮食贡献比	人均粮食产量
		p_3:地均产值贡献比	每公顷农林牧渔产值
		p_4:地均粮食贡献比	每公顷粮食产量
	农产品质量(q)	q_1:外向型农业贡献比	人均农产品外运创汇产值
		q_2:农业结构优化度	养殖业产值与大农业产值比
		q_3:化学农业发展水平	每公顷农地化肥施用折纯量
		q_4:设施农业发展水平	农田有效灌溉率
	农业生产效率(f)	f_1:大型涉农企业覆盖比	万人5000万元以上大型涉农企业占有率
		f_2:农业产业化率	农林牧渔产值原值与附加值的比
		f_3:粮食产品附加值	粮食加工系数
		f_4:农业劳动生产率	农民人均纯收入
	农业环境品质(e)	e_1:国家级"2园2区1产"系数	万人拥有国家级"2园2区1产"系数
		e_2:省级"2园2区1产"系数	万人拥有省级"2园2区1产"系数
		e_3:森林覆盖率比	森林覆盖率
		e_4:水资源存量	人均占有水资源数量

注:"2园2区1产"是指森林公园、地质公园;自然保护区、风景名胜区;世界文化自然遗产。*在释义列中,所解释的指标均表示各地市值与中原经济区总体值的比值。

2. 现代农业发展指标数据的来源

中原经济区各地市现代农业发展度量指标体系的各项数据来源于2011年的《河南省统计年鉴》《河北省统计年鉴》《山东省统计年鉴》《安徽省统计年鉴》《山西省统计年鉴》以及上述省份所属市区相应年份的公报数据;对国研网(2010)的数据导出与整理以及《中原经济区发展报告》(刘怀廉,2011)也是这个指标体系数据来源的重要组成。由于部分数据缺失,乃从相关数据或研究中推导而来。

由于各个统计数据的量化单位不一，为了减少或避免变量量纲不同而带来的误差，保证度量结果的客观性和科学性，对各地市农业发展的数据进行比率的比值化处理，即取各地市农业相关数据（或数据的比率）占中原经济区相关数据（或比率）的比值。通过这种无量纲的比率换算，使得数据更具可比性。

二 对现代农业发展指标体系的分析

1. 总量分析

根据以上指标体系，对各地市的现代农业发展阶段与水平进行综合测算，首先对中原经济区各地市现代农业发展系数进行估计，得出如下判断，见图2-1和表2-3。

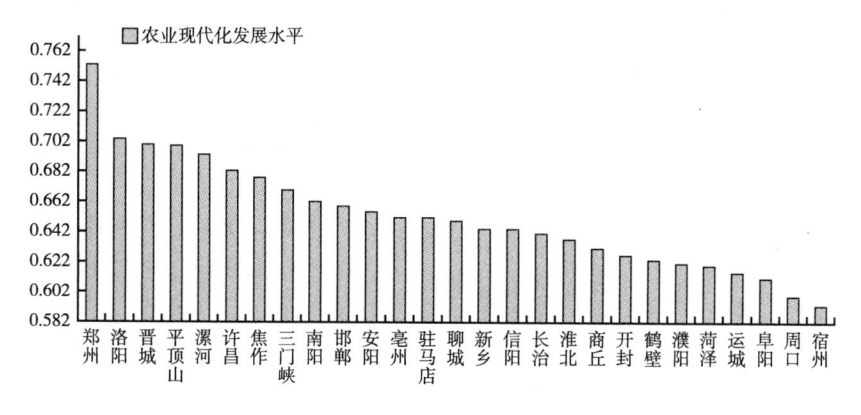

图2-1 中原经济区各地市现代农业发展水平度量（2010年）

注：济源数据缺失。

表2-3 中原经济区各地市现代农业发展水平（系数）

城市	现代农业发展度	位次	城市	现代农业发展度	位次	城市	现代农业发展度	位次
郑 州	0.7530	1	邯 郸	0.6592	10	商 丘	0.6310	19
洛 阳	0.7034	2	安 阳	0.6558	11	开 封	0.6267	20
晋 城	0.7006	3	亳 州	0.6517	12	鹤 壁	0.6236	21
平顶山	0.6998	4	驻马店	0.6517	13	濮 阳	0.6218	22

续表

城市	现代农业发展度	位次	城市	现代农业发展度	位次	城市	现代农业发展度	位次
漯河	0.6930	5	聊城	0.6489	14	菏泽	0.6202	23
许昌	0.6822	6	新乡	0.6443	15	运城	0.6161	24
焦作	0.6788	7	信阳	0.6438	16	阜阳	0.6118	25
三门峡	0.6697	8	长治	0.6413	17	周口	0.5998	26
南阳	0.6625	9	淮北	0.6377	18	宿州	0.5934	27

注：济源数据缺失。

从图 2-1 和表 2-3 可以看出，郑州的农业现代化发展水平一枝独秀，现代农业发展系数达到 0.7530，比排在第 2 位的洛阳高出 0.0496。处在第二梯队的城市为从洛阳、晋城到南阳等的 8 个地市，现代农业发展系数为 0.66~0.71。处在第三梯队的城市为从邯郸、安阳、亳州到鹤壁等的 12 个地市，它们的现代农业发展系数在 0.62~0.66 范围内变动。中原经济区内濮阳、菏泽、运城、阜阳、周口、宿州 6 个地市的现代农业发展最为落后，它们的系数为 0.59~0.63。

2. 结构分析

在对系数总量分析的基础上，再对各地市现代农业发展系数的构成状况进行分析，找出不同地市现代农业发展的特色，这也成为分析不同地市农业未来发展方向的基础，为进行现代农业主体功能区划分提供直接的依据。

（1）郑州市的现代农业发展指数结构中，农产品产量、农产品质量、农业生产效率和农业环境品质均达到了相当的水平（为 0.18~0.20），呈现一种均衡发展态势。说明郑州市农业将要经历完成农业提供产品、追求农业效益的发展阶段，而重点在加强市场管理、防范食品安全及挖掘农业的文化与生活品质，即农业将要发展成为一种社会性农业而进入农业多功能性的挖掘阶段。

(2) 洛阳、许昌、新乡、开封、平顶山、焦作、漯河等地市现代农业发展指数结构中，农业生产效率所占比重较大，占到总系数的30%~33%，说明这些地市的效益农业发展对农业现代化的引领作用很大。例如，许昌市的现代农业发展指数为0.6822，而其中的农业生产效率指数达到了0.2194，占总系数结构的32.2%（见表2-4）。

表2-4　部分地市现代农业发展指数及其构成

指数	城市	许昌	阜阳	南阳
现代农业发展指数	农产品产量指数	0.1736(25.5%)	0.2034(33.3%)	0.1917(28.9%)
	农产品质量指数	0.1647(24.1%)	0.1415(23.1%)	0.1433(21.6%)
	农业生产效率指数	0.2194(32.2%)	0.1531(25.0%)	0.1169(17.7%)
	农业环境品质指数	0.1245(18.2%)	0.1138(18.6%)	0.2106(31.8%)
现代农业发展指数（总指数）		0.6822	0.6118	0.6625

(3) 黄淮海平原大多数地市的现代农业发展系数构成中，农产品产量所占的比重较大，一般为0.20~0.22，不论人均粮食产量还是地均粮食产量，均明显高于中原经济区其他区域，说明黄淮海平原各地市在粮食安全保障功能实现中的重要作用。例如，阜阳市的现代农业发展指数为0.6118，而其中的农产品产量指数为0.2034，占总指数的33.3%。

(4) 南部沿大别山和桐柏山铺开的信阳、南阳2市及西部晋城市，其现代农业发展指数构成中，农业环境品质占据相当的比例，多为0.21~0.23，特别是这些区域的高森林覆盖率以及众多的"2园2区1产"为它们的环境品质挣分不少。例如，南阳市的现代农业发展指数为0.6625，而其中的农业环境品质指数为0.2106，占总指数的31.8%。

通过以上对中原经济区各地市现代农业发展进行的度量，既从总量上描述了各个区域现代农业发展的大致状况，又从结构上揭示了各地市现代农业发展的侧重与特色,为中原经济区各地市现代农业发展的主体功能区规划指明了方向,由总量而结构,由结构而特色,由特色而方向,这就是中原经济区现代农业发展主体功能区规划的基本路径。

第三节 中原经济区现代农业主体功能区的划分

农业功能区划是我国现代农业发展的关键环节,是强化农业发展要素空间管治所必需的步骤,其目的重在形成现代农业发展的合理的区域分工体系,突出现代农业发展的区域特色。中原经济区作为介于国家层面和省级层面的战略区域,根据主体功能区的思想及经济区农业发展的实践状况,中原经济区现代农业发展拟分为郑州城市圈都市农业区、中原城市群外围高效农业区、黄淮海现代农业特区、南部养护型特色农业区和西部防护型生态农业区5个单元(见图2-2)。

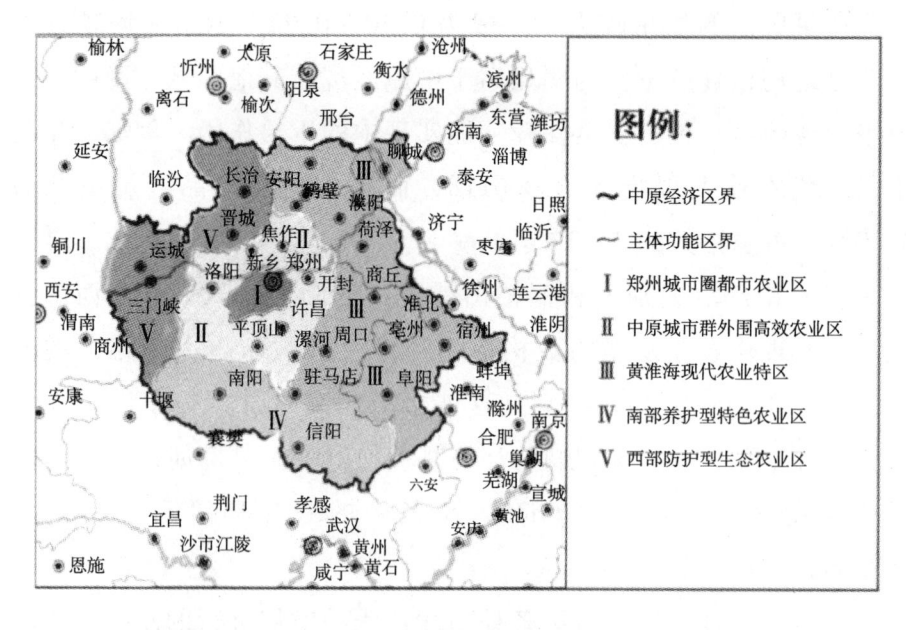

图2-2 中原经济区现代农业发展主体功能区划分

一 郑州城市圈都市农业区

郑州城市圈包括郑州市 8 城区及周边的中牟县、荥阳县、郑州机场航空港区、新郑市、登封市、巩义市、新密市 7 个卫星城镇，共 15 个单元。2010 年郑州城市圈城市化率达到 70% 以上，城乡居民人均 GDP 在 5000 美元以上，已经达到相对富裕的水平。他们对食品的消费由低蛋白、高脂肪为主向高蛋白、低脂肪为主转变，由原粮消费为主向副食消费、精深加工的粮食消费为主转变；对农业的需求结构也由单一农产品提供向食品、文化、生态复合体供给格局转变。消费结构的升级和对农业需求结构的转型成为郑州城市圈都市农业发展的强大动力，发展都市型现代农业的时机与条件已经成熟。

首先，发展以生态农产品供应为主的生态农业，通过大型蔬菜、果园、水产、畜禽养殖等基地项目建设，实现绿色种养，面向市民群体，进行现场销售、就近销售和现场消费（通过休闲体验农业），满足城市圈居民的生态消费需求。其次，在西南部的浅丘区，发展生态屏障型、水源涵养型旱作农业。再次，在黄河滩农业区发展集生态防护网构筑与自然景观培育为一体的农业生态旅游。另外，城市圈在历史上通常是风云际会之地，许多历史陈迹（如牧野之战、官渡之战遗址等）散落在田间野外，通过对历史文化资源的创意开发，发展乡村文化旅游。最后，整合沿黄河滩农业区、邙山旅游区、河滩湿地保护区的生态旅游资源，发展面向城市圈市民群体，集现代蔬菜采摘、畜禽水产品采购、现场消费、母亲河体验和生态教育为一体的都市乡村休闲旅游综合体。

二 中原城市群外围高效农业区

中原城市群的外围区域是指除郑州之外的中原城市群其他 8

市，包括开封、洛阳、新乡、许昌、漯河、焦作、济源、平顶山。其农业发展的功能定位是：巩固农业的基础地位，在保障对中原城市群自身农副产品供应的前提下，大力发展高效农业、创汇农业，体现现代农业的扩张性与高附加值。

发展高效农业，一要调整产业结构，二要延长产业链条，以结构优化和产业化发展提高农产品附加值。例如，建设面向全国特大城市的供京、供沪、供穗、供港蔬菜基地，并配套建立蔬菜的采摘、浅加工、深加工、仓储、冷鲜、物流等产业链；大力发展以鄢陵为中心的花卉、园艺业；围绕双汇集团、大用集团等龙头企业开发农畜产品的产前饲养与产后加工环节；加快临颍农副产品加工园区建设；在花生等油料作物主产地建立大型油脂加工企业；等等。

三 黄淮海现代农业特区

中原经济区的黄淮海区域包括冀南的邯郸，鲁西南的聊城、菏泽，皖北的淮北、宿州、亳州和阜阳，以及河南省的安阳、濮阳、鹤壁、商丘、周口、驻马店，共4省13个地市。在综合相关研究的基础上，笔者认为应在这13个地市建立以粮食安全保障为宗旨的农业特区。黄淮海现代农业特区几乎占据中原经济区一半左右的区域，包括经济区京广线以东的主要部分。

现代农业特区是指参照国内外特区建设模式，在具有比较优势和显著特征的传统农业区设置的、服务于国家特定粮食安全战略的，并据此享有国家特种优惠的行政区域。现代农业特区一般具有特殊的投资、特殊的效益、特殊的运行、特殊的技术、特殊的政策等特征（吴海峰，2010；李铜山，2011）。

在现代农业特区建设中，以政府对种粮农户的特殊补贴等为代表的特殊政策设计至关重要。我们可以用粮食生产的外部性、农业公共物品属性等理论来解释农业特区农户获取补贴的正当性与必要性。根据马歇尔的理论，外部性是指在生产（或消费）环节中，投入与产出不能通过市场价格机制反映出来的要素与禀赋（马歇尔，2005）。以粮食生产为主的农业特区农户生产的外部性则是指在粮食生产市场化的条件下，粮食价格不能反映农户的实际投入状况，也不能反映农户粮食产出的应有价值。由于外部性的存在，人们不能得到产生于正的外部效用的全部收益，他们必将尽可能地减少或者避免从事这些活动（张培刚，2003）。粮食生产中外部性的存在通常导致"谷贱伤农""种粮吃亏"等现象的出现。这也是有些发达省份农户大规模放弃粮食生产的一个重要原因。农户专门从事粮食生产，通过粮食外销为确保国家粮食安全做出贡献，这说明粮食生产是社会效益很强但经济效益在逐渐变弱的产业部门，这使粮食生产活动具有了公共物品的属性，至少具备了准公共物品的属性（朱启臻等，2008）。与发达省份的耕地资本化现象相比，传统农区的农户继续从事粮食生产为保证国家粮食安全做出了重要贡献，增加了社会效益，而损失了种粮相对比较效益低所产生的私人经济收入，因此对他们进行补偿也是应该的。基于特殊补偿政策设计下的农业特区建设就是基于这么一种理念而来的。

农业特区建设中，政策支持与补贴应集中于对粮食安全具有保障作用的支持体系进行大规模、持久性的投入。这些支持体系既包括水利、道路、电力、农机服务、农田基本建设、节水设施、农产品储运体系等物质技术装备，也包括病虫害综合防治、生物质肥料的组织生产与加工等可持续农业综合技术，还包括农业动植物品种选育、农业高科技研发、农业技术扩散与推广、现代农民培养所涉及的农业教育等"软件"系统。由于粮食生产的（准）公共物品属性，这些投入也具有了公益性的特征，这是农业特区发展中特殊投资、特殊政策的内涵。

因此,中原经济区农业特区现代农业发展的功能定位是以粮食生产为核心,以农业基础设施和农村公共产品投入为重点,以小麦、玉米、红薯等主杂粮的集约化生产格局构建为基础,推动建立确保粮食生产的现代农业发展体系。

四 南部养护型特色农业区

南部养护型特色农业区主要指沿大别山铺开的信阳市和沿桐柏山铺开的南阳市。山地、丘陵是两市地形的主体,适宜茶叶、中药材等特色经济作物的生长。因此,发展山区特色经济是因地制宜发展南部区域现代农业的重要支撑点。信阳是中原经济区内主要的稻作区,南阳则是我国南水北调中线工程的水源汇集地和渠首区域,两市现代农业发展也应该体现水作农业生态保护和清洁水源地涵养的特色。

因此,关于南部农业区的功能定位,一是立足于自然环境特色搞山区特色经济;二是大力发展水源涵养型水作农业,打造我国南水北调清洁水源源头和中原经济区南部生态养护基地。

五 西部防护型生态农业区

西部防护型生态农业区主要包括河南省的三门峡,山西省的运城、长治、晋城,4市的地形以丘陵、山地和黄土高原区为主,三种地形占4市总面积的93.4%。区域内平均降水量为600毫米左右,且主要集中在7、8月份。黄土高原区土质疏松,极易发生水土流失。西部地区这样一种光热、水土资源状况,已经不适合发展大宗粮食作物种植。因此,西部4市的现代农业发展定位是保护性耕作、生态退耕、林果经济和杂粮等旱作农业。旱作农业即在河川谷地种植小米、高粱、黍子、莜麦、薏米等小杂粮，体现绿色种植的特色。在丘陵、浅山区栽种苹果、柿子、猕猴桃等，发展集植被保护与经济开发于一体的林果产业。在山地沟壑、坡地区域进行整体生态退耕，通过还林或者还草加强黄土高原区水土流失治理、风沙治理、水源保护与生态环境建设，促进农业生态恢复，打造中原经济区西部生态屏障。

第三章
中原经济区不同主体功能区现代农业的总体判断

将主体功能区理论运用于现代农业发展规划，必须对主体功能区的分类进行相应的修正。作为主要包括生态保护区、世界自然文化遗产、风景名胜区、森林公园和地质公园的禁止开发区域，点状分布于优化开发区域、重点开发区域和限制开发区域中，其功能是单一的生态产品与服务，不作为现代农业发展研究的重点。而其他三种主体功能区都是复合型功能区，均有农业发展的定位，既有主体功能，也有辅助功能，还有其他功能，并且辅助功能对主体功能的实现也是十分重要的。在这三类主体功能区的复合功能中均有农业发展的定位，例如，在优化开发区域，现代农业的发展可以作为对人口密集、开发强度高、资源环境问题突出的高度城市化地区进行产业互补、空间优化的设计；在重点开发区域，现代农业的发展则是对城市化区域环境资源、经济资源充分利用的极好方式，同时也能提升区域的工业化的产业实力；而限制开发区域则是典型的农业区域和生态区域，现代农业本身就是其主体功能定位。关于限制开发区域，又可以将其分为两类：一类是农产品主产区，即耕地面积较多、发展农业条件较好，尽管也适宜工业化、城市化开发，但从保障国家农产品安全以及中华民族永续发展的需要出发，须把增强农业综合生产能力作为发展的首要任务，从而应该限制进行大规模、高强度、工业化、城市化开发的地区；另一类是重点生态功能区，即生态系统脆弱且重要，资源环境承载能力较低，不具备大规模、高强度、工业化、城市化开发的条件，须把增强生态产品生产能力作为发展的首要任务，从而应该限制进行大规模、高强度、工业化、城市化开发的地区（杨海霞，2011）。

从农业发展的角度，我们可以将限制开发区域分为两个子区域，即限制开发农业区和限制开发生态区。因此，在对现代农业发展进行主体功能区划分时，我们可以将禁止开发区域去掉，或者仅在指标体系构建时，将其所包括的"2园2区1产"纳入农业生态产品服务的范畴。同时，将限制开发区域分成农业区和生态区两类。那么主体功能区就可以分为优化开发农业区、重点开发农业区、限制开发农业区、限制开发生态区四个区域类别（杜黎明，2010）。在研究中原经济区现代农业发展时，我们可以借用这种主体功能区的区域规划与划分方法，见图3-1。

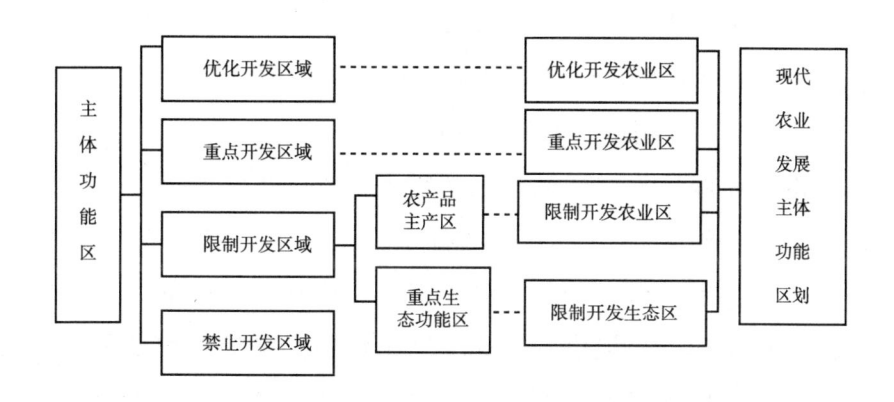

图3-1　从主体功能区到现代农业主体功能区规划

第一节 各区的主体功能属性

对照国家现代化发展的主体功能区规划与中原经济区现代农业发展，找出它们之间的一些对应关系，做如下判断。

一 都市农业区实质上是优化开发农业区

郑州城市圈都市农业是中原经济区农业发展较高的层次。在城市圈农业基本生产、经营条件已经发展的前提下，以市场力量为主导重组农业发展的基本资源与要素（包括农业发展融资、农村人力资源开发和新型农民培养、技术进步与创新），推动现代农业的发展。都市农业发展中现代科学技术的运用与创新、现代农业经营与组织管理日渐成为推动农业发展的原动力。这种农业是一种典型的市场农业，即农业发展的目的是提高农业的基本素质，增强农业的效益和提升农产品的市场竞争力。农业发展超越了单一的农业生产功能，不再是传统的生产要素的循环获取与使用，也不再是传统的粮食、农副产品的提供。同时，农业生产突破了孤立的"三农"内部的封闭生存，逐渐体现农业生产、乡村生活、自然生态环境的物质与能量的融通与交换。都市农业既提供农业产品，也提供农业服务，农业的文化传承、休闲体验、生态观光等无形价值与服务职能得以开发，甚至超过了产品提供的价值。

都市农业即使提供产品，也超越了传统的粮食产品，而向多样化的产品需求转变，比如反映大都市消费结构和营养结构升级的肉、蛋、奶、果、水禽等的产品供应就占所提供产品的大多数。

都市农业在产品提供的方式上突出优质、深加工程度和规范化经营，同时，粮食和农副产品的质量、品质及食品安全被置于突出的地位。

都市农业发展的空间与边界日益开放与拓展,日益指向城乡的产业融合、工农的功能互补和城乡居民的相互依存,使农业真正体现在城乡复合体内融通发展的"空间的产业"(祖修田,2003)。这样,以发展都市农业为主导,郑州城市圈农业率先实现现代化,并为中原经济区内其他区域"三农"问题的解决提供蓝本,积累经验。在发展都市农业中,要防止农业资源非农化倾向及农业资源特别是水、土壤的过度使用与面源污染的出现及蔓延。

郑州城市圈现代农业发展体现了较高的社会化、组织化程度,物质技术装备水平高,呈现重资本化、高技术化、设施化的特征,因此从主体功能区划的角度看,属于优化开发农业区的现代现代农业发展类型。

二 高效农业区实质上是重点开发农业区

中原城市群外围区域与郑州城市圈现代农业发展的差异性主要表现在:第一,外围区域农业的向后联系效用较差。以小麦加工为例,城市圈小麦的一次加工能力达到70%,二次加工率达到25%,而外围区域则分别只有40%和不到13%。第二,外围区域现代农业发展的资本形成相对不足。相对于城市圈可组织较大的政府资金支持现代农业发展而言,外围区域现代农业发展的资金相对有限。2007~2010年,郑州市共筹集各种支农资金32.8亿元,平均每亩土地1000元,而外围区域则分别为128亿元和117元。随着外围区域在中原城市群区域经济首位度上的降低,市场、制度、耕地等各方面的效用也在递减,其集聚民间资本的作用也在降低。2008~2010年,城市圈吸纳的从事现代农业开发的民间资本共计8.3亿元,平均每亩土地224元,而同期外围区域则分别为26.6亿元和63元。

外围区域现代农业发展还必须面对区域工业化、城市化的占地挑战。与中原经济区其他区域相比,外围区域工业用地、城镇化用地的需求张力大增。按照河南省未来20年非农用地发展规划，到2020年河南省非农用地需求为932万亩，包括各类开发区用地规划257万亩，城镇各类用地675万亩。其中，外围区域各类非农用地需求731万亩，占全省非农用地规划的78.4%，而外围区域占河南省总面积的46.2%，这说明外围区域现代农业发展的土地约束将进一步加大。

基于资源、市场约束和产业化基础，外围区域现代农业发展的关键是要妥善处理农业现代化与工业化、城市化的用地矛盾，变粗放的农业生产方式为集约化的农业土地利用方式，为中原城市群城市化发展提供空间的支撑。同时，外围区域现代农业发展还要转变农业生产经营方式，变农业单纯的农副产品生产为涉及农副产品种养、加工、经营、流通、市场网络、品牌建设等全过程的农业产业化经营。通过农业产业化经营，一则为中原城市群近5000万人口提供优质的农副产品与服务；二则延长农业的产业链条，扩充农业的附加服务，充分释放农业的就业吸纳功能，增加农副产品的附加值，提高农民收入水平。

外围区域的农业自然基础较好，人力资本禀赋较高，已经具备进一步提升现代农业发展水平的条件，也为农业市场化的进一步发展打下了坚实的基础。通过农业市场化的推进，优化配置区域农业发展中的现代农业发展要素，特别是通过市场化的方式吸纳优质的资金投资外围区域高科技农业、资源集约型农业和农业产业化的发展。

中原城市群外围区域在郑州城市圈现代农业的带动下，在服务于中原城市群工业化、城市化发展的基础上，市场化的调节机制越来越完善，农业产业化发展的推动作用越来越强，农业效益水平越来越高，农业资源利用效率和农产品市场竞争力越来越强，因此从主体功能区划的角度看，属于重点开发区的现代农业发展类型。

三 农业特区实质上是粮食保障性限制开发农业区

黄淮海现代农业特区是中原经济区农业发展中最大的一个板块，其重点是全面提高农业综合生产能力，特别是粮食产出能力。经过20多年的综合开发与发展，黄淮海区域的农业生产条件已经有了很大的提高，其确保为国家提供"优质、高产"的农副产品的能力已经逐渐得到提高。中原经济区"三化统筹""两区兼具"的功能定位中，国家层面上的粮食安全保障区的主要任务就落到了中原经济区内部的黄淮海现代农业特区身上。提高粮食综合生产能力，保障农副产品，特别是保障小麦、玉米等粮食和原料的供给是其主要的农业功能。为了保障这种功能充分发挥，从"硬"技术条件上，必须在原来综合开发的基础上，进一步提升以水利化、机械化、信息化为重点的现代农业物质技术装备水平；在"软"政策支持上，必须加大政策驱动作用。例如，改造特区内近6000万亩中低产田需要的政策资源与政府资金投放，培育种粮专业户和种粮大户的土地政策创新，打造农业产业化组织与市场竞争力的组织制度创新机制，优化对种粮农户和产粮大县加大补贴的转移支付，推进粮食生产专业化的农业经济结构调整和农业人力资源培育，促进农地流转和农村劳动力非农化转移的社会工程建设，等等。

在黄淮海现代农业特区进行的这些建设，目的就是提高农业的效益和竞争力，保证农民的就业与增收，使农业生产的收益曲线与非农领域收益的边际曲线不断靠近，使种粮农民的收入水平与种植其他作物的收入水平持平。在农业特区的现代农业建设中，政府的作用、政策的支持愈显重要，必须用政府的政策作用强力推进农业生产物质技术装备水平的提高，必须用政策的支持作用改变农业特区不协调的粮食增长与经济增长、不对等的粮食贡献与农民收入增长的粮食生产格局，这是农业特区特殊政策的重要体现。

黄淮海现代农业特区的现代农业发展体现了保障我国粮食安全与农副产品原料供应优先发展的特征，而政策驱动与创新作用又是这种保障能力提高的着力点，因此从主体功能区划的角度看，属于限制开发农业区的现代农业发展类型。

四　南部农业区实质上是生态养护型限制开发生态区

南部农业区是中原经济区唯一的水作农业区，地表水资源总量近500亿立方米，人均水资源拥有量达4820立方米，是全国平均水平的2.4倍、河南省的3.5倍、中原经济区的4.1倍。其水稻产量占全省的73.5%，特别是信阳市的水稻种植面积在2011年超过100万亩，产量达到了550万吨，成为全国18个粮食生产超百亿斤的省辖市之一。稻田除具有食物的生产功能外，伴随食物生产过程，稻田还是一种复合的生态系统，具有生态服务功能，如养分转化、气体调节、景观提供和水源涵养等。南阳市则是我国南水北调中线工程的源头和汇水区，南水北调中线工程水源地——丹江口水库库区面积52%在南阳市。南部两地地处我国气候带的重要分界线——秦岭-淮河南北分界线上，是我国南北生态、水旱作过渡的重要区域，其农业发展重点是：第一，提供农业生态环境与服务，发挥其修复生态、养护水土、保护生态环境、涵养水源、调节空气的功能；第二，发展与区域气候、地理资源禀赋相适应的特色经济，如水稻种植、中药材种植与加工、茶叶经济、能源农业、渔业养殖等。

关于生态服务与特色经济孰轻孰重的问题，生态环境与服务是其主要职能，特色经济的发展要服务于发展生态安全屏障、增强生态服务能力这个核心，服从于释放农业生态功能这个主旨。基于现代农业发展理念，区域内农业生态环境保护与治理、生态移民、工程移民、退耕还林、保护性耕作、休耕轮耕、天然林保护、林果经济、特色农业、特殊生态政策与设计就显得异常重要。

南部农业区现代农业发展体现了较高的生态效益、社会效益，农业经营方式呈现与中原经济区其他区域较大差异性的水作农业、山区经济的特色，因此从主体功能区划角度上看，属于限制开发生态区的现代农业发展类型。

五 西部农业区实质上是生态防护型限制开发生态区

西部农业区的农业发展特色也很明显。从资源禀赋上看，这个区域地处黄土高原的东缘，处在我国地势第二阶梯向第三阶梯过渡区域，水土流失较为严重。从农业经营方式上看，山区林果经济及黄土高原区的杂粮旱作农业是其主要经营特征。其现代农业发展主要功能是：第一，提供农业生态环境与服务，发挥其防护生态、防止水土流失、减少西部向东部区域的风沙灾害、涵养水源、调节空气等作用；第二，发展资源节约型与环境低扰动型旱作农业，如苹果等温带水果种植、生态林与防护林养护、中药材种植与加工、小杂粮经济作物种植等。

与南部农业区基本相同的是，生态环境与服务也是西部农业区的主要职能，林果经济与旱作农业发展要服务于发展生态安全屏障、增强生态服务能力这个核心。因此，区域内农业生态环境保护与治理、生态移民、工程移民、退耕还林、保护性耕作、林果经济、旱作农业、特殊生态政策与设计也显得异常重要。

西部农业区现代农业发展体现了较高的生态效益、社会效益，农业经营的方式呈现较为典型的旱作农业、林果经济特色，因此从主体功能区划角度看，属于限制开发生态区的现代农业发展类型。

但是，同为限制开发生态区，南部山区和西部山区是有所区别的。南部是我国南北区域之间的生态屏障，现代农业发展的目的是向北方中国政治经济中心提供工农业生产和生活用水，通过水作农业来达到涵养水源、调节气候的目的，是"开源"性质的生态农业；西部则是我国东西区域之间的生态屏障，现代农业发展的目的是防止我国西部区域水土及风沙向我国东部经济的重心区域流失和入侵，通过旱作农业来达到保护水土、减少沙尘天气灾害的目的，是"节流"性质的生态农业。

综上所述，中原经济区五块次区域规划，基本上能够包含现代农业发展主体功能区中的四种农业类型（见图3-2）。

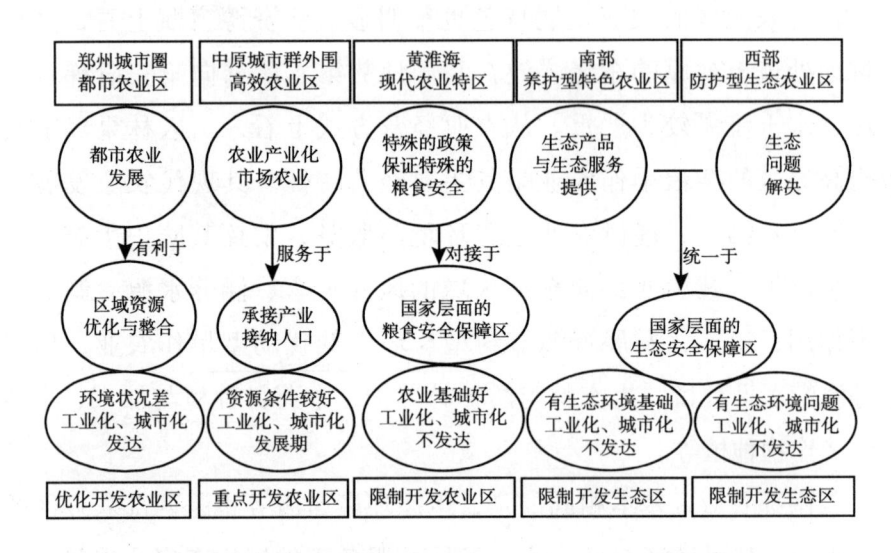

图3-2 中原经济区现代农业规划与主体功能区关系

第二节 现代农业主体功能区之间的协同效应

郑州城市圈都市农业区技术集聚、资金集聚和市场空间集聚特征明显，这为其他区域的农产品深加工提供了技术支撑、资金支持和市场信息要素配置，同时分享其他区域农副产品原料资源、生态产品与服务。

中原城市群外围高效农业区主要发展资源节约型和土地集约利

用型的现代农业，为中原城市群的城市化发展提供土地资源与空间，为南部养护型特色农业区和西部防护型生态农业区提供耕地保护，为黄淮海现代农业特区提供现代农业发展的技术支撑与产业化服务，同时吸收郑州城市圈都市农业区的资金、技术要素，共享南部养护型特色农业区和西部防护型生态农业区的生态现代化产品与服务。

黄淮海现代农业特区可以享受郑州城市圈都市农业区的市场、技术等资源，成为中原城市群外围高效农业区农业产业化向后联系效用的一部分，全面吸收郑州城市圈都市农业区和中原城市群外围高效农业区转移的农业发展要素，不断强化粮食安全保障和增进乡村就业的功能，形成与南部稻作区差异性发展的格局，享受南部养护型特色农业区和西部防护型生态农业区农业发展的生态成果。

南部养护型特色农业区和西部防护型生态农业区现代农业的发展体现了特色农业与生态农业发展的紧密结合以及特色经济推进与生态屏障建设的紧密结合。一方面，享受郑州城市圈和中原城市群外围区域效益农业发展转移过来的政策补偿；另一方面，为其他三个区域的现代农业发展提供多样化的农业产品与现代生态服务（见图3-3）。

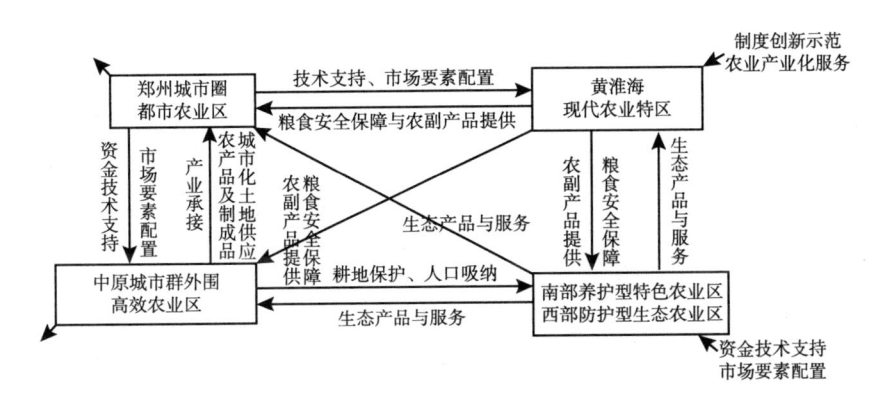

图3-3 中原经济区现代农业建设主体功能区协同效应

当然，中原经济区各功能区现代农业的发展分工并不是十分严格的，不同类型功能区仅限于各司主体功能。根据各个分区内农业自然资源禀赋多宜性与农业生产传统多样性的特征，各主体功能区具体的农业发展在形式上可能存在主体功能担负下的多样化特征。例如，在郑州城市圈都市农业区中也有较大比重的小麦、玉米等粮食作物的生产；在中原城市群外围高效农业区内的鄢陵有连片的园艺业分布，这些资本型、外向型经济分布是高度市场化的结果，符合外围区域市场资源优化组合的规律；在黄淮海现代农业特区的亳州有中药材等特色经济、非粮产业的发展，这也符合具体区域土壤、地质、气候条件与种植传统的块状经济分布特征；在南部养护型特色农业区，有大量的稻作区，这也与具体区域地形、水土、气候过渡性与多宜性的状况是一致的（黄祖辉、张冬平、潘伟光，2008）。

Dynamic Mechanism of Regional Agricultural Development in China

理论篇——机制机理

第四章
现代农业生产力系统构成

农业是自然再生产与社会再生产的交织，农业生产过程反映了作为社会的人与自然物质条件及自然环境之间的物质和能量交换过程。其社会再生产表现为作为农业生产者的人在农业生产中所结成的各种社会关系、组织模式以及社会生产运动中的具体过程，如管理、协调、组织、谋划等；其自然再生产则主要体现为农业生产发展的自然基础、资源禀赋、环境条件，如土地资源的丰贫与多寡，水资源的自然状况与利用状况，温度、干湿、降水与自然灾害等。农业自然性与社会性的交换关系主要表现为人地关系。人地关系发生作用的条件与手段便是农业生产工具与手段，以及社会性的人对自然性土地的改造过程中所采用及发展的农业技术。因此，从这个意义上讲，农业是阶段性比较弱的领域（吕世辰，2006）。对农业类型的划分是按生产力发展水平而分为原始农业、传统农业和现代农业三个阶段。现代农业实际上是相对于传统农业而言的，是按照当代农业生产力发展水平，在世界范围内对农业最先进水平或最新发展形态的一种表述……因此，现代农业应属于生产力的范畴（田建民、李昊，2005）。

关于现代农业的理论研究与政策标准，自 20 世纪 60 年代以来，随着一些发达国家农业现代化的完成和许多发展中国家对其追逐而渐入热态。我国关于现代农业的研究在2007年中共中央关于加快现代农业发展的政策主张之后达到了高潮。然而各位专家、学者对现代农业的研究及对现代农业实践的认识仍然莫衷一是。有的研究侧重农业产业化发展中的组织建设（张文妹，2005；程庆新、吴震，2011；杨红炳，2011；付月红，2011）；有的研究则认为现代农业的基础是农业基础设施与农业生产条件等"硬件"环境的改善，因而主张将农业综合开发作为推动现代农业发展的起点（王秀峰、陈祥兵，2011；李海玉，2011；李修彪、赵予新，2011）；有的研究认为农业的发展离不开其他领域、其他产业的支持，强调在第一、第二、第三产业融通的前提下发展现代农业（万忠等，2011）；更多学者则认为现代农业发展的实质、核心和手段是农业科技创新与农业科技服务的现代化（李燕，2011；俞姗，2010；程杰，2011；包宗顺，2007）；有的研究认为现代农业的发展是包括农业现代化在内的农村社区建设以及现代农民培养的综合系统的工程（衣保中，2010；李铜山，2011；张晓山，2011）；有的学者则认为现代农业建设应充分发挥农业作为生产、生活、生态等全方位的作用，发展多功能产业的农业（张红宇，2007；吴海峰，2010）；有的学者认为我国现代农业建设应因地而异，因各地的自然环境条件、经济发展水平、社会人文状况而异，要进行科学上的功能分区，进行模式创新，发展现代农业（李宝玉等，2010；施士忠，2011；王庆锋、鲍小明，2011）；有些关于现代农业发展的研究则具有很强的综合性，它们从科技、组织、政策、环境资源、土地制度、农民现代化等诸方面全面阐述农业发展的问题与对策（李铜山，2011；彭留英、冯继康，2009），虽面面俱到，但未能深入。关于现代农业的研究尽管著述颇丰，但每位学者理解各异，力量分散，缺乏一条串联现代农业作为生产力因素的主线，因此本章拟从现代农业生产力构成体系对现代农业构成要素特征以及要素改进、优化方面加以分析。

第一节 简单农业生产力系统要素构成

农业生产力系统的构成作为研究其他生产力系统结构的起点，起初是由简单二元因素构成的，即"生产资料＋劳动者"（见图4-1）。

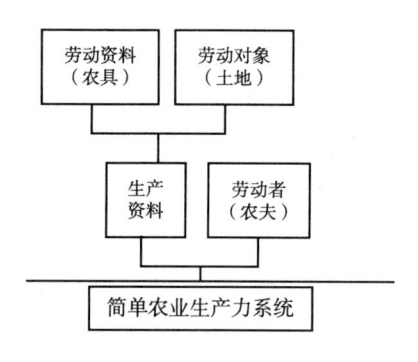

图4-1 简单农业生产力系统的要素构成（二元因素法）

马克思首先阐述了简单农业生产力二元因素，指出"不论生产的社会形式如何，劳动者和生产资料始终是生产要素。凡要进行生产，就必须使它们结合起来"。据此，可以形象地描绘最简单的农业生产力系统：作为劳动者的农夫扶犁驱牛（劳动资料）耕田（劳动对象）的图景。同时，马克思认为发展农业生产并非这么简单，现实中农业"劳动生产力是由多种情况决定的，其中包括（农业）工人的平均熟练程度、科学发展水平及其在工艺上应用的程度、生产过程的社会结合、生产资料的规模及效能，以及自然条件"。在此，马克思将农业生产力的系统引向劳动者素质、科学技术、生产组织形式及规模、农业生产条件、农业自然资源禀赋及环境状况等综合层次，为现代农业生产力结构系统的完善奠定了基础。

第二节 现代农业生产力系统模型

随着农业由传统农业向现代农业的转变，简单农业生产力要素构成已经解释不了农业生产力动态发展的内涵。在农业现代化实践的推动下，农业生产力的内涵与外延日益丰富与扩张，形成如今的结构完善的生产力系统（见图4-2）。

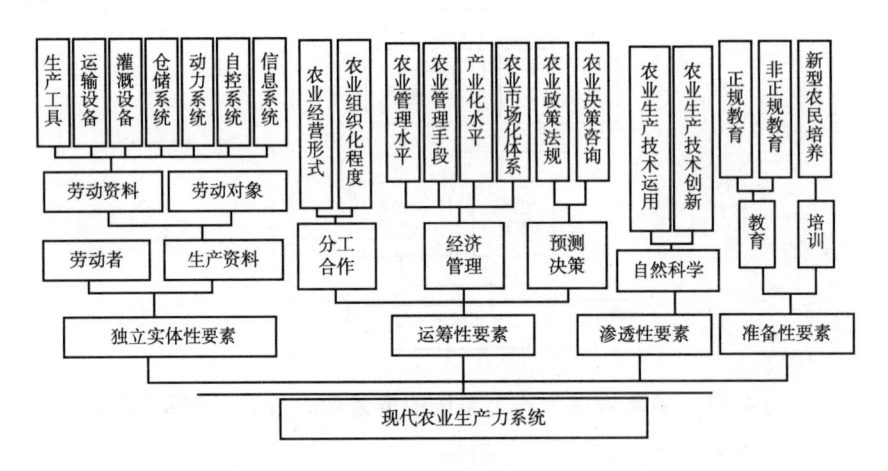

图4-2 现代农业生产力系统的要素构成（四要素法）

一 独立实体性要素

农业生产力的独立实体性要素由简单农业生产力二元因素构成发展而来，主要指农业生产中以物质实体形式存在的具有相对独立性的因素，即农业生产资料与农业劳动者。农业生产资料又包括农业生产工具等劳动资料与土地、作物、畜禽林木等劳动对象两部分。简单农业生产活动的生产力主要由"农民+简单农具+土地"组成，而现代农业的实体性生产力系统中不仅农业生产资料的内容日趋复杂，而且作为劳动者的人力资源素质也在提高。现代农业生产工具构成中，人工简单加工的农具逐渐变少，机械化农具则构成农业生产工具的主体,同时,机械化运输设备,水利化灌溉设施,面向现代农产品物流的仓储、包装设备,化学化的化肥、农药等均成为现代农业不可缺少的构成部分。在现代农业生产中,机械能、生物能、光能对传统人力、役力的替代,使设施农业中自动控制系统及信息传递系统大行其道,在农业劳动资料中占有越来越重要的地位。机械化、设施农业、信息农业、精准农业就是对现代农业这种生产力系统变化的最好描述。

二 运筹性要素

农业生产力的运筹性要素包括反映农业生产中人与地结合的土地经营制度、土地流转及规模化经营状况,反映农业生产活动过程的农业生产经营形式,反映农业生产中分工协作的农业生产的组织化程度、专业合作组织的发展状况,反映农业经营管理的农业政策法规等制度供给状况。

三 渗透性要素

农业生产力的渗透性要素主要指自然科学及其在农业生产中运用所体现的农业生产技术及技术创新状况。农业科技之所以与农业生产力密切相关,并最终决定农业生产的发展,除科学技术能够揭示农业生产的客观规律,提供一套粮食生产最科学的方法和技能外,还因为科学技术的进步,科研在它未被应用和普遍推广前是一种潜在的生产力,一旦转化为直接的生产力就会对农业生产产生巨大的推动作用(彭留英、冯继康,2009)。

四 准备性要素

农业生产力的准备性要素主要是指教育。农业生产力的解放首先是作为生产力中最活跃的因素——劳动者"人"的解放,教育便是作为农业发展的基础性工作而发挥其重要作用的。在现代农业发展中,通过发展农村各类教育培养新型农民,为现代农业生产的继承和发展做准备,因此将其称为现代农业生产力系统中的准备性要素。

第三节 现代农业生产力系统要素间的关系及拓展

现代农业生产力系统的四个要素尽管是平行的,但仍有主次之分,同时它们在性质上也各不相同。

一 独立实体性要素作为前置性要素具有核心地位

现代农业生产力系统中的独立实体性要素仍然居核心地位,因为只有它是有形的物质发展条件,农业的基础地位及现代农业的基础建设主要体现在对独立实体性要素的强化与提升上。例如,农村水、电、路等基础设施的建设与投入,基本农田建设及对水利的重修,农村能源多元化战略,农业生产信息化平台建设,农产品运输与物流网及仓储体系建设等都是农业生产力独立实体性要素升级的体现。所以在现代农业生产力系统中,将独立实体性要素作为基础的、前置性的要素来看待(见图4-3)。

二 现代农业生产力要素系统中的"硬件"与"软件"

现代农业生产力系统构成中,独立实体性要素除了表现出对其他三个要素的前置性关系外,还表现在与其他三个要素及生态支撑/约束性要素的"软""硬"关系上(见表4-1)。

第四章 现代农业生产力系统构成

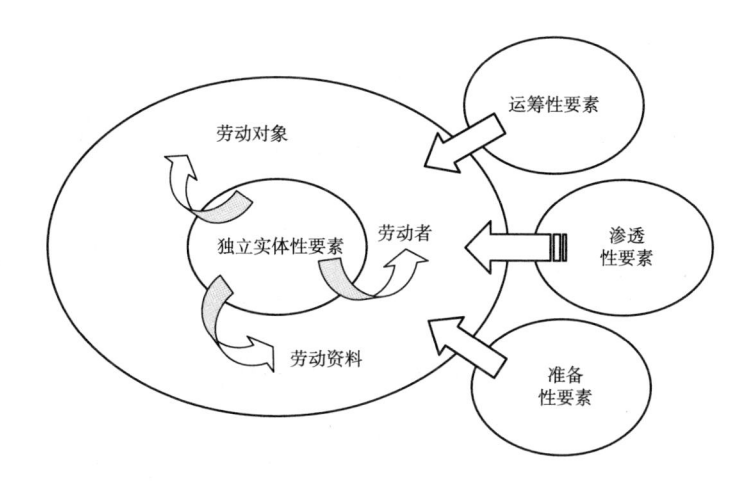

图 4-3 独立实体性要素作为前置性要素与其他要素的关系

表 4-1 现代农业生产力系统要素构成及说明

"软件""硬件"系统	要素	分要素	内容	指标说明
农业生产力的"硬件"系统	独立实体性要素	生产资料	生产工具	农业生产装备现代化、农业机械化
			运输设备	农村交通运输业
			灌溉设备	农业灌溉总动力、有效灌溉率
			仓储系统	现代农产品储运及物流体系
			动力系统	农村能源
			自控系统	设施农业
			信息系统	信息农业、精准农业
		劳动对象	耕地	丰贫/多寡、水利状况、气候条件、灾害
			林地	林业、渔业以及畜禽的规模化养殖成为现代大农业的重要组成部分
			渔业水体	
			畜禽养殖空间	
		劳动者	体力劳动者	农业劳动力非农化转移、新型农民培养、农业生产女性化/老龄化、农民经纪人
			脑力劳动者	

续表

"软件""硬件"系统	要素	分要素	内　容	指标说明
农业生产力的"软件"系统	运筹性要素	分工合作	农业组织化程度	农民的组织化程度、农业规模化生产
			农业经营形式	农业经营的形式
		经济管理	农业管理的水平与手段	结构调整、社会化服务、一体化经营
			农业的市场化体系与产业化水平	市场化农业、农业市场化水平、产业化水平
		预测决策	农业的政策体系	中央一号文件、反哺农业、农业补贴
			农业的法规体系	《农业法》《土地法》《专业合作社法》
			农业决策咨询	农业发展规划、农业工程与设计
	渗透性要素	农业科学	农业科学研究	农业科研创新、农业科技贡献率等
		农业技术	农业技术应用与推广	农业技术推广、农业技术创新与应用
	准备性要素	农业教育	教育与培训	农民技术培训、农村职业教育、农村成人教育、农业技术教育、农村社区教育
			新型农民培养	
	生态支撑/约束性要素	生态支撑（+）	农业资源支撑	农耕文明、可持续农业发展、生态农业、有机农业、土地约束、水资源短缺、节水农业、农业面源污染、化肥农药过量使用
			农业环境支撑	
		生态约束（-）	农业资源约束	
			农业生态环境约束	

从这个角度看，按照现代农业生产力系统的四要素划分，由"生产资料＋劳动者"组成的农业生产力独立实体性要素中，无论是生产工具、运输设备、灌溉设备、仓储系统、动力系统、自控系统、信息系统等构成的劳动资料，还是耕地、林地、渔业水体、畜禽养殖空间等构成的劳动对象，抑或是由人力资源禀赋各不相同的各类农业劳动者，如从事种植业生产的大农场（家庭农场）工人、林场

工人、牧民、奶农、渔业工人、养殖场作业人员等，均是以物质实体（或者劳动力主体）存在的要素。因此，可以称之为现代农业生产力的"硬"要素。

相对于"硬"要素，以分工合作、经济管理、预测决策表现出来的要素，则更多地表现为农业劳动者主体对客体的运筹关系，是一种相对"软"的现代农业生产力要素；以科学、技术等发展层次表现出来的要素，则更多地表现为农业劳动者主体、生产资料客体的隐性"装备"水平，以及无形要素对有形生产力系统的渗透关系；以农村各类教育和对农民培训等形式表现出来的要素，则更多地表现为农业生产主体的素质提升，是对预期农业生产力系统的无形的"智力"准备，也是一种相对"软"的现代农业生产力要素；以农业生态、环境（包括自然的和人工改造后形成的）等状况表现出来的要素，则更多地表现为农业生产中人与自然的"适配"关系，是一种环境系统对农业生产力"硬"要素的调节关系，也是一种相对"软"的现代农业生产力要素。

总之，独立实体性要素是指现代农业生产力系统的"硬件"，而运筹性、渗透性、准备性、生态支撑/约束性要素均是现代农业生产力系统的"软件"。特别需要指出的是，环境要素的"软件"系统是一个"向量"系统，即良性的农业生态环境对现代农业生产力的提升起促进作用，恶化的农业生态环境对现代农业生产力的影响则是消极的。

三 现代农业生产力系统的拓展

现代农业不是一个抽象的东西，而是一个具体的事物（田建民、李昊，2005），只有弄清楚生产力标准下的现代农业与原始农业、传统农业的根本区别，才能对我国现代农业发展脉络有一个清晰的理解，我国现代农业发展的措施实施才能够有的放矢。

在现代农业的诸因素中，独立实体性要素、运筹性要素、渗透性要素、准备性要素均是矢量性要素，即这些要素完善不完善、具备不具备相应的层次，涉及农业发达与不发达的问题。然而生态支撑/约束性要素是一个向量性要素，不仅涉及要素的数量，还涉及其中的方向，即这些要素如果是良性的，则可以推动现代农业的发展，它就是现代农业发展的支撑要素；而如果这些要素是恶性的，它不仅对现代农业建设无甚裨益，反而会导致农业的不可持续性，这就变成了现代农业发展的约束性障碍。例如，乱施化肥、农药造成的土壤污染，以及农产品安全问题和农业面源污染就已经成为农业能不能持续的约束性问题（见图4-4）。

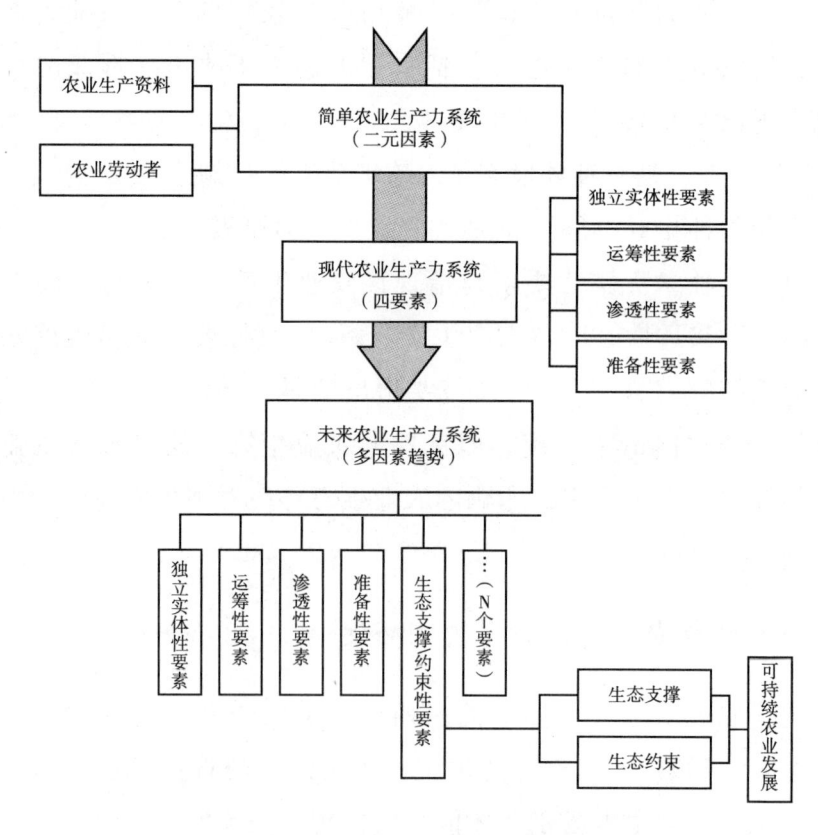

图4-4 农业生产力系统多因素趋势

第五章
现代农业生产力发展的路径演进

　　现代农业是农业生产力发展的必然结果，同时现代农业的发展离不开工业、现代服务业的支持与协同作用。工业革命发端于西方国家，现代农业首先在发达国家实现也是自然而然的，符合现代化发展的规律。发展中国家在效仿发达国家实施追赶式现代化发展的过程中，现代农业建设成为发展中国家孜孜追求的现代化建设的一部分。在追赶式现代农业建设过程中，农业生产力的发展除了受自身的发展规律支配外，还受国内外环境的作用与影响。例如，自20世纪60~70年代以来，在国际的农业发展干预的推动下，亚非拉许多国家的农业发展掀起了以良种化和生物技术为代表的"绿色革命"。新中国成立后，我国逐渐实施了高度集中的计划经济体制，农业现代化的追求成为我国发展战略的一部分，国家政策对农业现代化建设的方向、路径、速率与模式选择起了决定性的作用。家庭承包经营之后，我国农业市场化、商品化趋势逐渐呈现，现代农业发展的路径已经与20世纪60~70年代的农业现代化大有不同。21世纪以来，我国农业发展的内外环境发生了巨大的变化。农业的内部环境变化突出表现在市场经济体制深入农业生产的各个环节；外部环境的变化以工农业、城乡的交换关系变革为代表，突出表现在"以城补乡""以工补农"的"反哺"上,特别是2007年以来,国家正式提出了建设现代农业的政策主张,我国现代农业建设进入了一个全面、综合发展的新阶段。以下从农业生产力要素提升与演变的角度对我国现代农业(农业现代化)建设进行大致的梳理。

第一节 新中国成立初期的农业建设

新中国成立初期属于国民经济恢复时期,当时是一个典型的农业大国,农村人口占全国总人口的比例接近90%(1949年为89.4%,1953年为87.01%),农业产值占国民经济的比重在80%以上。农业生产力发展及对我国经济建设的支持作用十分急迫,1953年我国进行全国性的农业生产互助合作运动之前,农业现代化目标已正式提出,1953年在《过渡时期总路线提纲》中,中共中央第一次提出建设包括工业、农业、国防、交通运输在内的"四个现代化"。但是这个时期农业现代化的路径与模式是"集体化+机械化",这里的集体化即后来农业社会主义改造及随后人民公社运动的前兆,属于生产关系变革推动现代农业变革的范畴。只有机械化才是生产力推动现代农业生产力提升的范畴。然而这两种现代农业的构思仅仅停留在政策规划层面。20世纪有关农业发展的政策一次次敲击在变革农业生产关系的鼓点上,先是搞农业互助组,而后是农业初级社、高级社,直至20世纪50年代末的"大跃进"、人民公社。至于生产力变革上的机械化根本无暇顾及,并且当时所谓的以"集体化+机械化"为主轴的农业现代化的主旨则主要是为当时"四个现代化"的主体——现代工业化服务的。所以从生产力发展之角度看,20世纪50年代的现代农业发展仅仅停留在政策层面,而真正的现代农业(农业现代化)建设则始于20世纪60年代。

第二节 20世纪60~70年代的中国农业现代化建设

1957年，毛泽东第一次提出建设现代农业的主张，他说，"第一步要实现集体化，第二步要实现机械化、电力化"，后来又提出了水利化和化学化。根据毛泽东的提议，1964年周恩来在三届人大政府工作报告中正式提出包括工业、农业、国防、科技在内的"四个现代化"建设。据此，中国开始了以机械化、化学化、水利化、电力化为重点内容的农业现代化建设，特别是农机、化肥、农药等机械、化学投入物呈现很大的上升趋势（见表5-1）。

表5-1 20世纪60~70年代中国农业现代化物质装备变化情况

类别及内容		1957	1962	1965	1969	1970	1979
机械化	农机总动力（亿瓦）	12.1	75.7	109.9	—	216.5	—
	大型拖拉机（台）	14764	54983	72599	—	125498	—
	联合收割机（台）	1789	5906	6704	—	8002	—
	渔用机动船（艘）	1485	5657	7789	—	14200	—
	渔用机动动力（万瓦）	7.6	33.3	47.1	—	73.0	—
电气化	农村用电量（亿度）	1.4	16.1	37.1	—	176.7	—
水利化	有效灌溉面积（千公顷）	27339	30545	37381	—	40474	—
化学化	化肥施用量（万吨）	37.3	63.0	194.4	—	351.2	—
	农药施用量（万吨）	13.96	—	—	20.38	—	20.80

资料来源：《中国农村统计年鉴》《中国农业统计年鉴》以及屠豫钦（2007）与朱兆良（2006）的文献。

从表5-1可以看出，1962年中国农机总动力达到75.7亿瓦，是20世纪50年代末（1957年）的6.26倍；1965年达到109.9亿瓦，又比1962年增加45.2%；1970年又比1965年增加97.0%。

渔用机动动力分别按 4.38 倍、41.4% 和 55.0% 的速度增长。这些均说明了 20 世纪 60~70 年代中国农业机械化的发展情况。

1957 年中国农村用电量仅为 1.4 亿千瓦时，农村居民人均仅为 0.26 千瓦时；1962 年中国农村用电量达 16.1 亿千瓦时，是 1957 年的 11.5 倍；1965 年达到了 37.1 亿千瓦时，比 1962 年增长了 130.4%；1970 年为 176.7 亿千瓦时，比 1965 年增长了 376.3%。这说明了中国农业电气化的发展情况。

1957 年中国化肥施用量为 37.3 万吨，1962 年为 63.0 万吨，比 1957 年增长了 68.9%；1965 年达到 194.2 万吨，比 1962 年增长 208.3%；1970 年达 351.2 万吨，比 1965 年增长了 80.8%。这反映了当时中国农业化学化的大发展情况。

再看中国农业当时水利化的发展状况，"一五"时期所代表的 20 世纪 50 年代，中国农业水利基础建设投资总额为 24.3 亿元；而"三五"时期所代表的 20 世纪 60 年代为 70.1 亿元，比"一五"增加了 188.5%；"四五"时期所代表的 20 世纪 70 年代上半期为 117.1 亿元，比"三五"增加了 67.0%；"五五"时期所代表的 20 世纪 70 年代下半期为 157.2 亿元，比"四五"增长了 34.2%；而在 20 世纪 80 年代的"六五""七五"时期农业水利基建投资则分别减少至 93.0 亿元和 143.7 亿元。通过与 20 世纪 50 年代和 80 年代的对比，我们可以发现 20 世纪 60~70 年代中国农业水利基建投资大幅度增长的状况，其间农业水利基建投资占农业基建投资的总比重一直在 60% 以上，这是"八五"之前所有时期均未有过的情况（见表 5-2）。

20 世纪 60~70 年代以"四个现代化"建设为标志的中国农业现代化建设，从生产力发展的角度考察，机械化、电气化、水利化均属于对实体性要素中劳动资料部分如生产工具、运输工具、灌溉系统、动力系统的提升，而化学化则是对实体性要素中的劳动对

表 5-2　20 世纪 60~70 年代农业水利基础建设投资变化情况

时　　期	水利基建投资规模（亿元）	水利投资占农业基建投资的比重（%）
"一五"（1953~1957 年）	24.3	58.1
"三五"（1966~1970 年）	70.1	67.3
"四五"（1971~1975 年）	117.1	67.7
"五五"（1976~1980 年）	157.2	63.9
"六五"（1981~1985 年）	93.0	53.8
"七五"（1986~1990 年）	143.7	59.0

资料来源：《中国水利统计年鉴》《中国农业统计年鉴》《中国农村统计年鉴》。

象——土地施以化学添加物，改变土壤的肥力结构，增加作物产量。农业生产力系统中的运筹性要素、渗透性要素、准备性要素的提升均没有很大的发展。同时，农业资源、环境的约束性障碍开始显现，这个阶段农业现代化事业得到了较快的发展，取得了较大的成就，但也走了不少弯路，造成了一定程度的浪费和生态环境破坏（李燕，2011）。

总之，家庭承包经营之前，对中国农业现代化的理解更多地是从对以生产工具为代表的劳动资料的提升，以及对土地肥力、水利条件为代表的劳动对象的优化上，现代农业建设（农业现代化）重在对农业生产力实体性要素的提升，农业现代化建设重在改善农业生产手段和农业生产条件，而对以农业内部的组织化水平、农业市场体系建设、农业产业化经营等为代表的运筹性要素的关注，以面向市场化、专业化的农民教育为代表的农业生产力发展的准备性要素的投入与优化，以及避免农业生态环境恶化、资源退化的生产力约束性要素的规制则显得相对不足。所以那个年代的现代农业建设在生产力体系上是不全面的、不均衡的。这是那个时代对计划的依赖，是与农业经济领域生产方式的意识形态化紧密相连的，即与当时的社会历史条件和实践水平有着内在的、必然的联系（李燕，2011）。

第三节 20世纪80~90年代的中国农业现代化建设

这个时期以家庭承包经营的全面铺开为标志。这时的现代农业开始注重农业物质装备之外的科技投入创新以及现代生产要素的引入。20世纪80年代初，邓小平指出，"农业现代化不单是机械化，还包括应用和发展科学技术"，"农业问题的出路，最终要由生物工程来解决，要靠尖端技术"。20世纪末期的20年内，中国粮食作物、主要经济作物、渔业的籽鱼、牧业的种畜和养殖业的良种覆盖水平不断提高，许多品种，如水稻的良种已经进化了3~5个品系，种子的品质不断优化，产量日趋稳定与提高。除此之外，农业经营制度、农业组织化不断提升与创新。首先，以家庭为单位的农业生产经营方式初步解决了农业生产劳动大集体的组织协作协调难度大、交易成本高、"搭便车"现象普遍的问题（林毅夫，1992），大大提高了农业生产的劳动效率，使人与土地、劳动者与生产资料的配置在较优的状态下发挥作用，直接推动了农业生产力的发展。其次，由于宽松的农业政策环境，一大批涉农企业发展起来，一些诸如"公司+农户"、"农户+专业合作社"、农业村社股份合作制等生产组织方式和新的产业化经营方式得以创新，打破了原来农民单纯从事农业生产环节、农业生产单纯以种为主、以种粮为主的单一模式与统一格局，形成了农业生产和服务的产前、产中、产后的分工合作，产业化的经营管理，市场导向及科学化的决策预测。这些均是运筹性要素在农业生产中的引入与提升，是20世纪60~70年代所没有的，这与农业发展外部政策环境的提供、农业市场经济体制的形成和深入是相互依存、共进共退的。

综上，20世纪80~90年代中国农业现代化建设的重点是作为渗透性要素的农业科技水平的提高和作为运筹性要素的政策环境的宽松、农业法制体系的完善、农业生产分工合作的优化、农业经营管理层次的提高、农业产业化的发展，以及农业市场化进程的推进，而现代农业生产力系统中的准备性要素——教育遭到忽视，加上大量农村青壮年脱离农业生产而转向非农化领域，致使农业生产的主体有弱化的趋势。同时，农业生产力的实体性要素反而有所弱化，集中表现在机械化水平徘徊不前，许多集体化时期的农业机械被废弃，许多落后的耕作、灌溉方式、农业生产工具重新出现；农田基本建设遭到忽视，农村中小水利设施年久失修，沟渠塘堰壅塞，农业防洪抗旱等毛细水利单元遭到彻底的破坏，尽管粮食产量先后登上新的台阶，但仍然是靠化学添加物的不断增多进行维持，粮食增产的基础和综合生产能力并没有增强。从这个意义上讲，农业生产力有退化的现象。另外，由于大量化肥、农药的施用，引起土壤与农业水体的污染，甚至导致某些野生动植物的灭绝，造成对自然生态系统的破坏。这些都是20世纪80年代以来先后呈现并日趋加重的普遍现象，说明农业生产力系统约束性的张力在加大，农业可持续发展的压力增大。

第四节 21世纪以来的中国现代农业建设

进入21世纪，中国政府随着对现代农业发展规律性认识的加深，相继出台了一系列解决"三农"问题、发展现代农业的政策措施，特别是2007年中央一号文件提出《建设现代农业，扎实推进社会主义新农村建设的战略决策》以来，中国现代农业生产力系统的建设目标进一步明确，内容进一步完善。

第一,加快推进机械化,重修农村中小水利,重启农田基本建设,农业生产的物质技术装备水平逐步提高;加强农村基础设施建设,为农业的高产、高效奠定物质基础。这些都是从独实体性要素方面提升农业生产力的重要举措,也是对20世纪80~90年代中国农业发展中对"硬件"设施忽视的补充。自从2003年国家实施对农村中小农机具补贴及开辟大型联合收割机跨区作业绿色通道以来,中国农业机械化的水平大大提高,大中型农业机械数量、联合收割机数量、农机总动力、机耕面积、农业机械化和自动化程度大幅度提高,农业的有机构成发生了巨大的变化,农业资本越来越多地替代了劳动力(张晓山,2011),这本身就改变了人地资源的配置关系,直接构成了农业生产力发展的一个环节。同时,2011年中央农村工作会议提出强化农业发展的基础支撑,尤其要加强农田基础设施建设,重修农村中小水利设施,这又将成为直接强化现代农业生产力系统中独立实体性要素的重要举措,必将有利于提高农业的土地生产率。

第二,以土地要素的流转推动为动力,以市场要素为纽带,强化农民的组织化进程,为现代农业发展提供组织基础,这是农业生产力系统中运筹性要素在加强的重要方面。通过对土地等农业基本生产要素的优化组合,以及对农村各种要素的配置作用的加强,发展起了一大批农业产业化生产、加工、销售集团和农业专业合作组织,完善了农村的市场化体系,提升了农村的社会服务化水平,形成了农业生产内外、前后合理的分业分工,以及合作与利益共享机制,也提高了现代农业的经营管理水平。

第三,以"反哺"农业为契机,为农业现代化发展构织完善的补贴体系和政策服务,为现代农业发展提供一个良好的政策环境,这些均成为现代农业生产系统中的运筹性要素。

第四,为现代农业发展提供像农民教育、农业保险、农机推广等的（准）公共产品服务，这些又构成了农业生产力系统中的准备性要素。

第五，力争变农业发展的生态约束性障碍为支撑性要素，包括加强高效农业示范区，推动生态农业发展，实施保护性耕作和生态退耕，保护农业可持续发展的能力，防止农业开发的张力增大而造成农业发展资源短缺和环境恶化。

第六，加强科技创新，提高科技贡献率，这些是提升现代农业生产力系统的渗透性要素的重要手段。"十一五"期间，中国农业科技贡献率已经由"十五"期间的28.7%发展至46.4%，科技已经成为中国农业生产力提升的最大引擎。

第六章
中原经济区现代农业发展的驱动机理

在现代农业生产力系统中,独立实体性要素、运筹性要素、渗透性要素及准备性要素共同发挥作用。由于现代农业发展的阶段性与地域性差异,各要素发挥作用的形式和程度各具特色。依据主体功能区理论,中原经济区各功能区现代农业发展的基础、动因、路径与承载功能各异。基于此,对中原经济区各功能区现代农业承载的主体功能、驱动因素及其协调驱动机理加以分析。

第一节 中原经济区现代农业承载的主体功能

农业产业特性决定其多功能特性,农业的多功能特性体现在经济、生态、社会和文化等多方面。相对于传统农业,现代农业正在向观赏、休闲、美化等方向扩延,假日农业、休闲农业、观光农业、旅游农业等新型农业形态也迅速发展成为与产品生产农业并驾齐驱的重要产业。现代农业的主要功能除了传统农业所具有的基本农产品供给以外,其所发挥的能源保障功能、生态建设和环境保护功能、旅游观光和休闲功能及文化传承等功能的重要性日益显现。现代农业是具有多种功能的农业,这已为世界各国所普遍认可。多功能农业是我国农业发展的趋势,也是我国农业发展的必然选择。多功能农业的特点和内在要求体现现代农业的实质。

中原经济区现代农业发展先行先导,引领我国现代农业发展实践。旨在全面推进中原经济区建设的《河南省建设中原经济区纲要》,确立了推进主体功能区建设,形成了以中原城市群为重点的城市化战略格局,以粮食生产核心区为重点的农业战略格局,以"四区两带"(四区指以河南省为主体,包含山西省、湖北省、安徽省、山东省部分地区的综合性经济区;两带指陇海经济带和京广经济带,前者包括商丘、开封、洛阳,后者包括安阳、新乡、许昌,郑州处于两大经济带的交会与节点地带)为重点的生态安全战略格局。由此确立了中原经济区现代农业的功能体系,即以稳定农业商品产出、保障国家粮食安全的基本经济功能为基础,以都市农业、有机农业、生态农业、综合农业、工厂化农业为依托,充分发挥现代农业的产业带动、休闲观光、生态保护与文化传承等衍生复合功能。由于农业生产力系统中要素配置的空间不平衡性,中原经济区各区域现代农业承载的主体功能各具特色(见表6-1)。

表6-1 不同主体功能区现代农业的承载功能

主体功能区类型	在现代农业发展中的功能承载
郑州城市圈都市农业区	创新现代农业的科技投入机制,突出"三化"协调,为现代农业发展提供服务,发挥示范作用
中原城市群外围高效农业区	促进农业产业融合,提升农业产能,增强农业发展市场竞争力的新经验与新途径
黄淮海现代农业特区	发挥粮食安全保障的基础作用
南部养护型特色农业区	在保障农业生态功能的基础上,探索水作与山区特色可持续发展新模式
西部防护型生态农业区	构筑国民经济发展的生态安全屏障

一 郑州城市圈都市农业区

作为优化开发农业区的郑州城市圈都市农业区处于都市及其延伸地带，以生态绿色农业、观光休闲农业、市场创汇农业、高科技现代农业为标志，以农业高科技武装的园艺化、设施化、工厂化生产为主要手段，以大都市市场需求为导向，融生产性、生活性和生态性于一体，立足发展高质高效和可持续发展相结合的现代农业。郑州城市圈都市农业区重点突出生产功能（经济功能）、生态功能（保护功能）、生活功能（社会功能）及示范与教育等功能。该区域定位于高科技含量、高附加值现代农业，重点发展资本密集型和技术密集型农业、设施农业、创汇农业及都市型农业，应突出科技辐射、服务提升及休闲娱乐等功能价值，凸显其"窗口农业"地位，充分发挥对其他地区的样板、示范作用。

二 中原城市群外围高效农业区

作为重点开发农业区的中原城市群外围高效农业区处于郑州等核心城市周边，发展现代农业的自然资源与人力资本禀赋较好，资源环境对开发的承载潜力比较大，在承接产业转移、引领"三化"协调、践行城乡统筹等方面发挥"桥头堡"作用。在全国的宏观格局中，中原城市群外围高效农业区将上升为全国新要素聚集"高地"与吸引投资"热土"，成为支撑国家层面现代农业发展的重要增长极。该区域定位于发展集约化农业为工业化提供空间服务，发展多功能化农业为城镇化提供生活服务，立足节地型农业、市场型农业、高效型农业产业化，集中体现其产业带动、资源保护及经济产出等功能价值。

三 黄淮海现代农业特区

作为粮食保障性限制开发农业区的黄淮海现代农业特区,主要包括河南省的安阳、濮阳、鹤壁、商丘、周口、驻马店等地市及周边省份地区。该区域光、热、水、气资源条件较好,农产品品种结构丰富。粮食作物主要是冬小麦和玉米,经济作物主要有棉花、花生、芝麻、烟草等,水果有苹果、梨、枣等。该区域农作经营的机械化程度较高,农产品综合生产能力较强,中低产田改造的产能潜力巨大,产业基础保障作用突出。惠农政策的配套实施以及现代科学技术的广泛应用,有望将黄淮海平原建成一个以农为主,农林牧副渔综合发展的商品粮、棉、油、豆、果及畜牧业生产基地。该区域旨在实现确保国家粮食安全与农民收入增长目标,应紧密围绕农业基础设施建设、规模化经营、新农村建设任务,强化其农产品有效供给、粮食安全保障、农田保护及就业保障等功能价值。

四 南部养护型特色农业区

作为生态养护型限制开发生态区的南部农业区,沿大别山区的信阳市和沿桐柏山延伸的南阳市,形成了具有区域特色的水作农业和山区经济,生态环境价值与社会价值突出。该区域生态环境价值主要表现在对水资源的涵养和土壤的保护、蓄水防洪、净化水质和空气质量、防止噪音和臭味、植物和土壤有效固碳、地域能源和资源的有效循环利用、保护生物多样性等方面。与此同时,该区域现代农业发展对于确保农民生计、促进城乡平衡发展和提供就业缓冲等方面的社会福利保障功能较强。该区域定位于以环境友好型农业发展,增强农业的生态服务能力,重点发展生态农业、保护性耕作、水源涵养型农业、特色农业及循环农业,充分发掘该类型区域现代农业发展的生态环境保护、旅游观光及文化传承等功能价值。

五 西部防护型农业生态区

作为生态防护型限制开发生态区的西部农业区，可谓中原经济区可持续发展的"生态屏障"，对于资源与环境保障的意义深远。一方面，该区域水土流失堪忧，风沙灾害严重，生态保护难度较大；另一方面，旱作农业、林果经济的特色明显，农作类型多样化，林果业的产业化开发、生态林与防护林的养护、中药材的种植与加工、小杂粮经济作物的种植等，拓展了现代农业的多功能特性。该区域定位于构筑国家生态安全屏障，以修复生态、保护环境、提供生态产品为主要任务，在严格控制开发强度、不损害生态功能的前提下，因地制宜地适度发展资源环境可承载的产业，保证生态系统的良性循环。

第二节 中原经济区现代农业发展的驱动因素

《中共中央关于制定国民经济和社会发展第十二个五年规划的建议》提出"实施主体功能区战略构架"，即按照全国经济合理布局的要求，规范开发秩序，控制开发强度，形成高效、协调、可持续的国土空间开发格局。由于自然资源、历史文化、社会经济以及地理区位等方面的原因，中原经济区形成了各具特色的主体功能区。基于对促进现代农业发展目标和主体功能区空间管治目标有效融合的考虑，结合资源环境承载能力、现有开发密度和强度以及发展潜力情况，剖析各主体功能区现代农业发展的创新驱动因素（见表6-2），是分类指导中原经济区现代农业发展的基本前提。

表6-2 不同主体功能区现代农业的创新路径及其核心驱动因素

主体功能区类型	创新路径	核心驱动
郑州城市圈都市农业区	发展农业生物技术与信息技术高新科技,发展现代农业服务业	技术创新、制度创新
中原城市群外围高效农业区	以科技投入及精深加工为驱动,促进农业产业集聚与集群发展	市场创新、技术创新、制度创新
黄淮海现代农业特区	发展高产、优质、高效农业	政策创新、市场创新
南部养护型特色农业区	政策驱动效益农业与生态农业的协同互动	政策创新、技术创新
西部防护型生态农业区	以制度突破、政策创新推动生态农业发展	政策创新

一 郑州城市圈都市农业区

郑州城市圈都市农业区资源环境承载能力较强，现有开发密度和强度较大，发展潜力巨大，具有典型的优势开发农业区特征。该类型功能区应立足发展高技术产业、出口导向产业和现代服务业，引导发展资源消耗少、环境破坏小、附加价值高、产业带动性强的产业，严格限制资源消耗多、环境污染大、工艺落后、附加值低、技术含量小的产业发展。基于此，郑州城市圈都市农业区的现代农业发展应瞄准农业生物技术、农业信息技术以及现代农业资源与环境工程技术等高精尖科技，以高科技研发与产业化开发为带动，延伸产业链条，强化为现代农业发展提供金融、物流、信息、标准认证等服务职能。该区域现代农业发展适宜走节地节能型、资金与技术密集型以及示范导向型的产业创新路径，通过产业的集中、集聚、集群式发展，引领"三化"协调发展。基于上述特征，应将技术创新与制度创新作为郑州城市圈都市农业区现代农业发展的核心驱动因素，以技术创新作为产业承接或产业转移的内在动因，以制度创新作为诱导产业成长发育的外在激励，由此牵动激活资源、组织及管理要素，为现代农业发展提供持续稳定的发展动力。

二　中原城市群外围高效农业区

中原城市群外围高效农业区的资源环境承载能力较强，现有开发密度和强度不高，发展潜力较大，符合重点开发农业区特征。该类型功能区具备较强的经济基础、技术创新能力和较好的发展潜力，是现代农业发展的重要空间载体和新的增长极，其现代农业发展服务于区域现代产业体系构建与城市规模扩张。针对该类型功能区现代农业发展的产业基础与功能定位，应锁定小麦、棉花、油料、烟叶等农产品及其精深加工作为主导产业，促进农业产业链相关行业及企业的集聚。与此同时，应加大对区域内科技创新投入的财政支持力度，鼓励建立多元化、多渠道的科技投入体系，塑造现代农业发展的"新高地""新硅谷"，强化知识技术要素对于农业经济增长方式转变的作用。基于该区域功能特征，应将提高劳动生产率的机械技术、增进农地产出的生化技术、改进畜禽品质的饲养技术以及改善生物产能利用转化的精深加工技术作为重点，强化对先进适用农业科学研发推广的财政支持，构建社会资本的多元化投入机制，充分发挥市场创新、技术创新及制度创新对现代农业生产力系统诸功能要素的激发活化与整合提升作用。

三　黄淮海现代农业特区

黄淮海现代农业特区具备资源环境承载能力较强、现有开发密度和强度偏低、发展潜力较大等特质，为粮食保障性限制开发农业区，具备较好的农业发展条件，以提供粮食、畜产、水产及特色与绿色农产品为主体功能。该类型功能区需要在国土空间开发中保持并提高农产品供给能力，其现代农业发展必须兼顾农业效益和竞争力提升及国家粮食安全保障等多重目标。该主体功能区农业发展中的农业基础设施、农业机械化水平及粮食产能均有显著提高,但仍然面临粮食增产资源环境压力、食品安全风险以及比较效益低下与就业拉动不强的问题。在多元价值体系构成中,该主体功能区现代农业发展提供的粮食安全保障、就业保障、生态与环境保护以及文化传承等功能价值,具有典型的(准)公共物品属性,能够为社会提供间接私有价值与间接公共价值。围绕粮食产业发展探索科技创新新模式、组织创新新思路、产业融合新构架以及制度创新新成效,可为同类型地区发展现代农业提供新借鉴与新经验,正外部效应突出,辐射带动效应显著。基于此,理应在区域政策上予以倾斜,在信贷、税收、价格等经济杠杆运用上予以支持,在文化品牌宣传上予以推介,在财政支持上重点培植,通过政策创新与市场创新优化现代农业发展的驱动因素,最大限度地发挥黄淮海现代农业特区粮食产业发展的典型示范效应。

四 南部养护型特色农业区

南部养护型特色农业区资源环境承载能力好、现有开发密度和强度较低、具有一定的发展潜力,为生态养护型限制开发生态区。该类型功能区关系全国或较大区域范围的生态安全,需要国家统筹规划和保护,其现代农业发展以充分发挥农业的生态功能为基本要求,以修复生态、保护环境、提供生态产品为首要任务。南部养护型特色农业区光、热、水、气等自然资源条件较好,农业生产力系统有较好的生态价值、经济价值、社会价值与文化价值,水作农业、山区经济的区域特色明显。该主体功能区现代农业发展的功能性产出,不仅表现为以农产品商品产出为特征的直接私有价值和以要素贡献、市场贡献及外汇贡献为表现的间接私有价值,同时还表现为在扶贫、保障食物安全、生态服务及生态产品、控制农村地区移出人口、发生经济危机时减轻城市失业导致的震荡等方面的间接公共价值。该主体功能区应建立与完善生态补偿机制,设立专门的生态效益补偿基金,由中央财政直接拨付,用于限制开发区域的生态修复和维护。同时,应深度开发地理标志性的特色农业,借助高科技提升与工业化装备,增强其农业产出的比较优势与市场覆盖。由此,依托政策创新与技术创新作为核心驱动,促进南部养护型特色农业区效益农业与生态农业的协同发展。

五 西部防护型生态农业区

西部防护型生态农业区实质上是资源环境承载能力差、现有开发密度和强度低、发展潜力较弱的区域,为生态防护型限制开发生态区。该主体功能区是中原经济区发展的重要生态屏障,所处黄土高原区沟壑纵横、地形复杂、水土流失严重,生态保护任务重且难度大。该类型农业区应突出生态价值、社会价值与文化价值。限制开发生态区现代农业发展中的资源配置、组织提升与经营优化,均应以保障生态安全屏障、增强生态服务能力为核心功能。在动力依托上,以政策创新作为核心驱动力,促进生态现代化与农业现代化的协调发展。同时,借助各级财政资金投入配套、生态技术攻关助力及各主体功能区协调发展,促进限制开发生态区资源环境保护与农业的良性循环发展。

第三节 中原经济区现代农业发展的协调驱动

一 驱动机制

中原经济区建设探索不以牺牲农业和粮食、生态和环境为代价的"三化"协调科学发展道路,农业现代化是"三化"协调科学发展的基础。探讨现代农业发展的动因，有助于发现规律，为推进中原经济区现代农业发展提供理论借鉴与决策参考。现代农业发展的动力机制构架由其导向机制、引擎机制、传导机制、制衡机制及支撑机制系统构成，各个机制间协同发挥作用，决定现代农业发展的目标、路径及成效。

1. 导向机制

导向机制决定现代农业的发展方向，由现代农业的多功能特性衍生，通过现代农业的多元价值体系来确定。农业多功能性不仅反映了农业及其发展的客观属性，也能够体现其经济社会属性。强化和拓展农业多功能性，直接关系到适应经济社会发展对农业的需求。农业多功能性与经济发展和社会进步相辅相成、互为促进（尹成杰，2007）。现代农业的主要功能除了传统农业所具有的基本农产品供给以外，还具有生活休闲、生态保护、旅游度假、文明传承、教育等功能，以满足人们的精神需求，成为人们的精神家园。在现代农业多元价值体系的组成要素中，食物安全保障与经济产出价值的重要性相对下降，而其生态环境价值、社会价值与文化价值的重要性相对上升，由此确定现代农业发展的价值指向与着力点。

2. 引擎机制

引擎机制分别由供给可能与需求边界两个层面的"双引擎"系统组成，即科技引领与市场牵动构成的推拉组合动力，带来生产效率的某种改善以及市场需求边界的扩大，从而有效拓展了现代农业的价值空间，二者对立统一于现代农业发展的社会经济系统。科技引领主要作用于现代农业的供给层面，通过优化资源配置与改善农业功能构成，来提升生产效率、改进交易效率以及增进制度效率，实现分工效率与专业化经济。市场牵动关系到现代农业发展市场边界的拓展，依托中间投入品的迂回经济以及最终产品市场的多样化需求,开辟现代农业的发展空间。工业化对农产品的原料需求、城镇化导致对农产品的多样化需求,以及国际化引申对农产品的出口需求,是市场牵动作用于现代农业发展的基本形式。基于供需双方的动力因素及其相互依存调适作用,决定现代农业价值空间的可能实现程度。

3. 传导机制

传导机制是现代农业发展的产业基础与组织依托,是农业生产力系统要素的作用平台,发挥引擎动力传导与制衡制动响应功能,可谓现代农业发展中价值创造与实现的神经中枢与主力构成。现代农业包括粮食、棉花、油料、畜牧、水产、蔬果等各个产业,涵盖循环农业、特色产业、生物能源产业、乡村旅游业和农村第二、第三产业等,涉猎农业科技、社会化服务、农产品加工、市场流通、信息咨询等涉农服务的相关产业,综合涉农系列产业于一体,是多层次、复合型的产业体系。现代农业日益成为集食物保障、原料供给、资源开发、生态保护、经济发展、文化传承、市场服务等功能实现于一体的复合产业系统。与此相对应,现代农业超越传统农业的小生产经营模式,作为微观组织构成的农户广泛地参与到专业化生产和社会化分工中,加入到各种专业化合作组织中,农业经营活动实行产业化经营。这些合作组织包括专业协会、专业委员会、生产合作社、供销合作社、"公司+农户"等,它们活动在生产、流通、消费、信贷等各个领域。通过延伸产业链条、加速产业集聚集群及促进产业融合发展,实现产业组织的横向协同、纵向综合、纵横融合,是达成现代农业发展的价值创造与实现功能的基本途径。

4. 制衡机制

制衡机制是一种权利的制约和平衡的制度。一般包括公司制衡机制、社会制衡机制、权力制衡机制、利益制衡机制等。其中,权力制衡机制是核心,利益制衡机制是关键。为此,现代农业发展的制衡机制必然围绕制度创新展开，其成效由现代农业的价值实现与产业组织间的利益协调关系衡量。结合我国现代农业发展的功能定位，现代农业制度创新必须以农业增效、农民增收和农村繁荣为主要目标，按照城乡统筹与"三化"协调发展的基本要求，实现农业制度的创新与发展。重点围绕土地制度创新、金融制度创新以及人力资本制度创新展开，通过权力制衡机制的动态调适，调整改变利益主体的制度可行集，达成现代农业发展中价值分配与协调。

5. 支撑机制

支撑机制在现代农业发展中处于基础地位，在动力机制系统中发挥资源源泉与空间承载功能，资源禀赋与环境条件为其核心构件。农业资源包括农业自然资源和农业经济资源。农业自然资源含农业生产可利用的自然环境要素，如土地资源、水资源、气候资源和生物资源等。农业经济资源是指直接或间接对农业生产发挥作用的社会经济因素和社会生产成果，如农业人口和劳动力的数量和质量、农业技术装备、农业基础设施等。社会经济发展使得农业自然资源的重要性相对下降，而农业经济资源的重要性上升，其优势度在农业发展中的重要性日益凸显。随着农业生产力系统的动态开放，实现了更大范围的资源优化配置与产出效率的大幅提高。与此同时，农业资源的过度开发与生态环境保护问题愈加严峻，直接考验农业经济发展的可持续性。为此，在发挥资源禀赋与环境条件对现代农业发展支撑作用的同时，应将资源与环境保护本身作为目标，合理调节开发利用与合理保护之间的关系，综合运用经济、行政、法律、技术等手段，达成社会经济与资源环境的协调发展，强化支撑机制在现代农业发展中的基础支持作用。

二 现代农业科技的"软驱动"

农业科技进步包括硬件科技进步和软件科技进步。硬件科技进步主要表现为农业技术，如机械技术、化学技术、生物技术等技术水平的提高及其在农业生产过程中的应用，代表着农业生产者驾驭自然能力的增长。软件科技进步是与农业科技的研制、开发、创新、扩散等过程相联系的决策、管理、经营技术的提高，主要表现为农业科技发展战略的优化、技术可行性与经济社会可行性研究方法的改进和能够激发农业经济主体生产积极性的体制创新以及经营决策等技术水平的提高及其应用于生产的过程。在现实经济生活中，两方面的科技进步并存，且在农业经济增长中共同发挥作用。一方面，农业技术水平的提高及其在生产过程中应用的程度是农业科技进步得以实现的基础；另一方面，农业技术转化为现实的生产力要依赖于劳动力素质的提高和管理、决策、经营水平的提高。随着经济全球化进程中高科技竞争的日趋激烈，农业科技进步中软件科技进步的"软驱动"作用凸显，越来越成为推动硬技术充分发挥其功能不可或缺的决定性因素。

1."软驱动"的作用

当代农业科技革命本身就包括软技术的巨大进步。随着科学技术的发展，现代农业也已经由动植物向微生物，农田向草地、森林，陆地向海洋，初级农产品生产向食品、生物化工、医药、能源等多种产品生产方向拓展。现代高新技术不仅从理论与方法上加速更新了传统的农业科学及基础学科，而且产生了交叉学科、边缘学科和新兴学科。高新技术的研究、开发和应用对农业生产产生了极大的影响，尤其是农业生产、需求、流通、价格等动态的经济信息监测和决策咨询系统的建设及其信息技术，农业管理专家系统的建设（包括配方施肥、灌溉咨询、病虫害防治、各类作物生产过程管理、各类养殖业技术专家系统和管理专家系统），以及适合中国国情的精确农业模式的探索及配套技术设施的研究开发等"软技术"研究在农业市场中发挥着越来越重要的作用。

促进包括软技术在内的农业科技进步是我国应对全球一体化挑战的根本选择。目前我国农业面临诸多挑战：国外优质、廉价的农产品将会对我国的农业生产造成一定的冲击，使农民增收受到一定的影响；农业经济发展的地区不平衡性加剧；耕地和水资源日趋紧缺，承受的资源短缺压力越来越大；农业劳动力人力资本积累水平较低，不利于农业技术推广与农产品国际竞争力的提高。随着经济全球化进程的加快，各个国家必须在国际大分工与大协作中寻求发展机会，如何在国际产业大转移和结构转换的过程中寻找到立足点，尽快提高我国农产品的国际竞争力，促进农业经济增长方式的根本转变，对农业科技发展战略等软技术研究尤为重要。

促进包括软技术在内的农业科技进步是实现我国农业经济增长方式转变的根本选择。我国人多地少，农业科技水平、物质装备水平较低，农产品品种的更新换代和品质提高的速度不快，农业劳动生产率较低，农产品竞争力不强，尤其是具有价格优势的水果、蔬菜、肉类等农产品虽然价格大大低于国际市场，但由于我国农产品市场体系还不完善，在农产品品质、卫生标准、认证体系、出口渠道、企业营销水平等方面存在不少问题，在短期内很难大量进入国际市场。因此，如何在全球一体化背景下，有效利用国际经贸规则，充分利用两个市场、两种资源，根据比较优势的原则来确定经济和科技发展战略，合理配置我国的农业资源，增加劳动密集型产品的生产与出口，缓解人口增长所带来的农业资源压力，关键是要加快农业科研体制创新步伐，尽快建立符合我国国情的农业科技产业体系，完善科技人才培养激励机制，充分发挥软件科技进步对农业经济发展的促进作用。

促进包括软技术在内的农业科技进步是发展我国市场农业的需要。在现代市场经济条件下，需求具有很大的潜在力和伸缩性，需求的这种潜在力和伸缩性大大提高和增强了需求在社会经济发展中的地位和作用。需求价格弹性低的农产品生产与供应，极大地受需求的制约，稍有供过于求或供不应求，即会产生放大效应，导致价格的大起大落，对农业经济发展产生极大的影响和制约作用。而我国大多数农户远离中心城镇、交通不便、信息闭塞、经济结构单一、组织化程度较低，主要从事初级农产品的生产与简单加工，产品的技术含量较低，能够提供的农业积累资金极为有限。因此，深入研究开发方便实用型农业致富技术，提高农产品的科技含量，进一步增强我国优势农产品的国际竞争力，促进我国社会主义市场经济趋向的农村经济改革，尽快建立符合国际通行规则的农产品贸易体系和市场体系，关键是要加强现代市场农业的理论研究以及促进农业市场化的制度创新与技术创新研究。

2. "软驱动"与现代农业增长方式转变

农业科技进步过程中的"软驱动"不足以成为制约我国农业经济增长的关键因素。自 1950 年以来，以良种、农用化学物质和灌溉技术为核心的农业科技进步使我国的粮食综合生产能力从 1 亿多吨提高到近 5 亿吨。大规模推广应用良种——杂交稻和半矮秆常规稻优种、杂交玉米和半矮秆小麦，配以高产栽培技术、灌溉技术以及化肥及农药的广泛应用等科学技术进步于物化形式之中，因而在当时农民科技文化素质较为低下的情况下，仍能得到相当的增产效果。也正因为如此，农民文化素质的提高以及相关的教育和培训没有与农业科技进步同步进行，致使农业科技的潜力受科技文化素质的制约而未得到充分发挥。缺乏科学知识的农民难以经济合理地增加投入，农民粗放经营模式难以改变。同时，在我国计划经济体制下形成的农业科研体系在体制、运行机制及管理方面的缺陷使农业科技成果产业化滞后，农业科技人员的积极性难以充分发挥，农业科研不能适应农业经济发展的需要，从而使"软驱动"不足，制约了农业科技进步在农业经济增长中的作用的发挥。

第一，重物化技术，轻软技术研究。长期以来，政府作为农业技术的供给主体，把稳定提高粮食产量作为工作目标。在短缺经济条件下，农民增产即可增收，农民应用农业技术的积极性较高；在农产品供给呈结构性过剩的条件下，政府原有的以提高粮食产量为目的、以物化技术为主的农业技术供给模式就难以满足需要。在现行的科研管理体制下，农业科研单位的选题往往依据政府目标来确定，有形技术、物化形式的科研通常更易于申请与鉴定，更易于得到社会的认可，因而形成了农业科技供给中的不平衡现象。一方面农民拥有相对充足的种子、化肥、农药等的物化技术产品供应；另一方面却缺乏信息技术、科学合理的施肥技术及相关的经营管理等软技术，严重影响了农业科技潜力的充分发挥与农民增收。主要表现在：对我国农业科技进步的阶段性特征与技术需求主体的特殊性研究不足；建立完善多元化的农业科研体系与产业化体系、解决农业科技产品供给中激励问题的研究滞后；关于农业技术推广过程中农业技术的综合配套性、地区适应性、经济可行性缺乏深入研究。

第二，重创收性的私人技术，轻公共技术研究。长期以来，我国没有形成一个科学合理的科研体系，对公共技术、半公共技术、私人技术缺乏科学的划分标准，往往造成科研单位错位现象。一方面，政府所属的科研单位仍然为最重要的农业技术供给主体，多元化的农业科研体系尚未形成；另一方面，农业科研机构受政府目标的约束以及自身利益驱使，科研选题往往是粮食增产技术与能够"市场化"的技术，更热衷于杂交技术、基因技术以及创收技术，因而导致政府农业科研推广机构与民营科研机构职能分工不明确，都集中于赢利性强的私人技术的供给，造成私人技术过度竞争，而能够促进农业可持续发展的生态环境技术、传统种质资源保护技术、水土保持技术以及能够促进农民增收的经营决策、市场信息预测等公共技术或半公共技术研究却难以适应农业发展的需要。

第三，重物化形式的技术推广，轻对农民的培训教育。随着农村经济体制改革的深化和社会主义市场经济的发展，农户逐渐成为独立的商品生产者和经营者，然而农民科技需求不足的问题依然比较突出。一方面，受农民素质普遍偏低、土地经营规模偏小、投资能力有限的制约；另一方面，农业技术推广人员技术面窄、知识结构较为单一，重物化形式而轻对农民的培训教育的技术推广模式严重制约了农业技术的推广应用。现实中，我国农技推广采取行政式的技术推广模式，通常以上级行政机关确定的物化形式的推广项目为工作重点。同时，农技推广机构受自身人力、物力、财力的制约，难以针对当地的实际情况，制定较为系统性、长期性的农技推广规划，进行综合配套技术的示范推广以及对农民进行农业科技知识培训。因此，我国的农技推广模式在一定程度上制约了农业科技的转化率。

为此，加快包括软科学在内的农业科技进步，是促进我国农业经济增长方式转变的根本。当今国家之间的竞争实质上表现为高科技的竞争，以知识密集型科技进步为特征的第四次农业科技革命给现代市场农业的发展带来了新的内涵，因此，如何提高农业科技转化率与农业科技对经济增长的贡献率等软科学研究对一个国家农业整体竞争力的提高发挥着越来越重要的作用。我国经济发展战略目标的实现、资源瓶颈因素的突破以及农产品国际竞争力的提高，关键取决于农业科技进步的步伐。为此，应针对我国农村实际，结合经济发展战略规划，切实完善农业科研体系，搞好农业科研的整体规划工作，加强经营决策、市场营销、信息技术的研究开发与配套工作，做到硬技术与软技术进步协调配套，充分发挥软技术进步对农业经济增长的促进作用。

首先，做好农业科研的整体规划工作，坚持软技术与硬技术研究并重的原则。"十二五"时期是我国社会主义现代化建设非常关键的时期，科技进步有着极其重要的战略地位。为此，应做好农业科研的整体规划工作，逐步完善农业科研体系。一是组织实施国家和行业科技攻关计划、星火计划、丰收计划和国家科技成果推广计划，根据发展农村商品经济和传统农业向现代农业转化的需要，选择一些带有全局性、方向性、关键性的重大科技问题，列入国家科技攻关计划；二是根据经济发展的需要，选择重点科技课题，组织力量进行行业、地方的科技攻关，为行业发展和各地农业振兴提供科技成果；三是继续推进农业科学的基础性研究，以国家自然科学基金项目和部门、地方资助应用基础研究为重点，开展农业地区经济发展、农业产业结构调整与布局、农业技术改造，以及农业科技与经济社会持续发展关系等研究，为国家和各级政府的宏观决策提供科学依据。同时，要有重点地发展高新技术，通过国家高科技研究与发展计划、转基因植物专项基金、科技攻关计划、国家新产品试制计划等多种途径，加速农业科技产业化，在种子、园艺、饲料、养殖等高效的农业领域，以及在生物技术、信息技术等高新技术领域，培育具有我国自主知识产权的大型农业高科技企业，大力提高我国农业的国际竞争力。

其次，充分发挥农业科技推广过程中的"软驱动"作用。农业科技推广是农业科技转变为现实生产力的重要环节，关系到农业科研成果转化率的高低及其应用的实际效果。为此，应改革和完善农业科技推广体系，切实加强以科技和信息服务为重点的农业社会化服务，充分调动科技人员、农民和企业推广农业科技的积极性和创造性，实行专业机构与民间科技组织相结合、政府主导与市场引导相结合、无偿服务与有偿服务相结合、硬技术与软技术推广各有所侧重的农技推广模式，广泛应用各种高新技术支持高产、优质、高效农业的发展，农业科技推广与服务逐步从产中向产前和产后延伸，走符合我国国情的农业科技推广道路。

再次，加强农业科技研究开发过程中的区域性经济研究以及农村社区研究。在我国农业经济发展过程中，各地区之间出现了极大的不平衡性，如何科学制定各地区的农业科研规划与地区之间的协调发展战略，关键是要加强农业科技研究开发过程中的区域性经济研究以及农村社区研究，着重研究在西部地区、经济欠发达地区、中部和东北粮食主产区，建立不同类型的、综合性的农业现代化试验示范区、农业可持续发展试验示范区以及中低产田综合治理的研究开发与试验区，针对地域特征完善多元化的农业科技产业体系，加速农业科研成果的转化，从而推动各地区的农业现代化进程。同时，应针对性地进行农村社区研究。农村社区是具有一定自然、社会、经济及文化特征的相对独立的社会单元，社区一般都具有异质性，不仅表现在其社会、经济及文化上的区别，还表现在农民的思想、认识、传统、习俗等的差异。为此，应改变农业科技研究、开发、转化过程中的"一刀切"的方式，切实组织开展对农村社区的社会、经济、文化、生态条件的系统研究与技术可行性研究，从而探索适应不同区域经济发展的技术道路。

最后，积极开展培训教育活动，全面提高农民的科技文化素质。培训教育是提高劳动力科技文化素质的关键，而农业劳动力又是科学技术转变为现实生产力的最为能动性的因素。只有最终让农民掌握了农业科学技术与驾驭市场经济的能力，才能走出农业技术推广中农民"缺乏科技不会用、怕担风险不敢用、资金不足不能用、预期收益低不想用"的怪圈，从而使农民愿意并且能够更好地采用新的农业技术，同时给农业科研机构带来收益，形成良性互动机制与农业科技供求信息的反馈机制。为此，提高农业科技转化率、增加农业技术有效需求的关键是加强对农民的培训教育。一是继续普及农村九年制义务教育，尽快扫除"文盲""科盲"。在农村中学适当开展农业科学技术知识方面的文化教育活动，培养一些农家学子对农业科技的兴趣与爱好。二是加大对农业高等教育的投入力度，面向农村青年扩大招生，为农村输送"下得去、留得住、用得上"的农民技术人员，注重实践型人才的培养，开创灵活多样的办学模式，坚持"农科教""产学研"相结合。三是推动广大农村的再教育工程。通过多种渠道、多种形式向农民普及科技知识、市场经济知识和经营管理知识，尤其是以县农业技术服务中心为基地，加强对农民的技术培训和科学技术知识教育。技术推广过程中坚持技术产品与技术服务并重、物化技术与软技术并重的方针，充分发挥各级农技推广机构在农业技术推广与扩散过程中的主渠道作用。

三 不同主体功能区之间的协调驱动

中原经济区发展现代农业是一种新探索，如何实现各主体功能区之间现代农业的协调发展面临挑战。甄别各区域间发展现代农业的协调驱动因素与功能互补关系，是中原经济区建设探索不以牺牲农业和粮食、生态和环境为代价的"三化"协调科学发展道路的基本前提。就各功能区现代农业的发展定位与功能互补关系来看，郑州城市圈都市农业区、中原城市群外围高效农业区、黄淮海现代农业特区、南部养护型特色农业区与西部防护型生态农业区，分别充当中原经济区现代农业发展的顶级示范区、强力推进区、核心支撑区、特色潜力区与功能储备区的角色，在区域分工协作与优势互补基础上的发展潜力巨大。

各主体功能区之间的依存关系明显，现代农业发展亟须整体协作推进。郑州城市圈都市农业区资源要素集聚、产业发展集中、高新企业集群优势突出。由于资源环境承载能力较强，现有开发密度和强度较大，在"三化"协调发展中应定位于资源消耗少、环境破坏小、附加价值高、产业带动性强的产业。鉴于功能优势与产业定位，该功能区主要突出其在农业生物技术、农业信息技术等领域的高精尖科技优势，以及在金融、物流、信息、标准认证等生产性服务领域的中心区位优势，为其他类型区提供全产业链的科技服务支撑与示范传导功能。中原城市群外围高效农业区处于区域发展中心与核心农区的过渡地带，资源环境承载能力较强，现有开发密度和强度不大，而农业开发潜力较大。在此情形下，该区域承担强力推进现代农业的创新实践功能，为探索"以工促农、以城带乡"的现代农业发展模式提供新经验，在引导科技与服务从中心向外围辐射的过程中，发挥中枢传导与模式创新示范作用。黄淮海现代农业特区在提升粮食产能与保障粮食安全上具有特别重要的地位，资源环境承载能力较强，现有开发密度和强度不大，而农业开发潜力较大。在加速推进现代农业的进程中，农业高科技推广应用与农业经营模式的创新实践所涉及的地域面积大、产业环节多、利益主体广，为中原经济区现代农业发展的主体承载区域，发挥核心支撑与典型示范作用。南部养护型特色农业区与西部防护型生态农业区主要在特色农业与生态功能保障上为中原经济区现代农业发展提供基础保证与协调配套支持。通过推进特色农业发展与生态现代化，丰富现代农业的内涵与多样化实践，以拓展现代农业多功能价值空间来促进中原经济区现代农业的可持续发展。

针对各功能区在现代农业发展中的优势互补与功能协作关系，宜依托政策创新与制度创新牵引、技术创新驱动、市场创新发力为组成的系统驱动力，在甄别核心利益主体与关键行动主体的基础上，分区域推进现代农业发展的创新实践模式。各主体功能区在重点领域与产品上突破，借助主体功能区分类指导政策，促进现代农业发展的区域协调联动发展机制的形成，以农业多功能价值提升现代农业发展水平。

Dynamic Mechanism of Regional Agricultural Development in China

实践篇—机制作用

第七章
中原经济区现代农业经济发展状况

中原经济区总面积28.65万平方公里,占全国总面积的3.2%;总人口近1.8亿,占全国总人口的12.3%,其中农业人口0.738亿,占中原经济区总人口的41.7%。中原经济区属于我国暖温带的核心区域,光照充分,积温较高,降水充沛(大部分地区在700~800毫米),雨热同期,有利于作物生长。中原经济区构成了辽阔的黄淮海平原的南片主体,背山面海,地势平坦开阔,土壤肥沃,交通便利,有利于农业种养及农副产品的生产、运输与贸易。中原经济区具有深厚的农耕文化基础,农业开发历史悠久,是我国原初农耕文明的中心(段昌群、杨雪清,2006)。中原经济区人口密集,农村人力资源丰富,是我国三大粮食核心区之一,是肉类、水果、蔬菜、棉花、油料等作物的重要生产基地,具备发展现代农业的基础条件。随着经济区内农业结构调整及农业产业化的迅猛发展,中原经济区将承担起引领中部现代农业兴起、成为我国新的现代农业增长极的角色(田建民、李昊,2005)。

中原经济区的最大板块河南省是我国农业大省、粮食生产大省,粮食产量多年居全国首位,棉、油、果、肉、蛋、奶等经济作物及农副产品产量也位居全国前列。随着农业产业化的发展,河南省目前已成为全国最大的面粉及面制品加工基地、最大的方便食品和速冻食品生产基地，畜禽产品加工等在全国也占有相当的分量。而今以河南省为主体，以皖北4市、晋东南3市为两翼，以冀南、鲁西南3市为犄角的中原经济区进一步拓宽了河南省现代农业发展的产业空间，同时根据经济区不同区域内不同农业资源禀赋进行农业功能分区及块状优势布局（黄祖辉、张冬平、潘伟光，2008），发挥不同区域的资源优势，进行现代农业主体功能区规划，对于加快中原经济区现代农业建设、优化我国区域发展布局、改善民生、保障国家粮食安全、促进农业可持续发展，具有重要的意义。

第一节 郑州城市圈都市农业区

一 现代都市农业的条件

现代都市农业是我国以一线大城市为引领，在都市经济社会发展达到较高的层次之后，随着工农、城乡融合互动机制的日渐成熟，在整个都市区域范围内，以某（几）个大城市为核心，若干卫星城市拱卫而形成的城市圈范围内形成的，以城市资本、人才、科技、信息、市场需求等优势为依托，以农村空间、文化、生态、农业的产业与产品特色为基础，以改造传统农业和提供多样化的涉农产品及服务为目的的、现代化水平较高的、可持续发展的农业生产及运行体系。

2010年，郑州城市圈城市化率达到70%以上，城乡居民人均GDP在4000美元以上，已经达到相对富裕的水平，发展现代都市农业的时机与条件已经成熟。

郑州城市圈人口密集，农产品需求巨大，中高档消费群体已经形成，他们对农产品需求所关注的因素首先是农产品安全，其次是农产品品牌,最后是农产品价格。食品的消费结构也由低蛋白、高脂肪向高蛋白、低脂肪,以及由原粮消费为主向副食消费、加工粮消费为主转变,对农业的需求结构也已经由单一农产品提供向食品、文化、生态复合供给格局转变。消费结构的升级和对农业需求结构的转型成为郑州城市圈现代都市农业发展的强大动力,同时也成为郑州城市圈都市农业构建与拓展的基础与依托。

二 现代都市农业的基础

郑州城市圈位于中原经济区的核心地带,交通便利,区位优势明显;城市圈北枕黄河,背依邙山,地势北高南低,形成由山地到谷地到滩区再到平原的过渡地貌组合。复杂的地貌组合、差异的土壤结构使得郑州城市圈适合各种粮食与经济作物生长;城市圈土地利用形态多样,适宜现代都市农业发展。特别是城市圈西南部的山区,可以作为生态屏障型、水源涵养型农业开发区域;北部黄河滩区可以通过休耕、减耕,调整传统农业结构,重点发展养殖业、构建生态防护网和培育自然景观,发展农业生态旅游,为现代都市农业提供了巨大的空间和潜力。城市圈在历史上通常是风云际会之地,许多历史陈迹(如官渡之战、牧野之战遗址等)散落在田野村外,通过对文化元素的创意开发,使之融入都市乡村旅游的发展中,使农业真正拓展成为一个空间的产业(祖修田,2003)。融入人文内涵,可以作为城市圈现代都市农业发展的一个亮点。

三 现代都市农业的状况

近年来,郑州市以农民增收为中心,按照"质量立农、品牌立农"的要求,大力进行农业结构调整,延长产业链,发展农业产业化经营,打造出了一批名优农产品品牌,果品、花卉、休闲农业迅速发展。到2010年郑州市已经建成设施化、标准化的农产品种植基地500多家，许多基地农产品已获得了绿色食品、有机食品等质量认证，以及ISO9000、ISO14000等国际质量体系认证。"好想你枣""花花牛乳业""中牟西瓜""毛庄蔬菜""雁鸣湖乡村游""少林禅果""樱桃沟自助式乡村休闲游"等一批体现都市农业的产品品牌和服务品牌已经形成，特别是以观光农业、休闲农业、体验农业、采摘农业、认购农场形式为代表的城市圈乡村旅游已经逐渐发展成熟，并呈现方兴未艾的发展态势。都市乡村旅游从其对农民增收的高收益率上看，它是一种高效农业，扩充了农业作为生产的内涵；从其对城市市民提供的农业特色服务上看，它对市民是生活方式的丰富、乡村文化的体验和生活节奏的调节，扩充了农业作为生活的内涵；从其低物质、高人力投入，对农业自然过程低干预、高文化休闲要素的投入，低产品原值、高服务附加值上看，它用较少的资源与环境投入取得了较高的经济、社会与环境效益，扩充了农业作为生态的内涵，拓展了农业的功能（祖修田，2003）。目前，郑州城市圈有各类不同主题、层次与规模的农业观光园近800家，郑州市郊有大约20多个乡镇、100多个村和1万多户农户从事乡村旅游，2010年全市乡村旅游收入达12亿元，共接待游客2000万人次。

四 现代都市农业发展趋向

郑州城市圈都市农业发展应该立足资本聚集、人力资源聚集的基础，发展一批生态特色明显、文化创意突出的乡村旅游品牌。在黄河滩区建立农业健康教育旅游示范区，主要吸引城市圈内市民群体不定期进行生态蔬菜、水果采摘，亲近母亲河、农事活动体验及满足对后代农耕文化传承教育、生态理念教育之需。力争到2020年将其建成现代都市农业示范园，农民人均纯收入突破5000美元大关，走在经济区农村发展的前列。

为满足都市生态旅游、休闲体验、生态消费等对农产品及服务的需要，未来5年将在城市圈区域内建立20个超千公顷的大型蔬菜基地、10个超千公顷的果园项目、30个超千公顷的水产养殖项目，以及30个超千公顷的畜禽养殖项目，每个水产养殖基地配建一个无公害水产下脚料封闭过滤池及生态有机肥生产基地（每套设施占地不少于10公顷），每个畜禽养殖基地配建一个养殖场下脚料和畜禽粪便密闭处理设施及有机肥生产基地（每个基地设施占地不少于30公顷）。将沿黄河滩农业区、邙山旅游区、河滩湿地保护区的生态旅游资源重新整合，使之成为生态保护规范、旅游服务规范、农业开发规范的品牌乡村旅游群落；发展集现代蔬菜采摘、畜禽水产品采购、现场消费、母亲河体验和生态教育的都市乡村旅游综合体。

第二节　中原城市群外围高效农业区

一　外围区域的农业基础

外围区域是我国重要的冬小麦高产种植区，小麦平均亩产达到1200斤以上，高出全国平均水平30%，高出中原经济区其他区域20%，小麦总产量达到1400多万吨，玉米总产量为700多万吨。另外，各种薯类、山药、花生、肉类等经济作物、畜禽养殖均在中原经济区占有很重要的地位。区域内有双汇、大用、众品等国家级现代化龙头企业，农业产业化发展较好，农民的人均收入达到10000元以上，在中原经济区处于领先地位。外围区域还是中原经济区市场型、外向型农业发展最好的区域，焦作、济源的山药，双汇的肉类，鄢陵的花卉已经发展成全国知名涉农品牌，主要面向全国大市场销售；漯河的食品工业园成为中部地区与沿海现代农产品加工业联姻的典范；许昌的供港蔬菜产业园则将农产品销售的主渠道延伸至大陆外的区域。外围区域粮食的商品化率达 40%，原粮的达 20%，粮食制成品的达 30%，肉类的达 57%，副食的 72% 要面向全国销售，成为保障国家粮食安全的重要一环。外围区域的农业产业化发达，有粮食加工企业 2000 多家，年加工能力为小麦 1800 多万吨，玉米 600 多万吨，花生 120 多万吨，肉类 220 多万吨，农副产品的增加值是原值的 2~3 倍，农业生产链条长，农产品附加值较高，农民收入增长较快。

二 外围区域现代高效农业发展功能定位

对中原城市群外围区域现代高效农业发展的功能定位是：巩固农业的基础地位，在保障对中原城市群自身农副产品供应的基础上，大力发展农业产业化、创汇型农业，体现现代农业的扩张性与高附加值。

三 外围区域现代高效农业发展趋向

在新乡、许昌、漯河等城市群模块，按照山东潍坊的模式建立 50 个大型的、主要针对国内超大城市市场的蔬菜基地（如供京蔬菜基地、供沪蔬菜基地、供穗蔬菜基地、供港蔬菜基地等），每个基地的规模不少于 1 万公顷，相应的采摘、浅加工、深加工、仓储、冷鲜、物流链要配套齐全；大力支持以鄢陵为中心的花卉、园艺业，不仅要建花卉供应基地，还要延长花卉的产业链条，增加花卉园艺旅游的服务板块；漯河要围绕双汇集团、云龙生态农业公司开发农畜产品的产前饲养基地与产后加工环节，提高农产品附加值；许昌、长葛等地要创建畜禽产品加工基地；加快临颍加工园区建设，力争 2020 年前达到 2000 万吨的粮食加工与仓储能力；在新乡、开封各扩建一个国家级大型油脂加工企业，形成年加工花生 300 万吨的能力。

第三节 黄淮海现代农业特区

一 现代农业特区的建立

在综合相关研究的基础上，笔者认为应在中原经济区黄淮海区域的 13 地市建立以粮食安全保障为宗旨的农业特区。这样，农业特区占据中原经济区一半以上的区域，包括中原经济区京广线以东的主要区域。

农业特区是比照沿海经济特区模式并立足于我国不同区域农业发展的国情所进行的现代农业发展的战略构想。农业特区的思想在我国 10 多年以前就有人提出，目前仍在构思与完善阶段，并未付诸实施。关于农业特区的构想主要是东北三江农业特区的构想（王少伯，2001）。中原经济区现代农业特区构想是我国现代农业建设、中原经济区国家战略、农业特区思想与中部地区区域农业发展的实际状况相结合的理论成果，尽管仍停留在规划的层面，但其建设与实施已经具备了现实条件与基础。

现代农业特区是指，参照国内外特区建设模式，在具有比较优势和显著特征的传统农业区设置的，按照市场规则和规律运行，在管理体制、运行机制上有所改革和创新，以开放的社会化经营农业为动力，带动整个经济和社会发展，并享有国家特种优惠的行政区域。现代农业特区一般具有特殊的投资、特殊的效益、特殊的运行、特殊的技术、特殊的政策等特征（王少伯，2001；李铜山，2011）。

现代农业特区的核心是国家特殊的政策补偿农业区域农民从事

粮食生产而出现的比较效益低的状况。与早期的沿海经济特区设立的用特殊的政策、补贴、优惠吸引外资的出发点不同，现代农业特区发展的目的是用特殊的政策、补贴、优惠来弥补特殊区域发展农业生产收入回报的巨大差距。前者是为了实现某种优势（借外力），而后者是为弥补某些劣势（挖潜内力）。

我们可以用粮食生产的外部性、农业公共产品投入等理论解释农业特区农户获取补贴的正当性。根据马歇尔（2005）的解释，外部性是指在生产（或消费）环节中，投入与产出不能通过市场价格机制反映出来的要素与禀赋。那么以粮食生产为主的农业特区的农业生产的外部性则是指在粮食生产市场化的条件下，粮食价格不能反映农户实际投入状况，也不能反映农户粮食产出的应有价值，即产出与投入的要素价格是扭曲的、不对等的。粮食生产中外部性的存在通常导致"谷贱伤农""种粮吃亏"等现象的出现。

由于外部性的存在，人们不能得到产生于正的外部效用的全部收益，他们必将尽可能地减少或者避免从事这些活动（张培刚，2003）。农户专门从事粮食生产，通过粮食外销为确保国家粮食安全做出贡献，这说明粮食生产是个社会效益很强的产业部门，但是经济效益很差。在改革开放初期的一段时间，一些发展省份的大量耕地改变使用方向，土地使用效益百倍千倍地提高（田建民、李昊，2005）。这些省份可以发展非农效益很高的非农产业而逐渐压缩或者放弃粮食生产，但它们可以用效益很高的非农收益部分轻松购买相对价格并非太高的粮食主销区调过来的商品粮。这些发达省份将耕地进行非农化利用，经济效益在提高，但原来耕地进行农业生产的社会性、生态性效益却降低了。与发达省份的非农化相比，仍然从事农业生产的农户由于区域分化的缘故，他们从事农业生产便产生了正向的外部性。传统农区的农户从事粮食种植与生产保护了粮食安全，增加了社会效益，而损失了相对比较效益所产生的私人经济收入,因此对他们进行补偿也是应该的。现代农业特区的建设就是基于这么一种理念而来的。

现代农业特区建设中,政策支持与补贴应该集中于对农村、农业发展中公共产品的购买与提供上。由于农业正外部性的存在,政策支持作用下的农业发展便具备了公共产品的特征。这样便要求各级政府对农业特区农业发展的支撑系统进行全面的支持,包括水利、道路、电力、农机服务、农田基本建设、节水设施、农产品储运体系等物质技术装备硬件设施,病虫害综合防治、生物质肥料的组织生产与加工、农村能源利用与开发等可持续农业与可持续农村发展综合技术,农业动植物品质选育、生物农业与信息农业等农业高新技术、农业技术扩散与推广、现代农民培养所涉及的农业教育等有关农业技术与教育、金融、保险等的"软件"投入,以及应当作为政府对农业特区涉农公共产品的投入,这些投入是大规模的、持久的、公益性的投资。这是现代农业特区发展中特殊投资、特殊政策的基本内涵。

二 现代农业特区农业发展功能定位

以粮食生产为核心,以农业基础设施和农村公共产品投入为重点,以串联农业产前、产中、产后环节为主线,以小麦、玉米、红薯等种植为主的集约化粮食生产格局构建为基础,推动确保粮食生产和现代农业发展的农业特区粮食生产体系,力争到2020年,初步建成我国最大的粮食生产特区,农民人均收入达到4500美元以上,与全国同步实现富裕。

三 现代农业特区农业发展趋向

第一,整合特区内跨省级行政区域的农业科研、农业推广资源体系。在黄河以北6市(安阳、濮阳、鹤壁、邯郸、聊城、菏泽），每市建立一个杂粮种苗科研示范基地，每县建立一个种苗供应基地。基地之间形成科研成果共享、信息共享、市场网络共用的管理格局。以河南技术师范学院、聊城职业技术学院、邯郸职业技术学院的涉农专业为班底，筹建平原农民大学，专司培养相关农技服务专业人员和对农民进行培训。

第二，在特区13市，每个地市建立一个小麦、玉米种苗科研示范基地，专司这两个品种粮食作物的种子科研、育种育苗试验、品系推广、出苗示范。在现代农业特区设立中国农业大学特区分校和中国农业科学院特区分院，集中和整合全国的农业科研力量，推动现代农业特区建设需要的农业科研和技术普及（李铜山，2011）。

第三，建立特区生物质化肥原料加工、配送科研基地，突破生物质肥料生产成套设备、集成工厂化生产的相关技术以及大田养分平衡体系与控制性工程，力争在2015年前建立特区生物质肥料集团，在每个乡镇配套建立一个规模化生物质肥料工厂，申请农业部循环农业的国际质量体系认证。彻底扭转粮食作物种植对化学肥料的依赖，以及化肥过量施用对粮食品质的影响和对农田水气系统的面源污染。

第四，建立特区粮食作物病虫害综合防治体系。包括作物带状种植规划与工程设计；轮耕、休耕计划与方案；无公害农药、环境友好型农药、生态农药的研发与区域适配体系的建立；病虫害防治物理振频技术基地建设与技术推广体系；病虫害天敌防治体系的建设；病虫害非接触式粘连板技术推广与管理体系；病虫草害物种入侵与阻隔技术体系建设；病虫害种植体系隔离工程建设（如臭椿、艾草、臭蒿隔离技术等）；传统病虫害防治技术的挖掘与整理优化；等等。

第五，加快新农村建设，探索适应特区规模化粮食经营的

"三地"归并与整合规划。关于耕地整合,实施耕地流转的产权制度改革,推进粮食生产的规模化;关于宅基地整合,配合新农村社区建设,实施宅基地的产权化置换改革,以立体化的大农村社区、功能齐备化的新农村建设实现农村生活用地的集约、商品化使用;关于农村墓地整治,可以推进农村殡葬制度改革、农村新文化建设工程,逐渐消除"死占活人地""神俗混杂""生产、生活、祭祀用地不分"等现象。通过对农村各类用地进行一揽子、综合化改造,形成粮食生产的规模化、连片化耕作,形成各类用地功能分化的农村土地供应格局,提高农地的利用效率。

第六,特区水利建设。对特区近50座3亿立方米以上的中小型水库进行重修、加固、扩容、除险,新修5座10亿立方米库容的中等水库和25座3亿立方米以上的小型水库,共实现水库扩容150亿立方米,新修干渠2万公里,支渠5.6万公里,斗渠12万公里,溢洪渠3万公里,形成每区1座以上中等水库,每县3座以上小型水库,农田渠网密度不低于0.8公里/公顷,农田蓄水库容不低于5000立方米的目标。疏浚农田池塘、堰湖、沟渠200万池,扩容农田蓄水20亿立方米,使农村农田系统毛细库容总容积达到500亿立方米;每个县建立专业性的清淤疏浚农水公司,每年每个县清淤库容不少于4000万立方米。到2015年编制特区基本农田水利规划、农水净化和农业用水商业化方案,到2020年编制并实施村庄、农场用水细化方案,在全国率先实施农业用水商品化规划。开源、节流并举,大型水利工程、基本农田建设、农田毛细水利体系三管齐下,彻底解决黄淮海水患和黄淮海平原干旱对农业生产的巨大威胁。大力推广滴灌、喷灌、渗灌技术,实现耕地地下管网化2000万亩,空中管网化1000万亩,农渠砌护率达80%以上,灌溉水利用系数达75%以上,初步建成现代化的农业水利管网体系。

第七，农村道路、能源建设。新建农村道路10万公里，改建、修整农村公路10万公里，初步实现农村生活及生产道路的分离；建立专业化的农村公路养护队伍，初步实现"国资、民用、商养"的农村公路投管格局；建立农村公路投资公司与养护基金，将现代化的公路运营系统向农村延伸。新搭建农村电力线路20万公里，增加农村供电载荷20亿千伏，年新增农村供电量100亿千瓦时；大力发展农村清洁能源，集中实施新农村社区太阳能热水器一户一标配。到2015年特区铺设太阳能电池板2亿立方米，实现太阳能年发电量1000亿千瓦时；风能发电机30万台套，风能年发电300亿千瓦时；新建容积超3000立方米以上超大沼气池50万池，实现沼气年制作15亿立方米，除基本满足居民用气需要外，沼气年发电100亿千瓦时。

第八，粮食经营体系建设。新建、改建农村中小粮食仓库1.5万座（库容大于100万立方米），实施农户、农场生产"全粮入库"，防止传统粮食储藏中过大的损耗和品质降低，配套晾晒、加工区、粮食物流节点建设；组建特区粮食集团，整合经济区内所有涉粮企业，强化粮食深加工能力建设，实现将经济区内所有小麦、玉米、红薯进行一次性浅加工率100%，二次深加工率40%，进一步深加工率20%的能力；组建全国性的粮食交易及食品交易中心。

第九，其他保障粮食生产能力的建设。建立特区农机合作社、农业信息化平台、土地产权转移交易市场、劳动力市场、专业技术型农场工人资质认定系统等。

现代农业特区是中原经济区现代农业建设的重中之重，也是中原经济区国家层面粮食安全保障的根基，其现代农业发展的要素性规划将在农业发展实践中进一步丰富和细化。

第四节 南部养护型特色农业区

一 南部农业区农业发展基础

南部农业区主要指沿大别山铺开的信阳市和沿桐柏山铺开的南阳市，全部为河南省内区域，占河南省国土总面积的28.7%，占中原经济区总面积的12.6%。区内以山地、丘陵地形为主，面积占特色区总面积的60%以上，森林覆盖率为35%左右，年降水量在800毫米以上，为中原经济区平均降水量的137%，属于亚热带季风性湿润气候，是中原经济区雨热条件最好的区域。区域内30%以上为平原地形，土壤为较具黏性的水稻土，山区的土壤富含铁等元素，较为适宜茶叶、板栗、中药材等山区经济作物的生长。信阳、南阳两地市人口共有1824万人，人口密度623人/平方公里，其中农村人口1312万人，城市化率只有30.5%，明显低于河南省的平均水平，也低于中原经济区的平均水平。其中有国家级贫困县13个，经济发展水平较低，农村贫困化程度较深。

二 南部农业区现代农业发展功能定位

关于南部农业区的功能定位，一是立足于自然环境特色搞山区特色经济，二是立足于人力资源特色搞劳务输出。通过拉长山区特色经济的产业链条，做好产业化的文章，提高农村经济的活力，增加大农业生产的效率。以农业产业化和非农化发展的两个轮子，走出一条特色农业生态养护和农民收入超常增长的现代特色农业之路。

第一，关于山区养护型特色农业。山地、丘陵面积构成信阳、南阳两地地形的主体，适宜茶叶、中药材等特色经济作物的生长，因此发展山区特色经济是因地制宜发展区域现代农业的重要支撑点。另外,信阳水热条件好,是经济区内仅有的稻作主体区,南阳则是我国南水北调中线工程的水源汇集地和渠首区域,因而其特色农业还应该体现水作农业生态保护和清洁水源地涵养的内容,这些均构成了山区养护型农业区域功能定位的基础。

第二,关于务工经济。信阳、南阳两地城市化水平较低,农村集聚了大量剩余劳动力,因此,以务工经济为中心的劳动力向外转移是优化农村人力资源配置、提高农民收入的重要途径。

其实信阳、南阳两地已经在劳动力转移上走在了经济区的前列。两地地处京广、京九、焦柳和宁西(东西向)"卅"字形铁路网交会处,京珠、大广、二广和沪陕(东西向)"卅"字形高速公路的交会处,以及106、107、209和312(东西向)"卅"字形国道交会处,境内有南阳、信阳和潢川三个十字交叉的综合交通枢纽,几乎县县通高速,县县通火车,东西南北距合肥、西安、武汉、郑州多在300公里的交通圈之内,四通八达,交通便利。正是利用这种便利条件,信阳、南阳两地在20世纪80年代初期已经开始了早期民工潮的涌动,而今两地共转移农村剩余劳动力574万人,占当地劳动力人口的63.4%,加上随劳动力转移出去的非劳动力人口,共732万人,占当地总人口的42.3%。全国各地到处留下了两地务工者的身影。

信阳、南阳两地农业剩余劳动力的非农化转移可以从当地农村居民收入构成上显示出来。2010年河南省农民人均纯收入为5861.37元,其中工资性收入为2232.5元,占38.1%。在工资性收入中,本乡务工收入为1089.3元(包括乡村务工收入和城镇务工收入),占工资性收入的48.8%;外出务工收入为1143.2元,占工资性收入的51.2%。与河南省相比,两地非农收入比明显高出河南省平均水平,而非农收入中,农民外出务工收入也明显高于河南省平均收入水平。2010年信阳、南阳两地农民人均纯收入为5374.51元，低于河南省平均收入水平，但其中的工资性收入为3120.8元，占农民人均纯收入的58.1%，高出河南省平均水平20个百分点。而在农民的工资性收入中，在本乡务工收入为1333.5元，占工资性收入的42.7%，低于河南省平均水平6.1个百分点；外出务工收入为1787.3元，占农民工资性收入的57.3%，高出河南省平均收入6.1个百分点。这说明两地农业生产的人地要素构成中，劳动力的比例越来越低，劳动力非农化专业的趋势越来越强。

三 南部农业区现代农业发展趋向

第一，针对养护型特色农业的发展规划。在南阳的淅川、西峡、镇平、邓州等地，大力发展山区林果经济，配合国家工程移民、生态移民及生态退耕政策的实施，确保为南水北调中线工程提供清洁水源汇集，发展水源涵养型农业。在南阳的西峡、信阳的新县等地，发展山茱萸、羚锐等中药材的山地种植，实施中药材基地化培育和产业化发展。在信阳市建立现代集约化的茶园采摘基地，开展茶叶品种开发的科研攻关，进行茶叶品系的改造与升级。同时，引进茶叶、茶油等特色农产品加工龙头企业，培育一批像信阳红、长竹园茶油等全国知名的优质绿色农产品品牌。发挥信阳、南阳两地的山地、水产、畜禽养殖的优势，大力发展像潢川华英等大型饲料加工、麻鸭养殖等国家级龙头企业；成立国家杂交水稻工程技术研究中心信阳分中心，推进超级稻品种培育、品系推广和生态化种植，打造我国纬度最高的亚热带超级稻连片种植示范基地；实施信阳大米品质优化、口感宜化、加工精化工程，创造信阳大米加工经营的自主品牌。通过现代农业建设规划，到2020年初步建成信阳、南阳两地茶品、中药、稻米、饲料加工与养殖四大现代农业产业带，确保农业生态环境的高品质养护，打造中原经济区南部的生态屏障。

第二，合理引导农村劳动力非农转移与流动，开发农村人力资源。加大农民工外出务工培训和返乡创业培训的力度，打造农村现代人力资源良仓。2015年之前与人力资源和社会保障部联合，组建南阳、信阳两个农村人力资源开发集团，专门针对两地农村人力资源状况进行信息搜集与管理、就业流动指导、实时调研、培训及配置。在信阳、南阳义务教育阶段实施职业教育模块，初中以上学生增加职业教育实习实训教学环节，建立浙江、广东、北京、陕西杨凌四个实习实训基地，分别对学生进行中小企业、外资企业、现代服务业、现代农业职业教育技能培训。职教模块的技师、教材、实习实训均以基地为主。义务教育外的模块的职业教育全部采用现场教学和订单式培养，将就业作为教学实习的一个重要指向。到2015年前，在全国20个省份建立200个厂校农村职业教育与务工基地，建立信阳市、南阳市两个农民工就业市场，开通会员制式的普惠制的农民工网上就业平台。加大政府服务范围，建立农民工服务站，即包括计划生育指导及政策执行、法律服务、农民工维权在内的外地救助体系。

配合农村人口转移，出台适合当地土地状况的相关措施，在土地流转整理、乡村合并、空心村改造、宅基地产权交易等方面进行制度化与规范化管理，发展土地适度规模化经营和乡村大社区建设，集约化使用农村各类土地。同时，配合当地外出务工劳动力回流与市民化身份转变的特征与需求，大力发展小城镇，推动农民内生性非农化收入水平的提高；给返乡农民创造回乡创业的机会、空间与服务平台，建立农民工市民化的通道和收入稳定的长效机制；搞新农村建设，让农民安居，发展小城镇，加大服务业发展，让农民乐业。

第五节　西部防护型生态农业区

一　西部农业区农业发展基础

西部农业区主要包括河南省的三门峡，山西省的运城、长治、晋城，四市的总面积为1.62万平方公里，占中原经济区总面积的6.17%，人口共1324万人，占中原经济区总人口的5.12%。地形以丘陵、山地和黄土高原区为主，三种地形占四市总面积的93.4%。黄土高原区土质疏松，经过雨水的冲刷，极易发生水土流失，造成黄土区沟壑纵横的地貌特征。降水量为600毫米，且主要集中在7、8月份。

二　西部农业区现代农业发展功能定位

西部地区这种光热、土质分布的农业资源禀赋，已经不适合发展大宗粮食作物的种植。山地、丘陵地区为经济林的栽培区，河川谷地主要是杂粮、小杂粮的种植区。因此，西部四市的现代农业发展功能定位主要以保护性耕作、生态退耕和林果、杂粮等的种植与加工为主。保护性耕作即在河川谷地地区种植小米、高粱、黍子、莜麦、薏米等小杂粮，体现绿色种植和旱作农业的种植特色；在区域谷地非连片的丘陵和浅山区域栽种苹果、柿子、猕猴桃等，发展林果经济；在大量沟壑、山地坡地区域进行大面积生态退耕，通过还林或者还草加强黄土高原风沙治理、水源保护与生态环境建设，促进农业生态恢复，打造中原经济区西部生态屏障。

三　西部农业区现代农业发展趋向

西部农业区现代农业发展规划的重点是农业生态防护。在

"十二五"期间,力争将生态退耕的耕地坡度由15度降低到5度,到2015年,四市区域内森林覆盖率由13.7%上升至30%,大大减少黄河中游区域水土流失和黄河的泥沙含量,打造中原经济区发展的生态屏障。林果经济及旱作农业主要是延长经济林果业和杂粮、小杂粮作物业的产业链,通过果品、杂粮、小杂粮加工业的发展,提高农林产品的附加值;建立2个小杂粮科研示范基地、20个种苗繁育基地,扶持1个大型小杂粮加工龙头企业、3个大型苹果产业加工基地、2个大型柿品加工基地;加大国家、省级生态补偿的力度,在条件成熟的情况下,增加中原经济区生态特别补偿项目,提高转移性收入在农民收入中的比重,确保农民收入水平与环境改善同步增长。

四市现代农业要坚持工业化、城镇化和农业现代化"三化"的发展必须为生态现代化服务的宗旨。关于工业化为生态现代化服务,强调对具有生态价值和经济价值的林果业的深挖掘和深加工,以此增加林果产品的附加值,增加农民收入,实现林果业生态价值与经济价值的齐头并进;关于城镇化为生态现代化服务,强调城镇化的发展、农村社区的集聚(可以在主要农田已经退耕、农业的生产功能已经减弱的村庄,将农民生活空间也同时转移,进行整村推进式的农村社区合并),实施生态移民,保证生态屏障的构建、规划和成林成片;关于农业现代化为生态现代化服务,是指当农业开发与生态退耕相冲突时,前者要为后者让路。

第八章
中原经济区现代农业发展的组织依托

第一节 农户：对现代农业技术的采纳行为

一 研究背景

在现代农业发展中，农户采纳现代农业技术的行为对其有较大的影响。本章以农户采用水稻直播技术为例来加以分析。在水稻生产中，前期种植技术的选择与采用对水稻栽培的资源要素投入效率影响重大。近年来，各地先后进行了水稻种植前期栽培技法的改造与探索，育改播（即"育苗改直播"）的推广就是一项重要的试验。本章以水稻直播技术（Rice Immediately Sowing）推广为例，研究粮食生产技术采用过程中，农户如何根据土地经营、劳动力配置、农技农机服务状况等因素对农业技术进行接受与选择，探讨农户技术选择与创新的机制与规律，为优化粮食生产技术变迁的宏观、微观制度环境提供理论参考与实践指导。

我国传统水稻栽种大体分为前期育苗、中期管理和后期收获三个环节。前期育苗包括秧田育秧、薅秧、大田移栽（插秧）等；中期管理包括对水、肥、虫、草的管理；后期收获则包括排水、套播、收割等过程。传统水稻栽种的环节比小麦、玉米等均要复杂，尤其是前期育苗，是相对于其他粮食作物的独特的生产环节。以单季稻为例，前期育苗从清明开始，绵延大约两个月的时间，不仅需要投入大量的人力、物力，而且育苗过程受降水、光热、虫情等自然状况的制约很大。

传统育苗移栽形成于汉代，是我国农业技法中较稳定的技术应用。家庭承包经营后，各地先后出现了多种新式育苗技术，如盘（模）育抛秧、厢式丢秧、膜盖育苗移栽、无纺布（钵体）旱育移栽等[1]。这些技法在一定程度上改变了传统育苗受制于自然[2]的状况，提高了芽、苗积温，延长了水稻的生长期。但这些技法不过是将传统的室外秧田育苗搬到各种人造保温、保湿空间中，没有从根本上改变传统育苗的工序与特征，有些还增加了一定的人力、物力或机械投入。

真正对传统育苗技法构成颠覆性改变的是水稻直播技术的采用，包括免耕抛种、免耕直播、超高茬麦田套播、超高茬油田套播等。这些技法均省去了水稻前期育苗的环节，采用类似小麦直接播种的方法，同域条件下比育苗移栽晚植30~40天。直播技术节约了大量的人力、物力，在加强田间中期管理的基础上，至少可以达到与传统育苗栽种同等的水稻产量（张伟，2011；刘静等，2011），是一种经济效益很好的种植方法（杨桂梅，2010；郭九林等，2000）。

鉴于直播技术的综合经济与社会效益，近年来，我国各地先后

---

[1] 盘（模）育抛秧是指在特制的育秧盘（模）中培芽育苗，到一定时节将苗秧用人工或机械力抛至平整好的水田中；厢式丢秧是指将大田平整好，上水成泥田，绳割成厢，用丢秧机械将苗秧丢至泥田的方法；膜盖育苗移栽是指在塑料薄膜（或大棚）中培芽育苗，然后将秧苗移至秧田，最后再移至大田中的育苗方法；无纺布（钵体）旱育移栽是指在无纺布场体（钵体）中培芽育苗，然后将秧苗移至秧田，最后再移至大田中的育苗方法。

[2] 例如气温太低，冻死芽苗；降水不足，芽苗难以生长；光照不足，病害频发；虫害、鸟害严重等现象。

开展了直播技术推广试验。实践中发现，农民对直播技术的接受与采用的比例仍然不高。因此，对水稻生产中农户直播技术采用行为进行研究，分析其背后的经济社会影响因素，具有一定的实践意义。

关于农业技术（技法）的变迁、推广与采用，最著名的理论仍然莫过于希克斯、速水佑次郎、拉坦、宾斯旺格等人的理论丛。根据希克斯（Hicks，1932）的最初解释，受市场要素价格变化的诱使，农户倾向于去寻求那些能替代日益稀缺的生产要素的技术选择；速水佑次郎、拉坦（2000）则提出了在"节劳"和"节地"二者间进行选择的农业技术变迁假说，在借鉴汉斯·宾斯旺格的生产函数诱导技术变革模型的基础上，强调农业技术变迁中市场对农业资源要素配置的导向作用，构建了"诱致性技术变迁"模型。Schultz Theodore（1964）将其理性小农的观点应用到农户技术选择上，认为"在有更高投资效率的前提下，任何农户（包括传统小农）均有投资生产技术的意愿"。Hagestrand（1967）认为信息在空间上的有效流动是决定农业技术扩展的重要因素。罗杰斯（2002）则认为农业技术变迁不仅是一种经济要素刺激下的农户行为，更是在信息传播、人际传播等社会性因素刺激下的农户行为。

在国内的研究中，林毅夫（2008）认为无论是集体化时期还是家庭承包经营时期，生产队长和农户家长对技术的选择均符合完全市场竞争条件下的"诱致性技术变迁"的假说，即当一种要素越来越稀缺时，节约这种要素的技术选择就出现了。曹建民、胡瑞法、黄季焜（2005）对广东、湖南、江苏、湖北4省14个村的实证调查显示，农民对新技术不是100%的接受，而是在修正的情况下采用。因此，我国农业技术变迁既有"自上而下"农技推广的线性特征，也具有农户对技术进行修正的非线性特征。王玉龙、丁文锋（2010）通过农业技术接受与使用的整合理论模型

(UTAUAT),推定绩效期望、风险预测、信息因子、信息条件等因素决定农民技术行为的选择意愿。李佳怡、李同昇、李树奎(2010)对农户技术采用行为进行了区域结构的分层研究,发现在高、中、低不同农技水平的区域,国家宏观政策、农技培训、农技信息传播、农技自然适配条件、农户微观的风险意识等的作用机理各不相同。

其实农业技术变迁不仅是国家"自上而下"的技术推广行为(外生性),也是一种农户技术选择与采用的行为(内生性);不仅是农户效用最大化的经济行为(农业本体论),也是农户权衡经济、社会、社区文化、家计资源的综合效用最大化的行为(综合资源禀赋论)(许锦英,2005);不仅是一种纯技术选择与采用行为,更是一种农作技法的演化与改进行为。基于以上分析,本章分析农户直播技法采用情况及影响直播技术采用的各种经济社会因素,对丰富现代粮食生产中农业技术变迁与创新等相关理论具有一定的意义。

二 研究假说

基于以上实践与理论分析,关于农户直播技术采用的影响因素,假设如下。

第一,农户家庭人口特征。农户家庭人口越多,其对粮食的刚性需求越大,则其农业技术转换的动机就越弱;而家庭人口越少,则越容易采用水稻直播技术。同样,农户家庭纯农业劳动力越多(或比例越大),说明其农业劳动力的投放能力越强,其采用直播技术的意愿越弱,反之则越强。

第二,农户的非农化状况。农户的非农化状况由农户在农业与非农业领域中劳动力的投入结构来体现。农户的非农化特征越明显,劳动力要素的机会成本越高,则农户对资本有机构成较高的水稻直播技术的采用意愿就越高，反之则越低。

第三，农户耕地特征。水稻直播技术对农业机械的依赖性较强，规模效应明显。因此，耕种规模大的农户和耕地集中的农户对直播技术的采用意愿较强；反之，耕种规模较小、耕地细碎化程度严重的农户，其采用直播技术的意愿较弱。

第四，农户受教育水平。农户所受教育水平越高，其对新技术的认知能力越强，可以直接促成其对直播技术的接受。同时，直播技术在田间操作和中耕管理中比传统育苗种植需要更高的专业技能，这也要求农户具备一定的教育基础。因此我们假设，所受教育层次越高，农户采用直播技术的知识和技能就越强，其对这项技术的采用意愿就越高，反之则越低。

第五，社区技术推广及农技服务特征。向传统农业引入新技术和新要素，会带来增加的不确定性与风险，农民不具备识别这种不确定性的知识，也不具备承受这种风险的能力，特别是在新技术应用初期（Schultz Theodore，1964），各级政府开展各种形式的直播技术推广活动对农户新技法的采用至关重要。因此我们假设，有直播技术推广项目、农技人员进村对农户进行田间指导的农村社区，农户对直播技术的整体接纳效果要高于直播技术自我发散的社区。

第六，农户的农机拥有及农机服务获取状况。直播技术对大型农机的依赖性较强，因此我们假设，拥有手扶拖拉机、旋耕机等农机具的农户对直播技术的采用意愿更强。同样，即使农户家庭没有相应的机械，但是在大型直播农机服务容易获取的农村社区，农户采用直播技术的意愿也要强。

三　数据来源、统计描述及模型设定

（一）数据来源

本研究调查地为以河南省为主体的中原经济区，共涉及3省

6县（市）18村。3省的农技部门近年来均进行了水稻直播的推广工作，直播技术在3省农户中均有一定比例的采用。数据是由河南财经政法大学农村区域发展研究中心于2010年组织学生及相关人员对以上3省6县（市）18村360多户农户的水稻种植情况调研得到的。我们以每个县3个村庄，每个村庄按照系统抽样的方法选取20个农户样本。问卷信息获取采用调查人员与农户面对面访谈，由调查人员进行填写的方式，最后共获取有效问卷336份。

（二）样本农户的基本状况

本研究调查样本的基本状况主要包括336户农户的人口、耕地、受教育程度、水稻直播技术发散、农机拥有状况、社区农机、农技服务状况等（见表8-1）。

表8-1　被调查农户及社区基本状况

内容	数据	内容	数据
人口及劳动力投入状况	—	农户受教育水平	—
户均人口（人）	4.27	户主受教育年数（年）	7.53
户均劳动力（人）	2.93	农户直播技术发散及农技服务状况	—
户均外出务工劳动力（人）	1.061	知道直播技术的农户数（户）	324
户均兼业劳动力（人）	1.035	看见别人操作直播技术的农户数（户）	235
户均纯农业劳动力（人）	0.747	属于直播技术推广的村庄（个）	6
用于水稻种植的耕地状况	—	有农技人员进村服务的村庄（个）	11
336户耕地总面积（亩）	2998.5	农户拥有农机及农机服务状况	—
户均耕地面积（亩）	8.92	拥有手扶拖拉机的农户数（户）	103
人均耕地面积（亩）	2.09	拥有旋耕机的农户数（户）	66
户均耕地块数（块）	9.13	有农户直播机械合作组织的村庄（个）	3
块均耕地面积（亩）	0.970	有商业性直播农机跨区作业的村庄（个）	4

注：关于农村劳动力投入结构的分类，根据高明国（2009）的研究可以分为纯农业劳动力和非农化劳动力，其中非农化劳动力又分为完全外出务工劳动力和兼业化的劳动力。从纯农业劳动力到兼业劳动力，再到外出务工劳动力，反映出农村劳动力从农业逐渐向非农业过渡的基本形态与结构。

(三) 模型的建立及变量说明

1. 模型的建立

为了验证农户直播技术采用的假设,深入考证农户直播技术采用的影响因素,本研究建立了农户直播技术采用行为的计量经济模型:

$$\text{Log}[A_{(Y1)}/A_{(Y2)}] = \alpha + \beta_1 L + \beta_2 I + \beta_3 E + \beta_4 C + \beta_5 G + \beta_6 R + \omega_i$$

式中,Y_1 表示采用直播技术,Y_2 表示没有采用直播技术,$\text{Log}[A_{(Y1)}/A_{(Y2)}]$ 代表农户采用水稻直播技术的发生比的对数,α 为常数项,β_i 为各要素的回归系数。

2. 变量说明

根据研究假设,农户直播技术采用可能受以下因素的影响,因此对模型中涉及的变量解释如下。

(1) 农户劳动力资源及配置(L),指农户家庭劳动力数量和在农业/非农业的配置状况。

(2) 农户耕地总量及结构状况(I),由农户的耕地总面积、人均耕地面积、户均耕地块数、块均耕地面积等显示出来,反映农户耕地的总量、结构及细碎化程度。

(3) 农户教育水平(E),指农户户主所受教育的年限。

(4) 技术环境及农技服务状况(C),指直播技术推广的基地项目及农技人员进村进行关于直播技术服务的情况。

(5) 农户的农机资产特征及农机服务状况(G),指农户拥有的与直播技术相关的农机具状况,以及社区与直播技术相关的农机服务的可得性。

(6) 地区变量用虚变量 R 表示。

(7) ω 指随机误差项。

3. 变量的性质、定义与赋值

不同变量的属性不同,有些为连续变量,按照实际数额取值;

有些为虚变量，按照相关定义赋值。具体说明如下。

（1）在表达农户家庭人口及劳动力投入状况时，家庭人口、劳动力人口、外出务工人口、兼业人口、纯农业劳动力等均属连续变量。

（2）在表达农户水稻种植耕地状况时，户均耕地面积、人均耕地面积、户均耕地块数、块均耕地面积等也均属于连续变量。

（3）农户受教育年数属于连续变量。

（4）在表达农户直播技术发散及农技服务状况时，使用的是虚变量。关于"是否知道直播技术"，是＝1，否＝0；关于"是否看见别人操作直播技术"，是＝1，否＝0；关于"是否属于直播技术推广村"，属于＝1，不属于＝0；关于"是否有农技人员进村指导"，是＝1，否＝0。

（5）在表达农户拥有农机及农机服务状况时，使用的是虚变量。关于"是否拥有手扶拖拉机"，拥有＝1，不拥有＝0；关于"是否拥有旋耕机"，拥有＝1，不拥有＝0；关于"村庄内是否有农机合作组织"，是＝1，否＝0；关于"村庄内是否有商业性直播农机跨区作业"，是＝1，否＝0。

（6）地区变量表述时，以湖北省为对照，也使用了虚变量。湖北省的样本农户＝1，湖南省、河南省的样本农户＝0。

四 农户技术采纳行为的影响因素估计

（一）描述性分析

对农户直播技术采用影响因素进行计量分析前，先进行相关的描述性分析。

1. 直播技术采用的村庄统计

被调查的18个村庄中，只有8个村庄有水稻直播技术的采用情况，而另外10个村庄则没有一户农户采用直播技术，没采用直播技术的村庄占全部村庄数的55.6%。这些村庄的水稻种植前期育苗多采用秧田育苗+大田移栽及模育抛秧、膜盖育苗移栽法等非直播技术。

2. 直播技术采用的农户统计

被调查的336户农户中，对直播技术有不同程度了解的农户为324户，占农户总数的96.43%，但是采用直播技术的只有114户，占农户总数的33.93%；没有采用直播技术的农户为222户，占到农户总数的大多数（66.07%）。这说明，几乎所有的农户都知道直播技术，但是采纳的只占少数，约占所有被调查农户总数的1/3。

3. 直播技术推广的深度

若以上从村庄和农户的角度统计直播技术采用状况属于从广度上考察的话，则直播技术采用的耕地面积统计则反映了农户直播技术采用的深度。336户农户涉及的水稻种植总面积为2999.5亩，其中采用直播技术的种植面积为536.7亩，占水稻种植总面积的17.89%；采用非直播技术的栽种面积为2462.8亩，占总面积的82.11%。

综上统计，农户直播技术的采用，无论从村庄范围，还是农户范畴，或是具体到种植面积，都占少数，并且从村庄到农户，从农户到种植面积，比例是递减的。这说明大部分农户知道此项技术，但是只有少数农户采用这项技术，即使有部分农户采用这项技术，他们也仅仅是拿出少部分田地进行"尝试性"种植。

（二）计量模型分析结果

应用SPSS6.0工具对336个农户样本进行计量分析，表8-2给出了系统估计结果，模型的整体显著性为$P=0.001$，可以看出多数系数均达到了显著水平，且符号与预期一致，这表明计量估计结果同理论预期一致。

表8-2 农户采用水稻直播技术相关因素模型估计结果

解释变量	计量数据 系数(B)	Wald值	解释变量	计量数据 系数(B)	Wald值
截距	1.136**	4.018	农户直播技术发散及农技服务状况	—	—
农户人口特征	—	—	是否知道直播技术	0.008	0.549
家庭总人口	-0.009	1.052	是否看见别人操作直播技术	0.116***	3.133
家庭劳动力人口	-0.008	1.149	是否属于直播技术推广村	1.036**	3.929
外出务工劳动力	0.113**	3.067	是否有农技人员进村指导	0.397**	3.871
兼业劳动力	0.698*	6.762	农户拥有农机及农机服务状况	—	—
纯农业劳动力	-0.173***	2.943	是否拥有手扶拖拉机	0.013	2.507
农户耕地特征	—	—	是否拥有旋耕机	0.034	2.336
家庭耕地总面积	0.007	1.044	是否有农机合作组织	0.507	2.224
人均耕地面积	0.269***	3.103	是否有商业性直播农机跨区作业队	1.025**	3.988
户均耕地块数	-0.232***	3.633	地区虚拟变量(以湖北省为对照组)	—	—
块均耕地面积	0.162*	6.924	河南省	-0.332***	3.219
农户受教育水平	—	—	湖南省	0.668**	4.323
户主受教育年数	0.006	2.151	R^2	0.109	

注:* 表示在1%水平上显著,** 表示在5%水平上显著,*** 表示在10%水平上显著。

对计量分析的结果解释如下。

(1) 农村劳动力兼业化是影响农户直播技术采用的一个重要因素。

对人口变量的计量分析表明,家庭总人口、家庭劳动力人口等变量对农户水稻直播技术的接纳与采用影响关系不大,但其符号与预期一致,均为"-",说明家庭总人口及家庭劳动力人口总量均与直播技术采用呈反方向变动。劳动力人口结构中,外出务工劳动力、纯农业劳动力及兼业劳动力变量对直播技术采用的影响均达到了显著水平。其中,纯农业劳动力数值为"-",说明农户纯农业劳动力的比重越大,其直播技术采用的可能性越小;外出务工劳动力变量系数为"+",且也达到5%显著水平,说明农户家庭外出务工人口的比重越大,其用于水稻种植的劳动力投入减少,其对节约劳动力的直播技术的采用意愿就越强。

而对水稻直播技术采用影响最大的农户人口因素则是兼业化状况,计量结果显示,农户兼业化系数为0.698,且达到1%水平上的显著。系数为正则表示,其他要素恒定时,农户兼业人口越多,农户越倾向于采纳水稻直播技术。

农村劳动力的兼业化是农户走向非农化的一种过渡形式,"农忙务农,农闲务工"的两栖兼业状态对农户的收入来源、家计维持、收入结构和生产方式选择均产生很大影响。与粮食种植的收益获取相比,非农务工的收益具有投入低、效益好、明细度高的特点[①]。而直播技术与传统的育苗相比,可以节约前期育苗至少30天的工时,按照育秧/兼业各0.5的工时占用率计算,相当于节省15个工时、1500元的收入。传统农业状况下,农户一般不把人力资本投入计入经营成本。农户的经营成本只计物质资本投入的状况随着我国非农化进程和市场化农业(包括劳动力等农业生产全要素的市场化)的加快已经被彻底改变(冯肃伟、戴星翼,2007)。在对农业生产收益/非农业从业收益效率的对比与理性计算中,农民的时间价值在逐渐增加。因此,非农业就业比例较高的农户,更关心新技术,尤其是节约劳动力的水稻生产技术的采用(曹建民、胡瑞法、黄季焜,2005),从而加快了粮食生产中机械技术进步的步伐(余芹、王若楠,2008)。

(2)农户水稻种植规模、土地经营细碎化程度对直播技术的

---

① 据在社区所掌握的情况,农户非农兼业最多的是城镇建筑业、餐饮服务业、零售业等,大致工资标准为100元/日,与50公斤籼稻的价值齐平(2009年市价),按照一个劳动力每年180天兼业计,相当于9000公斤稻谷的经济收入。这些行业的非农兼业除了置备基本的交通工具外,其余不需要更多的投入,加上这种兼业工时明细度高,又不误农,是农村45岁以上男性劳动力和年轻女性劳动力兼业化的最好选择。

影响很大。

对耕地变量的计量分析表明，除了农户家庭耕地总面积外，农户人均耕地面积、户均耕地块数等耕地结构状况对农户水稻直播技术的接纳与采用影响均达到了10%显著水平。人均耕地面积、块均耕地面积的影响为正，说明农户人均耕种规模越大，地块越集中，其直播技术的采用意愿就越强；而户均耕地块数的系数为"－"（－0.232），意味着耕地块数越多，其直播技术采用的意愿在降低，也说明了耕地的"整作性"[①]对直播技术采用的重要作用（块均耕地面积变量达到了1%水平的显著）。

（3）直播技术的发散渠道及农技服务状况对直播技术的采纳意义重大。

对直播技术发散变量的计量分析表明，技术不同的发散渠道对技术采用产生不同的效果。其中，农户是否知道直播技术与技术采用的关联度不大，数据显示，近100%的农户均知道直播技术，但是采用的毕竟是一小部分；而是否亲眼所见、是否纳入各类国家直播技术推广范畴和是否毗邻使用直播技术的示范性农场对农户直播技术接受的影响则要强得多（至少达到了10%水平的显著）。不管各地农户对直播技术的民间称谓如何[②]，他们对其的采纳与接受都体现了"百闻不如一见"的特征，在农业技术发散初期的"干中学"阶段，农户对新技术的直观感受与模仿是至关重要的，这些均构成了差异化的农业技术扩散特征。属于直播技术推广项目村庄的农户的变量系数达到了5%显著水平，这可能与6个直播技术示范村均享受了国家直播推广项目补贴有很大关系。非示范村则由于没有补贴，农户出于对风险（包括新的田间管理指导的缺乏可能

[①] "整作性"是河南农民对耕地集中的方言表述，在湖北、湖南两省也有类似的方言表述，三省的农民们都很强调这一点。
[②] 有的称作"下懒秧"，有的称作"种懒稻"，有的称其为"懒汉技术"。

导致的减产,以及减产风险只能自己担当)的担忧,而不愿意采纳直播技术。这也说明在当前我国水稻种植主要用来满足农户自家消费的预期状况下,小农户不愿意承担技术转变的风险与不确定性。而这种风险化解的角色应该由政府来充当,这是我国农业技术发散的一个基本要件。

同时,关于"农技人员进村指导"对农户直播技术采用的影响,自变量的统计检验也在5%的水平上显著,这说明与其他农技推广不同,水稻直播技术是一项外生性特征较强的农业技术变迁,农业技术服务的作用至关重要。

(4) 水稻直播技术采纳与农户家庭现有耕作机械存量的关联度不大,而与农机服务可得性之间的显著性较强。

水稻直播技术的推广对耕作机械有一定的依赖性。然而在实证的计量分析中发现,不论是农户现有手扶拖拉机数量,还是旋耕机数量,均与直播技术推广度之间关系不大,这种与研究假设六之间的偏差,可能是由农户既有的机械与直播技术之间缺乏配套性造成的。在对"商业性直播农机跨区作业队"自变量的显著性进行检验时,得到了5%水平上的显著性,这说明在农业生产日益市场化的今天,农机联合跨区作业会大大提高农业生产的效率,通过农机市场化服务,可以进一步将农业劳动力从田地生产的体力环节中解放出来,这是以后农技推广必须注意的方面。

(5) 直播技术采用的地区差异。

在省份虚拟变量中,与对照省份湖北省相比,河南省与湖南省的虚拟变量均达到显著水平,但是河南省的系数为"−",湖南省的系数为"＋",这说明湖南省农户的直播技术推广显得要相对容易一些,这可能与湖南省双季稻种植的劳动量相对要大,农户接受直播技术、解放农业生产的劳动力资源的需求更强烈有关。而河南省农户对直播技术的接受意愿最低,可能与河南省水稻全部为单季种植，且近年来耕作越来越单一[①]有关，也可能与农户担忧直播技术采用带来的粮食获取风险有关。

五 结论

实证分析结果表明，农户对直播技术的采用主要受劳动力投入变量、耕地经营规模变量、直播技术扩散的路径及技术服务变量、直播技术社区服务变量等的影响。农户水稻直播技术的采用是一个渐进性技术变迁的过程，有些影响因素当前不甚明显，但随后可能会逐渐显现出来。例如，农户的受教育水平、社区农业技术培训的作用以及其他若干因素等，仍是这个研究应该注重的话题。受研究力量的限制，关于早晚季不同季别水稻种植对农户直播技术采用行为的研究没有能够体现出来；再者，由于历时性调查、面板数据的缺乏，农户直播技术采用的动态状况等也未能体现，这些均是今后的研究需要进一步深入的。

基于以上研究结论，得出以下政策含义。

第一，适应农户社会化发展的趋势，促进农户兼业化与农业科技创新的良性互动。要加大对农村人力资源的投资力度，在农村涵养一批与我国粮食安全水平相匹配的高端农业从业者，特别是职业型的粮食生产经营者。同时，适应我国当前农村劳动力非农化、兼业化的大趋势，不断提高农业生产技术和农业生产技法的技术进步，向农户推广省工、轻简的生产技术，来弥补农户兼业引致的农业劳动力不足问题（李争、杨俊，2010）。通过盘活农村现有人力资源，将大量农业劳动力从粮食生产的繁杂活计中解放出来，让他们将主要精力放在提高粮食生产效率的田间管理和能够增加收入的非农兼业上，这样既增加了农民增收的渠道，又促进了劳动力替代

---

① 河南省南部原来为一年稻麦两熟，现在逐渐呈现放弃小麦种植的减作、单季化特征。

技术的进步。

第二,以土地规模经营促进农业技术创新。推进农村土地流转,将土地等基本生产资料资源向种粮大户、高端专业化农户集中;加强土地经营权稳定性的土地权益立法,防止土地过于细分;优化人地关系,以土地规模经营与土地制度创新促进农业生产技术创新、应用与推广。

第三,保持政府在农业科技创新中的主导地位,培育多元农业科技创新与推广主体。政府应继续将农业科技创新、推广、服务作为一项公共产品来提供。同时要培养农户个体、涉农企业、科研机构、市场投资实体等对农业科技的支持,建立政府科技公共服务有力、市场机制灵活的农业科研创新、推广体系。

第四,完善农户合作、社区合作与市场化对农业生产资源的调配,为农业科技创新与推广提供完备的硬件装备。直播技术的推广对机械化的依赖度较大,而在我国一家一户小规模经营占主导的情况下,大型农机具的解决靠一家一户拥有也是不可能的。在这种情况下,政府通过财政扶持,举办农户大型农业机械社区合作社,或者通过市场化的方式培育跨区作业的直播技术农机服务队伍,就显得尤为重要。在大型收割机械跨区作业方面,我国已经取得了较成功的经验,可以借用相关经验,继续培育水稻直播技术农机跨区作业市场。

第二节 农民合作:现代农业发展的基石

一 研究背景

信任是农民合作的基础,可以有效地减少内部交易成本,提高组织运行效率,从农民合作发展的历程中可以看出自发的合作大都基于成员间的信任。我国农村社会关系在长期发展中形成了"关系信任",这种以亲缘和熟人关系为基础的信任是我国农民走向合作的行动逻辑,能够促使农民专业合作社的建立和发展,但同时也限制合作范围,最终制约了农民专业合作社的发展规模。而由政府发起的农民专业合作社中,农民参加这种类型的合作也多是为了获得更多的政府支持和享受相关的优惠政策,成员间的信任程度和忠诚度也不高,所以经常出现在市场价格高的情况下将农产品私下出售的现象,而且农民专业合作社没有制约措施导致农民违约成本较低,组织涣散,抵御风险能力差。因此,提高成员间的信任是确保合作持久发展的重要保证,真正意义上的农民专业合作社是需要以契约、产权等现代制度为基础的"制度信任"来做支柱,而不是以亲缘、地缘关系为纽带的"关系信任"来维系的。

回顾农民专业合作社的研究文献,多数学者从经济和管理的角度分析,将合作成败归因于管理、资本和制度等,比较注重农民合作中"制度"和"经济"因素的研究,对信任因素关注程度较低,研究农民专业合作社发展中信任因素的文献也较少。Hakelius(1999)运用委托代理理论分析瑞典农民合作社,认为由于成员之间、成员和管理者之间的信任程度不断降低导致瑞典农民合作效率的降低。Mark(2002)分析了信任因素对成员工作状况、满意程度的影响,认为信任对农民专业合作社凝聚力有重要的影响,并且认为感性信任和理性信任在不同的情况和组织背景下的作用有所差异。黄珺(2009)认为合作中缺乏领袖人物,使得农户自发兴办合作社的集体行动难以形成,通过因子分析法测度出影响农户对管理层信任的关键因素。郭红东等(2008)基于浙江的数据研究了成员对社长的信任,认为社长的能力、社长的人品、社长与社员的关系以及社长对社员的关心会影响社员对社长的信任。刘宇翔等(2009)通过对芬兰农民合作社调查认为,农民对领导者的信任程度影响了他们参与管理的积极性。这些信任因素的研究主要集中在强调信任对农民专业合作社发展的重要作用,并对改善信任环境、提高信任程度提出一些建议,对成员信任的影响因素缺少更深入的探讨。

下面将定量地分析哪些因素影响成员对社会的信任程度、成员之间的相互信任程度、成员对管理者的信任程度、成员对农民专业合作社的信任程度,并针对这些影响因素,提出促进成员信任程度提高的有效方法。

二 农民合作中的信任机理

信任与人的交往行为密切相关,受到制度、文化、物质基础的影响,是个人和组织对环境和周围的人的一种态度和评价。农民专业合作社成员信任的产生途径有两个:关系信任和制度信任。关系信任是通过农民间的交往逐步产生的信任,在频繁交往中通过感性认识和其他渠道的信息产生对其他组织和个人的能否信任的评价和预期。制度信任是由制度产生的信任,包括国家法制和组织制度。农户参加合作时会考虑合作社的发起者能否值得信任以及合作社能否为自己带来预期收入的问题。信任和成员行为可总结为"信任-合作-加深信任-继续合作",目前维持这种循环的是关系信任,在自发建立的合作社中这种关系尚且密切,但是在政府或企业组建的合作社中,信任程度较低,组织与农民间的信任链条也就相对薄弱,当受到外界的干扰时这种合作的循环就很难维持下去,而且关系信任会导致农民专业合作社的规模受到限制,成员数量和交易额度都难以扩大。因此,有必要用制度引导加强制度信任,使诚信成为一种习惯,重新塑造守信的社会秩序,那么这个循环就可以走进良性循环,合作社也可以顺利发展(见图8-1)。

在影响信任的因素中,可以划分为四类:第一类为个人特征,主要包括个人经验、年龄、性别、文化程度、从事农业时间等;第二类为家庭特征,主要包括家庭收入、农地数量、农产品销售渠

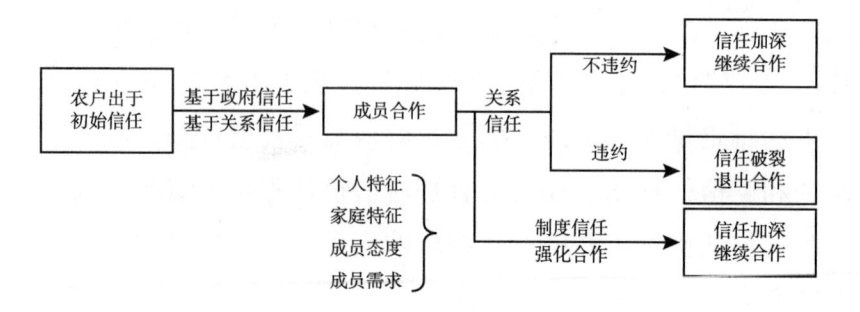

图 8-1 合作与信任的产生发展机理分析

道、贷款难易程度等;第三类为成员态度,主要包括成员对合作社的满意程度、对管理者的态度等;第四类为成员需求,主要包括成员对合作社的要求、希望改进的地方等。通过对这些因素的深入分析,提出提高成员信任程度的有效措施。

三 信任的影响因素模型与数据分析

调查数据来源于陕西省的阎良、临潼、杨凌、西安的 19 个农民合作社,如阎良的馥康甜瓜合作社、临潼的石榴合作社等,涉及奶业、蔬菜、水果、养殖等当地的主导产业。问卷发放的形式为集中指导填写,在农民召开会议或者进行集中培训的时候发放,并有专人解答填写中的问题,因此问卷的回收率和准确率都比较高。共发放 202 份调查问卷,得到的有效问卷是 197 份,这种调查方式回收率高,达到 97.5%,结果比较准确。

调查问卷设计了 4 个因变量:$Trust_1$ 成员对社会环境的信任程度,$Trust_2$ 成员间的信任程度,$Trust_3$ 成员对组织管理者的信任程度,$Trust_4$ 成员对组织制度的信任程度。由于自变量较多,因而采用了多元线性回归中的逐步回归法进行分析(见表 8-3)。

信任程度 $Trust_{1-4} = f(X_i$ 个人特征,家庭特征,成员态度,成员需求)

表8-3 变量设置及说明

因变量	取值范围	自变量	取值范围
Trust₁ 成员对社会环境的信任程度	1或0	X16 家庭年收入水平2005	元
		家庭年收入水平2006	元
Trust₂ 成员间的信任程度	1~7	家庭年收入水平2007	元
Trust₃ 成员对组织管理者的信任程度	1~7	X17 农业收入占总收入的比例2005	%
		农业收入占总收入的比例2006	%
Trust₄ 成员对组织制度的信任程度	1~7	农业收入占总收入的比例2007	%
自变量		X18 耕地面积	亩
第一部分 个人特征		X19 家庭农业机械设备价值	元
X1 性别	1或0	借钱方法渠道	
X2 年龄	岁	X20 亲戚朋友	1~3
X3 是否兼职	1或0	X21 银行	1~3
X4 家庭成员数	个	X22 农户联合担保	1~3
X5 劳动力人数	个	X23 当地政府	1~3
X6 文化程度	1~6	X24 合作银行	1~3
X7 从事农业经营历史	年	X25 农民专业合作社	1~3
第二部分 家庭特征		X26 筹款用途	1~3
各销售渠道		X27 现有债务规模	元
使用频率		第三部分 成员态度	
X8 加工企业	1~3	X28 您觉得当地农民专业合作社发展情况	1~7
X9 中介商	1~3		
X10 直接销售	1~3	X29 您所在的组织与非会员的交易量	1~7
X11 合作社	1~3		
X12 其他农民	1~3	X30 政府对农民专业合作社的支持	1~7
X13 家庭农产品总量用于销售的比例	%		
X14 通过合作社销售农产品的比例	%	X31 您和当地农民专业合作社的关系	1~7
		X32 您认为合作社降低市场风险的程度	1~7
X15 家庭食物支出占总收入的比重	%	X33 您估计组织对您收入提高的帮助	1~7

续表

自变量	取值范围	自变量	取值范围
X34 当地贫富差距程度	1~7	X57 民主管理的程度	1~7
X35 获得贷款困难程度	1~7	X58 利润的返还	1~7
X36 当地农产品多样化程度	1~7	X59 合作社的改革	1~7
X37 当地腐败程度	1~7	X60 合作社规模扩张	1~7
X38 当地经济环境对您发展家庭经济的限制程度	1~7	X61 管理人员的选举	1~7
		X62 成员培训	1~7
X39 法律的完善程度	1~7	参加合作社原因	
X40 您的产权的安全程度	1~7	X63 更好的生产中服务	1~7
X41 您所在合作社的成员数	个	X64 更好的产品价格	1~7
X42 成立时间	年	X65 提高收入	1~7
X43 您参加合作社的时间	年	X66 其他人加入	1~7
X44 本市范围内您了解的本合作社的大概竞争者数量	个	X67 销售农产品	1~7
		X68 获得政府资助	1~7
X45 合作社的竞争者数量	个	X69 扩大生产规模	1~7
X46 公司或其他的竞争者数量	个	X70 有组织归属感	1~7
X47 对您所在组织管理效率的满意程度	1~7	希望组织在哪些方面改进	
		X71 更民主的管理	1~7
X48 对您所在组织提供产品价格的满意程度	1~7	X72 更好的生产中服务	1~7
		X73 更好的产品价格	1~7
X49 对组织管理效率的关心程度	1~7	X74 提高利润返还	1~7
X50 公司和合作您认为哪一个更有效率	1或0	X75 组织内部的更多交流	1~7
		X76 突出组织文化	1~7
X51 您受到合作社培训的频率	1~4	您认为合作社最重要的功能	
		X77 销售产品	1~7
X52 您所在组织的成员的团结程度	1~7	X78 生产中服务	1~7
		X79 农产品价格	1~7
X53 您所在组织的成员的差异程度	1~7	X80 高利润返还	1~7
		X81 民主管理	1~7
第四部分　成员需求		X82 节约成本	1~7
对各种组织事务的关心程度		X83 提供就业机会	1~7
X54 合作社的投资	1~7	X84 员工培训	1~7
X55 给成员提供的服务	1~7	X85 提供公共物品	1~7
X56 收购农产品的价格	1~7	X86 和政府沟通	1~7

因变量描述见表8-4，1分是最低分，为不信任；7分是最高分，为完全信任。由表8-4可知，成员间的信任程度、成员对组织制度的信任程度、成员对组织管理者的信任程度还是比较高的，评分在5分以上的占80%左右，而对社会环境的信赖程度的评价评分在5分以上的仅有68%，这说明农民对社会环境的信任程度还是相对较低的。

表8-4 信任程度的变量描述

单位：%

评分	$Trust_1$	$Trust_2$	$Trust_3$	$Trust_4$
1	3.0	1.0	1.0	2.0
2	3.0	1.0	1.0	0.5
3	3.6	4.6	6.6	6.6
4	20.8	13.2	8.6	14.7
5	30.5	29.4	21.3	15.7
6	21.8	28.9	31.5	18.8
7	15.7	21.3	29.9	40.1
平均数	4.9645	5.395	5.6244	5.5663

表8-5是对$Trust_1$成员对社会环境信任程度的影响因素分析，$R^2=0.388$，不到0.5，方程的拟合程度并不令人满意，说明成员对组织的态度不能有效解释成员对社会环境的信任程度。除了家庭2007年的年收入和对社会环境的信赖程度成反比、系数接近0、影响程度很小外，其他变量与$Trust_1$都正向相关。这说明法律制度越完善，农民专业合作社提高农民收入的作用越大，成员团结关系越紧密，通过农户联合担保获得贷款次数越多，对社会环境的信任程度也就越高。由于方程的拟合度不高，所以这些分析仅可以作为农民对社会信任程度的参考。

表 8-5 影响 $Trust_1$ 的因素分析

自变量	非标准化系数		标准化系数	T	Sig.
	B	Std. Error	Beta		
(Constant)	0.735	0.500	—	1.470	0.143
X_{35}获得贷款困难程度	0.194	0.049	0.241	3.949	0.000
X_{39}法律的完善程度	0.199	0.057	0.222	3.468	0.001
X_{16}家庭年收入水平2007	-0.000	-0.000	-0.185	-3.074	0.002
X_{32}您认为合作社降低市场风险的程度	0.128	0.047	0.162	2.734	0.007
X_{52}您所在组织的成员的团结程度	0.170	0.063	0.167	2.690	0.008
X_{36}当地农产品多样化程度	0.129	0.058	0.136	2.212	0.028
X_{22}农户联合担保	0.156	0.076	0.123	2.070	0.040
R = 0.623	R^2 = 0.388	Adjusted R Square = 0.365	Durbin-Watson 值 = 2.063	F 值 = 17.496	P 值 = 0.00

表 8-6 是对 $Trust_2$ 成员间的信任程度的影响因素分析，方程的 $R^2 = 0.575$，高于 $Trust_1$ 中的拟合程度。与 $Trust_2$ 正向相关的变量有 X_{52}、X_{39}、X_{43}、X_{84}、X_{25}，这些变量表明，成员的团结程度越好、法律制度越完善，成员之间的相互信任程度就越高。前文提到制度包括国家法制和组织内部的管理制度，通过"制度"产生的信任效率要高于通过"关系"产生的信任效率，农民专业合作社发展中要充分利用内在、外在两种制度约束保证信任的良性循环，所以成员和组织签订正式的经济契约也是非常必要的；成员参加组织的时间越长，成员间的信任程度就越高，频繁的交流能逐渐提高成员间的信任程度；认为组织培训功能比较重要的成员对其他成员的信任程度也比较高；通过农民专业合作社销售农产品比例越高的农民对其他成员的信任程度也就越高。和 $Trust_2$ 呈反向关系的自变量有 X_{70} 和 X_{23}，X_{70} 说明组织归属感较强

的成员对其他成员的信任程度不高，X_{23}说明从政府获得贷款的农民认为成员间的信任程度不高，而且贷款越多信任程度就越低，这是因为这些农民对合作社依赖程度较小，政府的支持足以满足自我发展的需要，说明政府有些支持措施对农民专业合作社有替代作用。

表 8-6 影响 $Trust_2$ 的因素分析

自变量	非标准化系数		标准化系数	T	Sig.
	B	Std. Error	Beta		
（Constant）	1.409	0.379	—	3.715	0.000
X_{52}您所在组织的成员的团结程度	0.537	0.048	0.619	11.296	0.000
X_{39}法律的完善程度	0.089	0.040	0.116	2.201	0.029
X_{43}您参加合作社的时间	0.120	0.053	0.112	2.278	0.024
X_{84}员工培训	0.157	0.052	0.159	3.035	0.003
X_{70}有组织归属感	-0.100	0.038	-0.136	-2.642	0.009
X_{25}农民专业合作社	0.335	0.087	0.312	3.854	0.000
X_{23}当地政府	-0.279	0.086	-0.260	-3.260	0.001
R = 0.758 R^2 = 0.575	Adjusted R Square = 0.558		Durbin-Watson 值 = 1.793	F 值 = 34.052	P 值 = 0.00

表 8-7 是 $Trust_3$ 成员对组织管理者信任程度的影响因素分析，R^2 为 0.642，拟合程度较高。其中与 $Trust_3$ 正向相关的自变量有 X_{52}、X_{31}、X_{86}、X_{74}、X_8、X_{33}、X_{43}。所在组织的成员的团结程度越高、参与组织的时间越长、与组织的关系越密切，以及认为组织对提高自己收入有很大帮助的成员对组织管理者的信任程度也就越高。认为组织与政府沟通功能比较重要的成员对组织管理者的信任程度也比较高。我国农民专业合作社中很多管理者都是上级主管部门领导兼职，这些管理者与政府沟通有着天然的优势，所以成员对这些领导的信任程度还是比较高的。此外，希望提高利润返还的、

销售农产品渠道是加工企业的成员对组织管理者的信任程度也比较高。与 $Trust_3$ 呈反向相关的自变量有 X_{28}、X_{77}、X_{72}、X_{26}、X_{22}。这说明对当地农民专业合作社发展评价较低的成员对组织的管理者明显持不信任的态度，同样，希望将手中的股份出售转化为现金的成员对组织的管理者也是不信任的。筹款用途中用于生活需要和非农业生产的农民对组织管理者的信任程度比较低。另外，生产中与农民专业合作社接触少的农户对组织管理者的信任程度不高，原因是合作社的服务不能满足他们的需要或者是接触太少而对合作不了解。

表 8-7 影响 $Trust_3$ 的因素分析

自变量	非标准化系数		标准化系数	T	Sig.
	B	Std. Error	Beta		
(Constant)	3.065	0.532	—	5.761	0.000
X_{52} 您所在组织的成员的团结程度	0.387	0.047	0.448	8.168	0.000
X_{28} 您觉得当地农民专业合作社发展情况	-0.355	0.108	-0.172	-3.282	0.001
X_{31} 您和当地农民专业合作社的关系	0.119	0.040	0.164	3.018	0.003
X_{86} 和政府沟通	0.102	0.039	0.140	2.635	0.009
X_{77} 销售产品	-0.080	0.042	-0.102	-1.918	0.057
X_{74} 提高利润返还	0.222	0.051	0.222	4.375	0.000
X_{72} 更好的生产中服务	-0.192	0.053	-0.197	-3.653	0.000
X_8 加工企业	0.172	0.060	0.133	2.840	0.005
X_{26} 筹款用途	-0.181	0.076	-0.114	-2.387	0.018
X_{33} 您估计组织对您收入提高的帮助	0.112	0.040	0.141	2.784	0.006
X_{22} 农户联合担保	-0.137	0.051	-0.127	-2.670	0.008
X_{43} 您参加合作社的时间	0.124	0.051	0.115	2.422	0.016
R = 0.801	R^2 = 0.642	Adjusted R Square = 0.616	Durbin-Watson 值 = 2.042	F 值 = 24.281	P 值 = 0.00

表 8-8 是对 $Trust_4$ 成员对组织制度信任程度的影响因素分析，与 $Trust_4$ 正向相关的有 X_{47}、X_{31}、X_{32}、X_{62}、X_3。结果说明，兼职有其他收入的成员对农民专业合作社的信任程度比较高。对组织管理效率满意的成员、与组织关系密切的成员、认为农民专业合作社能有效地降低风险的成员对组织制度的信任程度也就越高。对培训关心程度较高的成员及兼职农户对合作社制度的信任程度也较高。与 $Trust_4$ 呈反向相关的变量有 X_{44}、X_{60}、X_{50}、X_{28}，说明竞争者越多，农民对所在的合作社信任程度就越低，越是关心合作社规模扩张的成员对组织的信任程度也就越低，所以合作社规模扩大不利于成员信任程度的增加，成员会感觉自己对组织的控制能力有所下降，个人意见表达就越困难，特别是在合作社建立的初期，小规模的组织结构更容易让成员产生信任和自我控制的感觉。认为公司更有效率的成员对农民专业合作社的信任程度较低，同样，对当地农民专业合作社发展情况评价越差的成员对组织的信任程度也越低。

表 8-8 影响 $Trust_4$ 的因素分析

自变量	非标准化系数		标准化系数	T	Sig.
	B	Std. Error	Beta		
(Constant)	2.088	0.618	—	3.381	0.001
X_{47} 对您所在组织管理效率的满意程度	0.356	0.055	0.383	6.438	0.000
X_{31} 您和当地农民专业合作社的关系	0.202	0.054	0.223	3.758	0.000
X_{32} 您认为合作社降低市场风险的程度	0.171	0.045	0.205	3.788	0.000
X_{62} 成员培训	0.319	0.074	0.266	4.331	0.000
X_{44} 本市范围内您了解的本合作社的大概竞争者数量	-0.045	0.014	-0.159	-3.132	0.002
X_{60} 合作社规模扩张	-0.163	0.061	-0.154	-2.677	0.008
X_3 是否兼职	0.440	0.169	0.132	2.604	0.010

续表

自变量	非标准化系数		标准化系数	T	Sig.
	B	Std. Error	Beta		
X_{50} 公司和合作您认为哪一个更有效率	-0.403	0.183	-0.115	-2.207	0.029
X_{28} 您觉得当地农民专业合作社发展情况	-0.307	0.141	-0.119	-2.170	0.031
R = 0.747	R^2 = 0.558	Adjusted R Square = 0.535	Durbin-Watson 值 = 1.971	F 值 = 23.406	P 值 = 0.00

四 结论

信任对成员的行为有着重要影响，信任能够有效地促进成员选择有利于组织发展的意愿和行为。随着成员间、成员和组织间的沟通和协作行为不断增多，成员间的信任程度与对组织的信任程度都会不断上升，信任与合作就会形成一个良性循环。仅依靠成员的关系信任维持的循环是薄弱的，所以要在制度信任控制下，促进成员信任程度的提高。总结前文的研究，影响信任的因素中，个人特征和家庭特征中的经济因素（如家庭收入、家庭资产等）并没有对信任有显著的影响，但兼职的农户信任程度更高一些；影响较多的是成员心理因素，如成员的团结程度、对管理者的评价、对合作社发展的评价、成员归属感等。外在法律和经济环境也对成员的信任程度有显著的影响，法律制度越是健全、政府支持合作力度越大，成员的信任程度就越高。与企业竞争的激烈程度越高，成员的信任程度就越低。此外，农民专业合作社功能发展对信任的影响也是比较大的。成员受到培训越多、对成员收入帮助越大、销售量越大，成员的信任程度也就越高。

信任是农民专业合作社发展的基础,提高成员的信任程度要从关系信任和制度信任角度出发,促进农民专业合作社健康发展。为此,应在以下几方面采取相应措施。

1. 关系信任角度

(1) 选择有威信的领导人。成员参与合作首先是关系信任,选择村里有威望的人、农村精英(如党员、致富能人等)有助于提高成员的信任程度,提高其参与合作的积极性。

(2) 增加培训次数、培养合作文化。合作培训主要是提高成员对合作的认知度,形成合作意识和组织的合作文化,通过培训交流可以增加成员之间的了解和相互的信任程度。

(3) 鼓励成员参与管理。轮流参与管理监督可避免"搭便车"和偷懒的现象,保证了农民参与管理的权利,也节约了雇用外来员工的成本,便于成员对组织发展战略和经营成本的了解,提高内部凝聚力。成员参与管理,一方面满足农民提高收入的要求,带动其他的农民加入合作社;另一方面有利于成员的监督,节约成本,简化和公开账目,维持和促进成员间的信任。

2. 制度信任角度

(1) 建立激励和惩罚制度。第一,对于产品收购划分不同的标准,可分为高质量、低质量、不达标质量三个类型,对于高质量的农产品以较高的价格收购,低质量的农产品以低价格收购,对于不达标的农产品不收购,这样就能避免农民"搭便车"的行为,杜绝生产过程中的偷懒行为,而且不用支付监督生产的成本,用价格激励成员生产高质量的农产品。第二,鼓励农民投资和缴纳会费。为了促进农民专业合作社的发展,吸引农民参与合作,很多地方的合作社并不要求农民缴纳会费或者投资,仅仅以一张表格的差异区分会员与非会员,造成对农民会员资格的不重视。根据问卷统计,76.6%的成员愿意缴纳会费;78.7%的成员愿意投资农民专业合作社；家庭年收入水平达到13000元以上的，农民可接受的投资比例为15%~20%。对于有投资和缴纳会费意愿却没有能力的成员可以采用其他方式支付，如用农产品支付会费和投资或者用利润返还来抵扣投资。第三，对于违约或不履行组织义务的成员采用惩罚措施，比如不返还投资、股份或公积金，使违约净收益等于维持合作净收益，这样，理性的农民都不会做既没有超额利润还要得罪亲朋邻里关系的行为。

（2）平等产权和投资制度。明晰平等产权是信用产生的重要基础，调查发现，很多农民专业合作社由于股权份额不同造成成员在组织地位和经济情况方面各有差异，导致个人合作目标的差异，从而产生不同的意愿和行为，有些会对组织产生有利影响，有些会对组织产生不利影响。提高信任程度首先要有公平的产权和投资制度使成员在组织中拥有平等的地位、相同的权利和义务，避免股权的集中和由少数人控制的情况，减少成员行为和意愿差异性，有效促进成员信任程度的提高。

（3）限制会员制度与小规模分类合作。开放自愿的传统农民专业合作社会员制度造成了"搭便车"问题、视野问题以及成员的异质性引发的一系列问题。农民专业合作社成员间的差异程度越小，成员间的信任程度就越高，参与管理和投资的倾向也越相似，对于处于发展初期的农民专业合作社来说，有利于提高管理效率，更快地获得经济收益，保证了商业运营的需要。因此，对于不同类型的农民，尽管经营的产品相似，但也可以先建立不同的农民专业合作社，形成数个小规模的合作社，通过限制会员，减少成员异质性带来的弊端，发展一段时期以后通过合作社之间的合并扩大规模，从合作社发展史上看，小规模组织不断地合并也是农民专业合作社的发展趋势。

（4）合作契约与信用制度。成员在参加合作的时候，应当与组织签订具有法律效力的正式契约。当成员违反合作契约或不履行义务而对合作社和其他农民产生经济损失时，应当对组织和其他农民给予一定的赔偿。农村金融合作是今后合作社发展的趋势，如成员有危害合作社的行为可以降低成员的信用等级评价，以信贷、合作服务等优惠条件为导向，以村为单位，每年对村民进行信用评价，逐渐引导农民养成诚信的习惯，同时塑造农村的信用制度。农村的经济环境相对简单，便于协调和控制，从农村开始试点，无疑是建立我国个人信用制度良好的尝试，但是相关体系建设还需要进一步探讨。

（5）加大政府支持力度。根据2012年中央一号文件，各级政府要培育和支持新型农业社会化服务组织，充分发挥农民专业合作社组织农民进入市场、应用先进技术、发展现代农业的积极作用，加大支持力度，加强辅导服务，促进农民专业合作社规范运行，支持农民专业合作社兴办农产品加工企业，加大政策支持力度，这将有利于提高成员的信任程度，提高农民参与合作的积极性。

第三节 农民专业合作社：现代农业发展的纽带

合作社是由自愿联合的人们通过其联合拥有和民主控制的企业，满足他们共同的经济、社会和文化需要及实现理想的自治联合体（中华全国供销合作总社国际合作社，2009）。合作社是介入合作成员、市场与政府之间的一种特殊的组织，其目的不是为个人或少数人的利益，而是通过互助合作和自我服务来满足成员共同的经济和社会需求。政府在制定和实施合作社发展的促进政策时，正确认识和理解合作社的组织功能、组织原则和组织制度，是支持政策和支持措施落到实处的必要前提。

一 农民专业合作社对现代农业的促进

新型中国农民专业合作社产生于 20 世纪 80 年代初期，是农村改革开放、现代农业发展的产物，它基于家庭承包经营，围绕某个产业或产品，以农民为主体，联合相关加工经营及科研者，按照自愿互利的原则组织起来，在技术、资金、购买、销售、加工、储运等环节开展互助合作，形成自我服务、自我发展、自我保护为主要特征的经济和技术组织。近几年来，农村形势发生了新的变化：一是我国农产品逐渐供大于求，消费者对农产品的需求从量的提高转变为质的提高，食品安全、生态绿色成为消费者日益关注的问题，市场竞争日益激烈，农产品价格和信息瞬息万变，风险增加，千家万户的小生产与千变万化的大市场之间的矛盾日益加剧。二是农村"空心化"，农村青壮劳力大都出去打工，留守的多是妇女和老人，农村外出务工与农忙的矛盾越发严重。三是发展农业机械化与土地分散经营的矛盾日益突出。在这种形势下，各种形式的农民专业合作社应运而生，并表现出旺盛的生命力和广阔的发展前景，这对现代农业发展将会产生巨大的推动作用。

农民专业合作社在引导和组织农民参与现代农业发展方面具有独特的优势。农民专业合作社是农民自己的合作社，在带动农民参与现代农业发展方面，能够有效地解决"企业＋农户""协会＋农户""专业市场＋农户"等产业化模式所存在的问题，如农户不积极参与组织管理、分散的农户缺少发言权、农民权益得不到充分保障、合作社股权集中、利益分配不公平等问题。发展农民专业合作社推进现代农业，实现农产品的产加销、贸工农一体化，目的是通过农业生产各参与方的合作，延长农业产业链，实现农业产业化经营，增加农产品附加值，提高农业的比较效益和农民收入。截至 2010 年底，全国合作社数量超过 35 万家，较 2009 年底增长超过

40%，大体平均每月新增1万家；实有入社农户约2800万户，约占全国农户总数的10%[①]。农民专业合作社涉及种植、养殖、农机、林业、植保、技术信息、手工编织、农家乐等农村各个产业，业务活动内容涉及农资供应、农技推广、土肥植保、加工、储藏和销售等各个环节。农民专业合作社是解决我国"三农"问题的有效途径之一，在实践中发挥了重要作用，这已经成为学术界的共识。从发展趋势上看，我国农民专业合作社将从数量增长阶段进入质量提高阶段。2012年中央一号文件明确提出：培育和支持新型农业社会化服务组织，充分发挥农民专业合作社组织农民进入市场、应用先进技术、发展现代农业的积极作用，加大支持力度，加强辅导服务，推进示范社建设，促进农民专业合作社规范运行，支持农民专业合作社兴办农产品加工企业或参股龙头企业。

农民专业合作社的发展有效地促进了我国现有农业生产模式的转型，加快了传统农业向现代农业的转变。与传统农业相比，现代农业的内涵更为丰富，我国原国家科学技术委员会发布的中国农业科学技术政策，将现代农业的内涵分为三个领域来表述：产前领域，包括农业机械、化肥、水利、农药、地膜等；产中领域，包括种植业（含种子产业）、林业、畜牧业（含饲料生产）和水产业；产后领域，包括农产品产后加工、储藏、运输、营销及进出口贸易技术等。从上述界定可以看出，现代农业不再局限于传统的种植业、养殖业等农业部门，而是包括了生产资料工业、食品加工业等第二产业以及交通运输、技术和信息服务等第三产业的内容，原有的第一产业扩大到第二产业和第三产业。现代农业成为一个与发展农业相关、为发展农业服务的产业群体。这个围绕着农业生产而形成的庞大的产业群，在市场机制的作用下，与农业生产形成稳定的

---

① 新农网，http://www.xinnong.com/news/20101210/899240.html，2010年12月10日。

相互依赖、相互促进的利益共同体（中国农学会耕作制度分会，2006）。现代农业是技术密集型产业，科学技术是现代农业的主要驱动力，包括生物技术、信息技术、耕作技术、节水灌溉技术等农业高新技术，新型农业技术应用极大地提高了农业的生产效率，降低了劳动量，提高了农产品的质量和产量，节约了能源，实现了规模化、集约化和标准化的生产模式，使农业生产进入工厂化运作。现代农业具有多种功能和多样形式，不仅提供物质产出而且提供精神产品，旅游、休闲、文化也是现代农业的主要功能，在提供产品的同时满足人们的精神需求，让消费者在产业产品的生产中获得更多的剩余价值。现代农业是以市场为导向的，农产品的商品率很高，完全商业化的"利润"成了评价经营成败的准则，生产完全是为了满足市场的需要，获得更高的经济收益。市场取向是现代农民采用新的农业技术、发展农业新的功能的动力源泉，要求现代农民具有使用现代科技的知识和能力，间接推进劳动力素质的提高。现代农业重视生态环保，以现代高新技术为基础，强调资源节约、环境保护，现代农业的绿色不仅体现在生产的各个环节，而且逐步渗透到生产、包装、销售、物流、消费的各个领域，甚至包括动物福利、垃圾的回收和利用。现代农业的组织形式是产业化组织，传统农业是以土地为基本生产资料，以农户为基本生产单元的一种小生产。在现代农业中，农户要广泛地参与到专业化生产和社会化分工中，加入到各种专业化合作社中，使农业经营活动实行产业化经营。这些合作社包括专业协会、专业委员会、生产合作社、供销合作社、"公司+农户"等各种形式，它们活动在生产、流通、消费、信贷等各个领域。由此可见，现代农业具有以下的特点：第一，具备较高的综合生产率，包括较高的土地产出率和劳动生产率；第二，农业成为可持续发展的产业；第三，农业成为高度商业化的产业；第四，实现农业生产物质条件的现代化；第五，实现农业科学技术的现代化；第六，实现管理方式的现代化；第七，实现农民素质的现代化；第八，实现生产的规模化、专业化和区域化；第九，建立与现代农业相适应的政府宏观调控机制。

农民专业合作社能有效地促进现代农业的发展。第一，农民专业合作社通过整合农民的生产资源，在保证产权私有明晰的情况下统一经营，可以实现规模化经营，提高资产的专用性，集中土地和劳动力的投入，从整体上提高生产效率。产权的明晰有利于提高农民投资的积极性，农民专业合作社要求公平的产权和报酬分配方式，在这种合作模式中农民的私有财产得到保护，合作社成员的权利和义务相对公平，尽管合作社基于投资的回报相对较低，但是集体决策和投资方式的公平性可以促进农民投资的积极性，等额投资在一定程度上也增强了农户的集体精神和团结程度，降低了个人投资的风险。农民专业合作社统一采购、统一生产、统一销售，不但扩大了农户在市场上的竞争地位，而且可以节约采购成本，树立产品品牌，从而获得更多的附加值。在生产中，通过土地的整合整理、扩大规模、统一管理，可以采用新的技术、设施，降低技术的使用成本，控制规模产品的产量和质量。农民专业合作社通过规模经济，实现新技术和新型农业设施的推广和普及，农产品基地建设加快了农业商品化和信息化的程度。在农产品基地中，先进的管理理念和管理方法会得到有效的推广，从而降低农产品的生产成本。第二，农民专业合作社项目涉及产前、产中、产后的各个方面。在专业化分工日益加强的今天，农民专业合作社围绕某一种核心产品展开经营活动，覆盖范围从产品的生产到销售，有利于专用性资产、科学研发的投入和精细化的专业分工，也符合区域化、品牌化的现代农业发展的要求，所以，农民专业合作社是现代农业的有效载体，能有效地促进现代农业的发展。第三，农民专业合作社的主要功能是实现农户与市场的对接，提高农产品的商品率，农户将以消费者的需求为导向进行生产，农产品商品化程度得到极大的提高。自 2011 年以来，农产品市场化程度逐渐提高，农产品价格波动较大，从"蒜你狠""豆你玩"到"10 元大葱"，反映了农民在选择项目时存在着一定的盲目性和滞后性，尽管农产品价格有所提高，但是农民受益并没有显著增加，大多数利润被中间商获得。农民专业合作社的主要功能之一就是连接农户和市场，替代过多中间商的销售渠道，让农民获得更多的销售渠道的利润。第四，农民专业合作社项目的选择是一个专业化、规模化和区域化的过程，因地制宜发展优势产业，很多大型农产品基地都是基于合作社发展建立起来的。农产品有一定的区域特色和地理位置特点，特色化农业是现代农业的发展方向之一，农民专业合作社项目选择时，一般会选择具有本地资源优势和比较优势的产业，以提高专业化程度和品牌知名度，获得更多的市场份额。第五，生态绿色是消费者越来越关注的事情，也是现代农业的发展方向，为了获得更高的产品附加值，迎合消费者的需求，实现绿色生态的农业将会是农民专业合作社的发展方向。单个农户生产绿色生态的产品成本较高，生产质量难以得到保证，个体农户也难以承受认证和销售的成本，消费者认可程度较低。因此，通过农民专业合作社实现规模化的生态循环农业将解决这些问题，推动现代农业的生态化、有机化。第六，合作社作为农民的组织是政府和农民之间上通下达的有效桥梁，根据 WTO 的规定，对通过合作社的补贴属于"绿箱"政策，对合作社补贴不仅可以提高农民专业合作社的经济实力，而且还可以提高农业补贴的效率，集中资源提高资金的使用效率，建立有效的农业支持保护体系。农民专业合作社可以作为农民的代表应对相关法律事务，也可以有效地保障国家农业政策的执行。现有的农业发展资金是多方面的，这些资金的多渠道、多部门使用无疑会降低资金的使用效率和缺少整体发展规划，扶持发展农民专业合作社不仅发展了农业相关项目、扶贫项目、社区发展项目,而且建立和规范了农民自我发展的载体,培养和提高了我国农产品市场的积极参与者,减少了政府对市场的参与程度,有利于提高我国农业在国际农业企业中的竞争地位。第七,现代农业的发展需要对现代农户进行培养,培训是农民专业合作社的主要功能之一,合作社的发展将带动农民专业知识和技能的提高,为培养职业农户奠定了基础。对农民进行培训,用先进的科技和管理思想武装农民,以培养现代农户为主要目标,从而推进现代农业的发展。总之,农民专业合作社符合现代农业的特点,符合现代农业组织的发展方向,是现代农业的有效载体。

二 现代农业对农民专业合作社的要求

现代农业组织,要能够适应现代农业发展的需要。现代农业是以生物技术和信息技术为先导的现代技术高度密集的科技型产业,是面向全球经济、进行农工贸一体化经营的商品农业,是正在拓展中的多元化和综合性的新型产业,是资源节约和可持续发展的绿色产业。现代农业对农民专业合作社的发展提出了更高的要求,如现代科技、科学管理方法、现代生产资料运用的要求,对农民专业合作社的制度和组织形式的要求,等等。农民专业合作社是现代农业的有效载体,能推进中原经济区现代农业的快速发展。

农民专业合作社从组织管理、标准化生产、高附加值农产品的经营方面对现代农业的实现有很大帮助。专业化、标准化的管理是农民专业合作社发展的未来方向,农民专业合作社的核心内容是管理而不是技术,通过现代的管理理念和方法将分散的农户组织起来,让农户传统的生产方式向现代化、标准化的生产方式转变,也是向现代农业生产方式的转变。在科技高速发展的今天,我们不缺乏高产的技术,不缺乏农村精英、农产品销售人才,不缺乏农产品包装、物流技术,不缺乏农业支持资金,不缺乏受益高的农业项目，缺乏的是一种管理模式，如何将这些资源整合到现代农业中来？整合土地、资金、技术、人才才是现代农业发展的关键，所以现代农业发展的核心是管理。谁来管理、如何管理、为谁管理是现代农业发展中需要解决的首要问题。农民专业合作社作为一个以农民为主体的现代农业载体，从农民的角度回答了这个问题，由具备农民企业家素质和合作精神的人来管理，用现代农业的要求来管理，为农民管理。通过农民专业合作社的资源整合，将代表农民利益并照顾到相关者利益，用现代化管理方式引导中原经济区现代农业的发展。

此外，农民专业合作社各项功能的发展将推进中原经济区农业现代化，如融资、生产链条的延伸、二级合作社的建立。融资是农业项目发展中的难题，相对第二、第三产业农业的投资回报率较低，风险也较大，所以在资本市场上，农业项目往往受到资金的忽视。但是从国外农民合作社发展的经验来看，资金问题也有很多解决途径。在政府的扶持下，农户投资加上农业项目资金扶持，为合作社发展奠定了基础，在规模和市场占有率达到一定规模以后，可以在农民专业合作社利用优势资产放弃一部分控制权和所有权，在股市和债券市场进行融资，从而获得更多的发展资金。当农民专业合作社发展到一定的垄断规模以后，融资也就变得相对容易。合作社功能发展对现代农业的促进作用是：合作社不仅要为农民提供产前、产中、产后的服务，包括生产资料的统一采购、生产技术的咨询服务和销售，而且要对农民进行培训，除了技术培训，更重要的是合作文化的培训，以提高成员忠诚度，保证组织稳定发展。合作社的另一个重要功能就是成为政府和农户之间有效沟通的"桥梁"，一方面传达政府的政策、精神和生产标准；另一方面表达农民的意见。合作社发展趋势有纵向的前后产业链的延伸，如农业生产资料的生产、农产品深加工和销售；还有横向产业链的扩张，如从种植业发展到与种植业相关的养殖业，立体化、生态化的农业开发区，等等。具体地说，农民专业合作社发育成的现代农业经营组织具有这样的特性：第一，坚持公平和民主。公平和民主是农民专业合作社发展的核心，作为合作社的成员，公平和民主是农民最为关注的问题。在组织建设中要按照《农民专业合作社法》的基本原则、基本精神、基本要点建设好农民专业合作社，包括完善的机构设置、规范的章程、完整的规章制度。农民专业合作社必须以农民为主，实行民主管理、合理分配、进退自由等。产权关系明晰，包括出资成员的股权结构和盈余分配，合作社以其全部法人财产依法自主经营、自负盈亏，成员以其账户内记载的出资和公积金份额为限对农民专业合作社承担责任。建立科学的组织管理制度。按照服务农民、进退自由、权利平等、管理民主的要求，在合作社内部建立高效的组织管理制度，在出资者、聘任者和全体成员之间形成激励和约束相结合的经营机制（刘宇翔、王征兵，2009）。第二，依靠科学技术建设好农民专业合作社。以生态农业、可持续发展为目标，农民专业合作社的发展和建设，要依靠科技进步，依靠科技成果转化成生产力。与大专院校、科研单位合作，将科研成果首先运用到农民专业合作社中，增加农民专业合作社产品的科技含量，提高农民专业合作社的综合实力。发展现代农业，必须按高产、优质、高效、生态、安全的要求，加快转变农业发展方式。现代农业对农民专业合作社的发展和建设提出了更高的要求，即发展资源节约型农业、循环农业、生态农业，加强生态环境保护，加强农业物质技术装备，提高土地产出率，增强农业抗风险能力和国际竞争力，等等。第三，治理结构完善是农民专业合作社作为现代农业经营组织的核心问题。合作社组建以后要有成员大会、理事会、监事会组成治理机构对其进行管理运营。合作社治理机构的设置和运作也是合作社产权的具体体现。第四，合作社按市场需求组织生产经营，以服务成员为宗旨，谋求全体成员的共同利益。政府不直接干预合作社的生产经营活动，合作社在平等的市场竞争中优胜劣汰。第五，按照农业产业化的要求建设农民专业合作社。要实行生产、加工、销售一体化经营，使农民专业合作社由单一的农产品的生产，向农产品深加工综合利用转变，使合作社社员由单纯生产向产加销综合经营转变，把合作社的生产经营与农产品的加工与销售连接起来，使农民专业合作社与现代工业、商业、金融、运输等产业紧密连接起来，构建一种利益共享、风险共担的经济共同体，使广大农民分享到农产品产加销领域里的利润。第六，运用工业理念谋划农民专业合作社的发展。要把工业经济在长期发展中形成的适应社会化大生产和符合市场经济规律以及能够有效提高资源利用效率的经营思想、管理方法、生产方式、营销手段等先进理念，移植和导入农民专业合作社中，指导农民专业合作社的生产和经营。这是发展农民专业合作社的重要策略，是解决农民专业合作社发展难题的创新之举。

三 案例分析：南马庄生态合作社

(一) 南马庄村合作社的建立与发展

南马庄，位于河南省兰考县三义寨乡西部，与开封县毗邻，属黄河灌溉区。该村交通方便，北邻310国道，南接陇海铁路与连霍高速公路。全村有1486人，耕地2860亩，另有60亩莲藕塘环绕村庄一周。作为黄河岸边的一个中原村庄，南马庄在新中国成立前被称为"伏坡寨"，据老人回忆，该村历史已有数百年之久。早在2004年，在中国人民大学、中国农业大学等高校"乡建派"知识分子为代表的指导、参与下，在著名"三农"问题专家温铁军、中国农业大学副教授何慧丽和一批关心农村发展的专家、学者的推动下，以及县、乡政府的大力帮助下，于2004年9月16日成立了南马庄经济发展合作社，下设无公害大米协会、食用菌协会、资金互助会和文艺队，建立了合作社网站，社会效益良好。在村党支部的引导下，南马庄农民合作社现已发展成为融文化宣传、生态农业产业项目发展、农民资金互助于一体的综合性的农民合作社。

2008年，南马庄生态农产品专业合作社制定了一个"打造中原第一合作生态村"的宏伟目标。在发展生态农业的基础上，开发城乡互助型乡村旅游，建设了百亩生态园进行生态循环农业生产，建立起城里人与农民的合作关系，实现生态种植和生态旅游为一体的模式，不仅让城里人享受播种与采摘、收获的乐趣，同时努力打造一个"合作农民、生态农业、环保农村"的新型村庄。

2009年，合作社投资50万元建成两座面积达600平方米的轻钢结构、节能环保的生态楼房，一次能接待150人以上的会议或旅游，食宿条件优越。南马庄正在探索"重生态、重合作、低消耗、高福利"的低碳农村发展道路。同年还注册生态养殖"快乐猪"商标，让猪在快乐的环境里成长，拒绝喂养饲料添加剂、瘦肉精，保证生态猪肉的绝对原生态。

在生态农业中，南马庄的原生态大米种植生产已经取得了显著成果，在国内市场上赢得了良好声誉。百亩藕蟹立体种养，生态效益与经济效益双赢。近年来，南马庄村在大力种植莲藕的基础上，引进外地先进经验，实现藕蟹混养立体生态农业种养，并在此基础上进一步发展旅游观光农业，吸引游客赏荷花、吃螃蟹，打造生态旅游村。

南马庄从2009年开始发展生态文化旅游业，主要目的是实现市民与农民的互动互助，让郑州、开封市民了解南马庄的农民合作，了解南马庄的生态农业，从而接受南马庄，接受南马庄的生态食品，以此推动南马庄生态农业的发展，也为国家的食品安全问题探索出路。

2011年，南马庄新推出有机耕作大米"准有机米"，它是参照国际有机水稻的种植标准，秉承传统农耕经验进行实验种植的，使用除草、捉虫、收割等传统手段，以发酵好的鸡粪作肥料，为生产安全、健康的大米提供最高品质的保证（何慧丽，2008）。

南马庄的政治背景很好，由于何慧丽副教授的大力支持，生态农业合作发展得不错，引起许多媒体的关注，很多部长级的会议在南马庄召开。但是现在的发展依然存在很多困难，问题的关键在于资金的短缺和人力资源的缺乏。第一，政府支持资金审批缓慢、难到位是一个大问题。第二，农民自筹资金虽然能解决一些生活、生产的小问题，但是不能解决大的投资问题。第三，成为政治样板以后来考察的单位太多，村委和合作社忙于接待，更多实际问题解决得少。第四，几个理事和积极分子没有工资，纯粹是义务劳动，付出得不到回报。第五，南马庄的有机农产品质量很好，但是价格高，销售难，所以出现教授卖大米的现象，有机猪肉每斤45元，有机大米每斤6元。第六，农民缺乏诚信，难以对此进行有效的控制，农民存在违约销售的情况，私下卖给其他渠道。但是没有什么好的控制和惩罚措施，只能是取消其会员资格，有的会员甚至没有缴纳押金和会费，难以管理。同样的问题也出现在合作社与企业的合作中，长期合作难以为继。第七，合作社人力资源短缺，让农民合作生产都是没有问题的，问题在于营销人才、管理人才严重不足，农村和合作社的条件差，难以吸引专业人才的加入，以农民为主体的合作社依然无法面对市场，存在"卖难"的现象。第八，政府的支持政策缺乏可操作性，比如税收优惠，只有少数的合作社有产品，能够开发票，很多合作社不能开发票。税收的优惠往往被企业钻空子，进行假合作。地方政府喜欢大企业，因为大企业可以增加税收，而合作社的发展对地方税收好处并不多，所以地方政府也就不积极支持。第九，合作社自身力量太小，难以应对市场，需要企业的支持,即使让企业占主导地位,农民和合作社都是愿意的,目前的合作社难以进入市场,现阶段的合作社只能是企业的原料供应产地。第十,合作社项目的选择很重要,现有的有机农业项目发展前途很好,但是需要一个消费者慢慢接受的过程。如杭州萧山区合作社一年赢利8000万元,通过绿化合作承包企业里的绿化项目,为企业节约1/3的绿化成本,受到广大农民的欢迎,但是这个合作社的前身是供销合作社,有专业人才和广泛的人脉及社会资本,所以,仅仅依靠农民发展合作社面临着巨大困难,需要外界的大力支持。另外,合作社办企业难度也比较大,资金和专业人士都缺乏,农村精英毕竟是少数。

但总体上看,南马庄合作社具有这样一些优势:①政治背景好,政府比较重视;②村内资源好,村委能整合部分村资源;③培训机会好,管理者经常参加各种培训;④NGO国际组织和媒体资源运用得好,如"快乐猪"上央视、经常参加展览;⑤以后的发展方向是循环农业,符合现代农业的发展趋势,打造循环产业;⑥发展订单农业,如"快乐猪"的预订、"购米包地"。因此,像南马庄这样的合作社对现代农业的发展具有重要的研究价值。

(二) 南马庄合作社是对当地现代农业的促进

1. 合作社与社区经济的协调发展

南马庄合作社是典型的综合性社区合作社。社区合作社的稳定功能与专业合作社的发展功能是相辅相成的。在村庄一级,以综合性的社区合作社为基础和依托,以村两委为核心的社区合作社整合村内资源,包括土地、人力、资金等,成立农民专业合作社,从综合性的社区合作业务中逐渐发展壮大成专业经济合作体,以专业经济合作体的姿态对接市场企业,带动农产品的规模化发展,专业经济合作体的发展能够起到发展农村经济和促进农民增收的作用。

村两委成为主导村庄合作社的发展力量,村两委主要干部成为合作社发展的领头力量,如何避短(有的有债务,不能让群众放心;村民对他们有成见;怎么转变以前的干事作风;等等)扬长(有管理、会计、整合资源的权利,甚至他们也同时是经济精英和知识精英),这是个极其重要的研究课题。在合作社发展过程中,村支书兼主任张砚斌属于农村精英的类型。在农村,村庄里的年轻人大都流向城市或者发达地区打工了,以妇女、儿童、老人为主的农民成为守候村庄和发展农村产业的主力军。一般而言,这样的村庄里的村两委主要干部虽然学历不高,但是相对而言,他们仍是"剩下"的农民中的"佼佼者",他们不但具有以某种方式整合全村各种有形资源(如土地、林木、水利、各种资产)的合法权利,而且具有一定的公共管理经验、会计经验以及处理合作社发展过程中各种矛盾的经验,甚至在乡村经济精英政治化的趋势下,他们本身具有一定的市场资源和技术资源。所以,就现实来看,从有利于合作社生存和健康发展的角度,村庄里的经济合作社与村两委的关系,虽然不是"政社合一"的关系,至少是"交叉重叠"的关系,最好是主导和主体的关系。

　　张砚斌曾经是位经济、技术能人——懂兽医技术,生意很好,生活水平在全村属于上等。自从当了村支书兼村主任后,一心想带动群众致富,想促进南马庄村的发展,便决定发展农民合作社。他是社区合作社的独立监事长,负责合作社的发展方向和全面统筹工作。后来根据专业合作社发展之需,结合本人的实际能力和条件,张砚斌被选举为合作社的理事长。根据马克思的经济基础决定上层建筑,上层建筑反作用于经济基础的理论,社区型合作社不仅要带领农户进行生产,而且还要关注社区的和谐发展,如道路的修建、学校的建设、农民精神生活等,所以社区型合作社发展到一定阶段后就会有政治上的需求,便于利用村政治资源和经济资源使合作社发展起来,合作社的管理者也容易当选村干部。这样,合作社的管理者和村干部的统一能够使合作社和村经济协调发展,合作社能够利用村里的一些资源获得发展,如办公场地、闲置的房间等,村里面的闲置资源也能得到充分利用,有村干部的权威合作社能扩大影响,吸引更多农民参加。村经济状况也会随着合作社的发展而改善,村长有调整土地的权力,通过整合土地资源集中发展专项的农产品基地,形成规模化、品牌化,由此形成地区优势产业,带动村经济的发展和农民的增收。

在土地流转上,村委有一定的优势和权力,但是有些农户不愿意把地租出去,这是农民的土地情结。有些农户愿意给熟人耕种,但是不愿意给外人耕种,只有一种情况能让农户放心,就是和大企业合作,收取租金并且还可以打工,所以合作社和大企业的联合是一个必要的趋势和要求。土地流转是一个大问题,往往会涉及政治和稳定因素。2009年以前,很多农民外出打工把地包出去了,经济危机爆发导致农民工失业,回乡没有地种,于是就找承包商和企业要地,尽管已经签了合同有自己的名字和手印,并给了定金,但是农民依然要地,不给就闹事、上访,最后政府出面说服企业家退步,造成企业破产,个人负债,前期的投入血本无归,包括整地费用和大型机械的购买费用等。所以,土地保障功能还是很强的,如何处理土地保障功能和流转问题,是个难题。但是调研中对大企业的土地入股、租地反包的方式还是深受农民欢迎的。

2. 合作社引进"外力"发展现代农业

众所周知,合作社的发育只靠"一盘散沙"的农民自生力是难以实现的,以什么样的"外力",怎样发挥"外力"的作用,促进什么样的"内力",怎样促进"内力"的生成、发展及壮大,最终增强"内力"的自主性、支配性力量,促进合作社的发展,这是个重大的研究领域。张砚斌带领的南马庄合作社的发展实践,为这些问题寻找答案提供了经验材料。四年的南马庄合作试验中，以张砚斌为首的合作社"内力"，以拥有管理能力和技术专长的核心人物和积极分子为先，以广大农民为主体，这样的"内力"发育，是与最初的以温铁军、何慧丽等为主的知识分子力量，以及大学生"三农"社团的大学生力量、秦君芝等人的体制内干部力量、衡生喜等人的城市离退休志愿者力量的综合"外力"作用分不开的，更是与中央新农村建设战略背景、合作社法出台、中央一号文件对合作社的倡导分不开。南马庄合作社的发育和成长过程中的挫折及进展，与"内力""外力"的强弱有关。这些农村精英有意愿在自己致富以后，带领同村人一起致富，但是缺乏项目策划和管理组织等能力，这时候需要"外力"作为助推催化剂，温铁军、何慧丽等关心农村发展的知识分子，为南马庄合作社的发展起到了助推的作用，在资金的筹措、合作社的管理以及产品的销售上，提供了很多帮助，让合作社的管理者和成员感觉到社会的认可和支持，这对于合作社的发展具有重要作用。通过"外力"和"内力"共同作用，南马庄合作社从无到有、从小到大，取得了不错的成绩，并引起了政府部门的重视，习近平等国家领导人曾到南马庄视察，为南马庄合作社的发展带来了新的机遇。

我国现阶段仅仅依靠农民自发地组织合作社是不太现实的，在南马庄的调研中我们也发现一些农民对合作社的发展并不关心，对合作不了解，他们采取只要能提高农产品价格就跟着合作社干的态度。有些会员加入合作社也只是因为合作社收购农产品的价格高于市场，机会主义的倾向依然存在，对于合作社的管理和发展，他们并不关心，只关心个人的收益。还有些农户退出合作社，采取"搭便车"的行为，如果没有领导人的坚持，合作社早就停止运转了。这些农村精英的奉献是合作社发展初期的原动力，合作社的领导是没有工资的，很多时候还要自己垫付合作社的运营成本，他们处理合作社事务的同时也损失自己原来的经济收入。农民合作社的核心内因就是这些农村精英，在"外力"的帮助下，在个人威信的带动下，农民合作社才能度过艰难的创业时期，走入良性发展阶段。所以，"内因"和"外因"对农民专业合作社发展同样重要，政府部门应采取积极有效的引导政策，支持农民合作社的发展。

调研中我们发现村文化资料室只有几个人去阅览，国家补贴的几万元都浪费了，其他村的书干脆放到村支书家里，没有人看，纯粹是摆设。由此可以分析农民学习和培训的意愿问题，农民会选择打工而不选择学习，是因为他们认为学习会减少收入。可以调查一下村文化资料室和远程教育的设施使用情况，远程教育很少有人去学习。农民一天要挣100元左右，所以你就是花钱请农民来参加培训，大家也都不愿意来。农民都是理性的，不愿意耽误时间影响创收。很多农民对待农民专业合作社也是如此，如果合作社能够给其带来经济收入的提高就加入，对合作社的具体管理和运营则是不太关心，农民更愿意投入精力和时间去创收，而不是关注合作社的发展。

南马庄有很多政治和媒体资源，如何吸引企业与南马庄合作，搞一个有利于企业宣传的公益项目来打造企业形象，借用南马庄的媒体资源帮助其发展，需要策划一个好项目和执行方案，也就是创意农业、创意经济。但仅仅依靠农民自己的力量去发展是不现实的，还要引进人力资源。村支书曾想用每月1500元的工资找大学生到合作社工作，但是很多大学生觉得农村条件艰苦，环境不好，不愿意到农村工作。

3. 南马庄的绿色循环生态农业

进入21世纪，我国农民合作社事业的发展面临着"城乡差距扩大"的城乡分离的现实，以及"资源短缺和生态恶化、食品安全问题严重"的人与自然关系紧张的现实。南马庄合作社几年来的发展，成为农民合作经济与生态经济、城乡互助合作机制三位一体制度创新的典型,其发展中的经验和教训均是极其有价值的。以张砚斌为首的南马庄合作社事业的发展表明,他不只是想解决因农民不合作而产生的乡村不稳定和农民难以增收节支的经济问题,而且他对生态农业所的试验(原生态大米、有机食用菌、莲藕种植和加工,甚至形成生态农业合作市场),是希望缓解资源环境恶化、食品安全从源头抓起的问题。更为可贵的是,南马庄合作社的生态产品,成为城市和乡村之间进行"购米包地"制度创新、城乡互助合作社制度创新的一个符号产品。

在NGO、温铁军、何慧丽等国内外力量的指导下,南马庄选择生态农业、循环经济作为发展方向,虽然在发展生态农业方面遇到了很多困难,如教授卖大米的事件,但是理事长张砚斌表示,这是未来农业的发展方向,只要坚持就能够获得成功。食品安全、生态农业是现代农业发展的一个方向,需要绿色、生态技术的支持,需要大规模的生产降低成本,这是单个农户力所不能及的事情。生态农业的设施和成本都高于传统农业,产品价格也较高,对单个农户来说一旦产品滞销就可能破产,所以单个农户是不敢采用这种生产方式的,而且单家独户的生产方式也难以达到绿色农业的要求。因此,合作社通过村委将合作社成员的土地尽量连成一体,统一整理、修筑相关设施,建立绿色生态的产业基地,实施生态农业,并将生产过程通过摄像头连接到网站,消费者可以随时观看,保障产品绿色无公害。对农民的生产上的控制,主要采用农用物资统一购买和产品统一检验,以此达到产品合格标准,对不合格的产品不予收购,这主要靠合作社的自律。

如"快乐猪"的生产,一头本地黑猪养10个月的成本为1500元,能赚2000元左右,主要饲料是玉米和麸皮。一般的生猪只要5个月出栏,利润大概在800~900元,"快乐猪"市场价格是普通猪市场价格的2倍,而且要整头预订整头卖。这里最大的困难就是销售,所以养"快乐猪"是合作社会员的副业,大部分收入还是在外打工的收入。绿色生态产品由于价格过高,造成消费者难以接受,销售困难造成规模难以扩大、成本难以降低,所以尽管生态农业是现代农业的发展方向,但是发展过程中还是有一定困难的。

4. 南马庄农业规模化

南马庄的农业生产项目涵盖了南马庄特色优势的产业,如有机大米、莲藕、食用菌、小杂粮、生态猪肉。为了使这些生产项目达到规模经济,降低成本,合作社理事长兼村主任综合运用村内经济和政治的力量,发展合作社的这类产业。将种植有机大米和小杂粮的社员土地集中安排,连片规划形成种植基地,一方面降低了有机农药和设施、人力、运输的成本;另一方面保证了产品的品质,以达到规模经济的效果。对于"快乐猪"的养殖,也在村里划出专用的养殖基地,农户将集中养殖"快乐猪",统一采购、统一监管、统一防疫、统一销售的生产方式降低了农户养殖成本,提高了农户的收益,并有利于生态农业和循环农业的建设。在农产品的深加工方面,南马庄建立大米和小杂粮的加工厂,对大米和小杂粮进行加工和包装,提高了这些农产品的附加价值。

5. 南马庄农产品高端品牌化

由于绿色生态农产品的生产成本较高,一般消费者的接受能力还有待提高,所以南马庄的农产品目前走的还是高端化、品牌化的路线,1斤"快乐猪"的猪肉零售价格达到45元,1斤有机大米的价格达到6元,1个无公害鸡蛋的价格为1.5~2元。在品牌的打造中,南马庄合作社积极利用各种媒体资源,"快乐猪"和生态大米、小杂粮的广告经常出现在中央和地方电视台的新闻中,潜移默化地提高了品牌价值。此外,"农场+消费者"的农产品直销模式也逐渐开展,消费者亲自到农场考察参观,通过网络、电话的方式预订有机农产品,由合作社在社区的服务点送货上门。这种消费者与生产者直接沟通的销售模式，在北京、上海等地已经受到一些消费者的欢迎，消费者可以清楚地知道今天午饭的大米是由哪个农户提供的。通过新型的销售模式和更多的广告渠道，南马庄的农产品锁定了一些高端客户，每年有机产品的销售额都在不断增加，农户安心生产的同时也得到消费者的信任和回报。

四　农民专业合作社发展的模式及路径

由于经济、地理、文化的差异，农民专业合作社发展也有所不同，只要有利于提高农民收入、有利于提高农民组织化程度、有利于促进农业产业化进程的组织都应该去鼓励，当这些农业组织发展到一定规模后再逐步规范。当前最重要的是，要不断增强服务功能建设，使合作社发挥"六个载体"的作用，即科技推广载体、品牌推介载体、信息服务载体、市场营销载体、项目实施载体、农业保险载体。同时，探索建立合作社规范化建设的评估考核机制，杜绝虚假的合作。

（一）发展模式

中原经济区现代农业发展的实践表明，农业产业化组织模式，不能只是"公司+农户"一种形式，合作制农业产业化经营的路子非常值得重视。当前，中原经济区以农民专业合作社为载体实施的农业产业化经营的主要模式如下：一是"公司+专业合作社+农户"。即由生产原料的农户在自愿和民主的基础上联合起来，组建专业合作社作为组织载体，再由合作社通过合同等形式，与农产品加工或流通龙头企业建立稳定的产销关系。通过专业合作社这种形式和机制，把原料基地的农户和企业联系起来，形成一种相互依存、收益共享、共同发展的利益联结关系，有效降低了交易成本，增强了防御市场风险的能力，增加了经营收益。二是"农户+专业合作社+公司"。即由生产原料的农户联合起来组成专业合作社，再由合作社单独或联合起来办加工或流通企业。三是"合作社+合作社——合作社联合社"。若干个同类农产品专业合作社，在运作比较规范且有一定规模的基础上，为了扩大加工或产品营销服务规模，更好地为成员服务，联合起来组成合作社联合社。四是依靠能人带动合作社发展。农村各类能人在合作社的生存和发展中起着举足轻重的作用，合作社从成立到发展始终离不开能人的核心带动作用。中原经济区合作社的发展要注重依靠农村种养大户、技术能手、农民营销大户、农村经纪人、村干部等能人联合农民创办合作社。

（二）发展路径

尽管中原经济区农民专业合作经济组织发展的总体趋势较好，但总体上仍处于初级阶段，存在较多问题：第一，规模小，底子薄，现有合作社的固定资产和收入相对较低，大部分是对农产品的价格改进，对农民收入缺少长期增长的能力。第二，农民传统合作意识淡薄，尽管合作社对农民有着提高收入的作用，但是调查中我们发现很多农户并不了解合作社，只是因为政府政策倡导，或者能享受优惠政策和提高农产品价格才加入合作社，对合作社的管理和经营并不感兴趣，没有认识到个人利益和合作社利益的统一。第三，政府工作操之过急，引导工作不规范，很多合作社是政府牵头主办，合作社对政府的依赖性太强，政府不扶持就难以为继，过多的政府干预使农民合作社缺乏独立性。第四，缺乏有效的可操作性的政策支持，从中央到地方尽管政府出台了一系列支持政策，但是调查中发现，有些成员不知道这些政策，或者虽知道这些政策但不知道如何申请、找谁申请。第五，管理方法不规范，缺少有效的民主管理制度，农民专业合作社还处于初级阶段，主要是由发起人进行管理，农户很少参与管理，很多也不关心，难以达到真正的民主管理。第六，资金筹措困难，农户自有资金量较少，政府只是支持发展较好的合作社，大多数合作社在起步初期就会遇到资金的问题，加上合作社固定资产和赢利性较弱，金融机构也不愿意给合作社贷款。第七，人力资源缺乏。尽管有部分农村精英加入合作社的管理，但是合作社的管理涉及组织、销售、生产、会计等多种功能，仅仅依靠这些农村精英还不足以满足合作社的人力资源的需要。第八，利润分配不完善。其一是合作社目前普遍存在能人、龙头企业股权一股独大；其二是部分合作社公积金、公益金提取比例高，可分配比例很低；其三是利益分配方式各异，多数合作社最终盈余仅按股分配，这些也影响了农民参与合作的积极性。

促进合作社发展壮大，主要有四种思路：①加工增值，走产业化之路；②品牌战略，走超市农业发展之路；③循环农业，走提高资源效率之路；④高效管理，走向管理要效益之路。增强合作社产品加工和市场营销等环节的服务功能，让农民更多地分享到农产品加工和流通环节的增值效益。特别要重视农产品采购后的商品化处理几个重要环节，如产品分级、整理、包装、品牌、冷藏、储藏、运销和市场开拓等环节的功能建设，努力促进农民专业合作社成为农业产业化经营的主导力量。依靠质量安全提升合作社的产品竞争力，通过统一种养品种、统一农资采购供应、统一技术标准和生产流程、统一病虫害防治、统一品牌宣传、统一包装销售，推进农产品标准化、规模化生产，确保农产品品质和质量安全。依靠品牌建设增加合作社成员收益，重视创立自主品牌，结合产品特色与地理标志创建自有商标。依靠机制创新增强合作社发展动力，通过"股份分红""二次返利""订单收购"等完善利益联结等内部运行机制，不断增强合作社的发展动力。

1. 创新农民专业合作社运行模式

（1）鼓励多主体创办。以农村精英、党员为核心，带动科研人员创业、大学生创业、农民创业等，鼓励龙头企业联合农民创办合作社，建立"龙头企业＋合作社＋基地"的产业化组织模式。指导、支持农村集体经济组织领办合作社，实现集体经济发展与农民增收。

（2）鼓励多形式发展。可以建设社区型合作社，将新农村建设和农民专业合作社的发展有机结合起来。可以围绕农产品流通，组织引导相关产业主体牵头发展销售型专业合作社，为农户提供产前、产中、产后各项服务，建立起相对稳定的农产品销售渠道，切实解决农产品卖难问题。可以围绕农产品加工，支持农产品加工龙头企业牵头发展产加销一体化的合作社，吸引农户加入，通过企业的加工技术和销售渠道，促进农产品加工增值，带动农民致富。可以围绕科技兴农，扶持发展科技型专业合作社，组织开展新技术试验、示范和推广，促进科技成果转化，提高农业科技应用水平。可以围绕农民生产、生活需要，引导农民在农村小集镇、中心村兴办综合服务型专业合作社，为农民提供生产资料、生活资料、信息技术和农产品销售等综合服务。可以围绕农村剩余劳动力转移，引导有业务能力的农民兴办劳务输出专业合作社，统一开展劳务技能培训，统一组织外出务工，促进农民转移增收。

（3）鼓励多层次发展。在加快发展基层农民专业合作社的基础上，鼓励农民专业合作社根据农民需求，在生产、加工、销售等环节开展单项或多项合作，支持有条件的合作社开展一体化经营和深加工，提高农产品的附加值。支持引导不同区域、相同产业类型的专业合作社根据产业布局、跨行政区划界线，按照"大小结合、强强联合、优势互补"的原则进行有效联合，积极发展以专业合作社为团体成员的集团合作社和联合社，形成全方位、多层次、跨区域、集团式发展，不断增强专业合作社的市场竞争能力，努力实现可持续发展。

2. 加大对中原经济区农民专业合作社的扶持力度

建立农民专业合作社发展示范区。合作社在解决"三农"问题中的作用日显重要，建议设立农民专业合作社发展示范区，并在项目资金方面加大支持力度。

（1）多渠道资金扶持，将政府农业补贴资金统筹应用，向农民专业合作社发展倾斜，把农民专业合作社列为各类支农项目及资金的重点扶持对象，作为落实各级支农政策的有效载体，作为农业产业化经营、农业综合开发、农业基础设施建设等项目的实施单位。

（2）建立农民合作基金，财政在支农资金中要安排一定比例用于农民专业合作社的发展，对运行规范、效益显著的合作社实行以奖代补，对合作社开展产品论证、产地认证、商标注册以及新产品展销、参加农业保险、开展农业社会化服务等给予适当补贴。用政府的专项资金作为启动经费和担保，带动金融部门和民间资本的流入。在扩大合作社抵押担保物范围方面也做了积极的探索。建议引导金融机构将合作社作为金融服务支持的重点对象，鼓励金融机构对合作社给予信贷优先支持，推进合作社成员联户担保、合作社统一担保抵押融资机制建设，推进农民资金互助合作社建设。

（3）将优惠政策细化，增强可操作性，建立农民专业合作社总社协调机制，工商、税务、农业、电力、国土、财政、金融等部门共同为农民专业合作社的发展提供保障。工商部门应降低合作社登记门槛，取消对合作社的注册资金限制，并减免相关费用，支持农民专业合作社落实法人主体资格，鼓励其争创名牌。税务部门要认真落实国家相关优惠政策，对合作社开展农产品自产自销、技术信息服务等实行低税或免税政策。农业、质检部门应大力支持合作社及其成员推广标准化生产技术，及时提供检验、检疫和质量、技术认证工作，帮助提高产品质量和效益。国土部门对合作社进行非农工程建设时缴纳的土地收益应按有关规定返还。电力部门应对合作社从事种养业、农产品初级加工业的用电执行非普通工业用电电价。交通部门应允许合作社运输销售农产品享受绿色通道优惠政策。

财政、商务等部门要采取定额补贴或指标倾斜等办法,为合作社提供农产品运输燃油保障。支持合作社通过合法途径,获取农村土地经营权,建立生产基地;支持合作社在保证社员权益的前提下,创办经济实体,增强发展后劲。合作社是农超对接的重要主体,工商、税务、农业、质量技术监督、商务、检验、检疫等相关部门要积极主动为合作社进入超市提供便捷、优惠的服务。

(4) 人力资源支持。首先鼓励外来的人力资源如调研的干部、退休干部、高校教师、毕业大学生、志愿者等加入合作社的发展中去,建立相应的激励机制,激励外来人力资源。其次与科研机构联合办学,辅导农民专业合作社的管理层和成员,对合作社负责人和主要管理成员,注重政策法规、实践操作和市场营销知识的培训,提高其经营管理水平和市场开拓能力,增强带领农民共同致富的本领;对合作社社员,注重先进实用技术、标准化种植技术、市场营销知识的培训,提高他们的种养水平和销售能力,培养内在的可持续发展的人力资源。设立合作社大学生服务岗位,加大政府对合作社的扶持力度。各级政府除继续加强对合作社经营管理人员的培训外,建议参照大学生村官的做法,在合作社设立大学生服务岗位或职业经理人岗位,财政补助每个岗位一定的津贴或工资,既可以解决部分大学生的就业问题,又可以充实合作社的人才力量,还体现了国家对合作社的扶持。

3. 逐步规范农民专业合作社的运行管理

(1) 规范合作社的利益分配行为。目前,不少合作社的分配方式、比例等并没有很好地执行现行法规制度和会计准则,但由于合作社处在发展阶段,因此合作社的利益分配只能坚持合理引导、逐步规范的原则,不能要求一步到位,不搞"一刀切"。只要有利于农民提高收入、促进农村经济建设的现代农业组织都要去鼓励发展。一些由龙头企业、职能部门等组织领办的合作经济组织,也要转型为农民专业合作社，以更好地推行民主管理，维护农民权益，推动合作社规范、持续、健康发展。

（2）逐步建立健全的内部管理制度。正确处理放手发展与积极引导的关系，不能过多地直接干预，在有一定基础的农民专业合作社制定符合合作社原则的章程，建立健全财务制度和人员管理制度，完善民主管理机制、监督约束机制、积累发展机制、风险保障机制、利益分配机制，使合作社与农户结成紧密的利益共同体，既保护合作社成员的根本利益，又实现合作社自身的健康发展。

（3）促进合作社联合社等新型合作社发展。鉴于合作社发展较快，建议各级政府高度重视合作社联合社的建设。联合社建设要以同类农民专业合作社为基础，即同类行业或产业的合作社可以发展组建为联合社，而跨行业或产业的合作社则以组建为联合会、协会为宜。

（4）积极推进土地股份合作社发展。土地股份合作社在稳定家庭承包经营制度的基础上对推进土地适度规模经营具有重要意义，应予以注册登记，赋予其法人地位。对于企业领办合作社，或者作为成员加入合作社的，应强化民主管理、民主决策机制，防止公司企业一方独大，以保证其他农民成员的决策权和收益权。

第四节　农业企业：现代农业发展的助推器

农业企业是从事农、林、牧、副、渔业等生产经营活动，具有较高的商品率，实行自主经营、独立经济核算，具有法人资格的营利性的经济组织，是农业生产力水平和商品经济有了较大发展、资本主义生产关系进入农村以后的产物。按所有制性质不同，可分为国有农业企业、集体所有制合作企业、股份制合作企业、联营企业、私营企业、中外合资企业、中外合作经营企业等。按经营内容不同，可分为农作物种植企业、林业企业、畜牧业企业、副业企业、渔业企业以及生产、加工、销售紧密结合的联合企业等①。

一 农业企业对现代农业的促进

现代农业与农业企业之间存在着天然的紧密联系。农业企业是借助现代农业发展起来的，没有现代农业就没有农业企业。同样，现代农业是依靠农业企业带动和发展的，没有农业企业也就不可能真正建成现代农业。两者是相互依存、相互促进的关系。

农业本身效益低，是一个弱质产业，面临种种困难。传统的农业主要是利用传统的农业理念、生产技术、物质装备和组织形式来进行的，已经不适应现代社会发展的需要。现代农业与传统农业有很大的区别，在某种程度上甚至可以说是根本的区别，它是建立在现代发展理念、现代科学技术、现代物质装备和现代组织形式的基础之上的，是富有活力、效益较高、符合可持续发展要求的新型产业。以从事农产品生产、加工和流通为主的农业产业化企业，则是现代农业发展的产物，始终与现代农业紧密联系在一起。改变传统农业的落后状况，加快现代农业发展，需要依托农业企业。

河南省作为中原经济区的主体，人多地少，人均耕地面积比较小，人地矛盾比较突出，因而在发展中原经济区现代农业过程中，很难实现与发达国家人少地多的规模农业，不能走发达国家大规模、高消耗、高投入、高度机械化的模式。要立足河南省人多地少的现实情况，立足科技创新和管理创新，走科技化、生态化的路线，不断扩展现代农业的产业链条，吸纳农业生产中的剩余劳动力，尽快将传统农业改造成现代农业。而要完成这个历史性的重大转变，必须充分发挥农业企业作为龙头企业的重要作用，更快、更

---

① 百度百科，http://baike.baidu.com/view/130123.htm#1。

多地注入和扩大现代农业因素，逐步实现量变到质变。

目前，中原经济区的农业仍然处于传统农业向现代农业的过渡阶段，少数地区开始取得较为明显的进展，多数地区仍处于起步阶段，建设现代农业的任务相当繁重。推进现代农业完全符合建设新农村的要求。新农村建设总的要求和目标是"生产发展、生活宽裕、村容整洁、乡风文明、管理民主"。其中，发展农村经济、增加农民收入是最基本、最重要的。在发展农村经济中，首先就要加强现代农业建设，提高农业生产力水平，充分发挥农业的多种功能，促进农村产业不断拓展、农民就业机会逐步增加、农民收入较快增长。尽管农业增加值在国内生产总值中所占比重已经明显下降并将持续下降，但是河南省农村人口和农业从业人口依然有很高的比例，实现现代农业还有一定的差距，成为农业强省是河南省的发展目标。农业企业从农产品的生产、加工到流通都是根据现代农业要求进行操作的，可以全方位、多环节地改造传统农业，大幅度地提高农产品附加值，从而有效地推进现代农业建设，同时带动农户的生产方式和经营理念的变革，培养现代农民。总之，农业企业在现代农业的各个方面都走在一般农村前面，完全可以通过推进农业产业化经营，在建设现代农业中发挥先导和带动作用，促进社会主义新农村建设不断向前发展。

二　农业企业与农户组织的关系

1. 农业企业带动农户发展现代农业

在农业从传统农业向现代农业转变的过程中，为发展现代农业和适应市场经济的需要，农业企业不断地扩展产业链条，将产业链前向延伸，投入到初级农产品的生产中，"生产车间"不断前置。企业需要稳定的、高质量的原料供应基地，农户需要稳定的销售渠道，互补的需求将农户与企业联系起来，形成了"公司+农户"

的模式，一方面解决了农业企业原料供给的问题，另一方面解决了小而散的农户家庭经营与市场间的矛盾。在这个过程中，农业企业发挥了资本和技术的优势，带动农户的生产方式从传统农业向现代农业转变，大规模农业基地的建设整合了分散的土地、劳动力、农户投资，形成规模效应，现代化的生物技术、大型机械得到有效的利用，提高了农业投入、产出比率和商品率。农户在与企业的合作中，学到了先进的生产技术和管理方式，并获得稳定的销售渠道，二者在共同发展的同时促进了农业生产方式由传统向现代的转变，形成了以生产同类农产品的专业农户为基础，以农产品加工或销售企业为主导，联结成为多种形式"公司+农户"的农业组织，企业发挥了农户缺失的企业行为能力，而农户则成为企业的"生产车间"。

2. 农业企业与农户的博弈

国外的农场规模较大，一个农场可以视为一个公司，所以国外农场与企业的合作类似于企业间的契约。与国外的"公司+公司"的模式不同，我国的"公司+农户"的模式存在很多问题，如"公司+农户"组织中两类主体之间缺乏利益协调机制和约束机制，外在法律制度的缺失，交易成本过高、违约成本过低导致的机会主义，信用制度缺乏，等等，这些都造成了二者利益的冲突。尽管农户和农业企业形成互惠互利的组织形式，但是企业的经营目标是追求利润最大化，农户的目标是个人利润最大化，二者的根本利益决定了这个模式的脆弱性。尽管二者通过契约的方式进行合作，但是在二者利益发生冲突时，契约就会变得脆弱和不稳定。

在"公司+农户"契约中，一旦公司违约，农户就很难通过法律手段来惩罚公司，因为农户并未意识到或者意识到了但不善于利用法律手段来保护自己的合法权益，而且长期的诉讼成本也是农户难以承受的。在不完全市场条件下，信息的不完全与不对称极易导致作为"契约人"的公司与农户行使机会主义策略行为,即一方为自身的利益而不惜以损害另一方的利益为代价的随机应变、投机取巧、不诚实乃至欺骗等行为。公司与农户联系的根本目的在于降低原料成本、提高自身的经济利益。只有在对其经营有利时,公司才能和农户发生特定的交易行为,并为之提供相应的服务。否则,公司会不顾农户利益,甚至有意转嫁风险。在农产品市场供过于求、市场价格低于契约保护价时,这种情况经常发生。这样,农户不仅享受不到加工、销售环节的利益,还有可能丧失部分乃至全部生产利益(徐金海,2002)。同样,一旦农户违约,公司也常常处于无可奈何的地步,公司面临着成百上千名违约的农户,追溯农户违约的交易成本也是较高的。

作为经济实力较强的公司也同样会利用强者的优势损害农户的利益,农户也会在公司投入巨大的专用资产后对公司进行要挟抬价。因此,在"公司+农户"联结形式中,这种契约是不稳定的,特别是相关农产品产业发生问题时,双方的利益都没有保障。在这种组织形式中,公司与农户双方的垄断势力不同、农业生产经营活动与农产品质量存在高度的不确定性以及公司与农户双方的机会主义行为,形成了契约的不完全,从而导致该组织存在一定的制度缺陷。大宗农产品的产业化经营一般以农民转嫁部分生产领域市场风险和侵占企业利益为常见,农民要求市场价格高时要按市场价收购,而市场价格低于合同价时要按合同价收购;而以垄断产品为原料(农民生产出的产品只能卖给企业)的产业化经营大多以企业转嫁加工转化领域风险和谋取垄断利润等侵占农民利益为常见。因此"公司+农户"模式有两个发展方向:一是公司与农户中断联结,公司发展自营生产基地,成为公司制的农业企业组织;二是农户提高组织化程度,发展农场专业合作经济组织,合作社继续进行公司合作,或合作社独立开展企业化经营。

三 案例分析：双汇集团

1. 双汇的发展历程

双汇集团是以肉类加工为主的大型食品集团，总部位于河南省漯河市，目前总资产100多亿元，员工60000多人，年产肉类总产量300万吨，是中国最大的肉类加工基地，在2010年中国企业500强排名中列第160位。双汇集团始终坚持围绕"农"字做文章，围绕肉类加工上项目，依靠"优质、高效、拼搏、创新、敬业、诚信"的企业精神，不断进行管理创新、技术创新、市场创新，企业实现了持续、快速、健康发展。20世纪80年代中期企业年销售收入不足1000万元，1990年突破1亿元，2003年突破100亿元，2005年突破200亿元，2007年突破300亿元，2010年突破500亿元。

双汇集团是跨区域、跨国经营的大型食品集团，在全国12个省份建有现代化的肉类加工基地和配套产业，在31个省份建有200多个销售分公司和现代化的物流配送中心，每天有8000多吨产品通过完善的供应链配送到全国各地。双汇集团还在日本、新加坡、韩国、菲律宾等国建立办事机构，开拓海外市场，每年进出口贸易额突破1亿美元。双汇集团坚持用大工业的思路发展现代肉类工业，先后投资40多亿元，从发达国家引进先进的技术设备4000多台套，高起点、上规模、高速度、高效益建设工业基地，形成了以屠宰和肉制品加工业为主，养殖业、饲料业、屠宰业、肉制品加工业、化工包装、彩色印刷、物流配送、商业外贸等主业突出、行业配套的产业群。

双汇集团坚持自主创新，打造创新型企业。双汇拥有国家级的技术中心、国家认可的实验室和博士后工作站，建立了高素质的产品研发队伍。围绕消费转型和产业升级，进行中式产品的改造、西式产品的引进、屠宰行业的精深加工,做出了200多种冷鲜肉、200多种调理制品、600多种肉制品的产品群,满足消费需求。双汇高低温肉制品是"中国名牌",双汇集团获得国家质检总局授予的"国家质量管理卓越企业"称号。

双汇集团坚持用现代物流业改造传统的屠宰业,率先把冷鲜肉的"冷链生产、冷链配送、冷链销售、连锁经营"模式引入国内,大力推广冷鲜肉的品牌化经营,实现热鲜肉、冷冻肉向冷鲜肉转变,传统销售向连锁经营转变,改变传统的"沿街串巷、设摊卖肉"旧模式,结束了中国卖肉没有品牌的历史,引导了行业的发展方向,双汇开创了中国肉类品牌。

双汇集团实施集团化管控模式,按照产业布局和发展需要,建立鲜冻品事业部、肉制品事业部、化工包装事业部、养殖事业部等,推行目标管理、预算管理、标准化管理、供应链管理、质量管理和企业的信息化。企业先后通过ISO9000、ISO14001、HACCP等体系认证,实施标准化管理、产业化经营、信息化控制。

双汇集团是国家农业产业化重点龙头企业,每年消化3000万头生猪、30万头活牛、60万吨鸡肉、5万吨鸡蛋、5万吨植物蛋白,通过养殖业年转化粮食900多万吨,带动周边养殖业、饲料业、屠宰加工业实现产值400多亿元,间接为150多万农民提供了就业[①]。

2. 双汇对现代农业的促进

从发达国家的发展经验看,种植业发展到一定阶段后,畜牧业将成为农业发展的重要动力,畜牧业关联度强、比较效益高、附加值较高,是促进农业产业结构升级的必经之路。目前,欧美国家畜

---

① 新浪网, http://news.sina.com.cn/c/2011-03-17/032222128929.shtml, 2011年3月17日。

牧业产值占农业产值的比重一般都超过65%，有的高达80%以上。畜牧业不仅在调整农村经济结构、增加农民收入中扮演着重要角色，而且在推动食品工业发展、繁荣经济方面起着重要的支撑作用。双汇是典型的农业龙头企业，为农民致富创造就业机会做出了很多贡献，也是当地政府税收的主要来源，通过科技的创新、品牌的打造、销售终端的建设推动了现代化肉制品加工行业的发展，对中原经济区现代农业发展起到了积极的促进作用。双汇的管理经营模式和ERP系统为现代农业发展的管理模式和信息化建设进行了有益探索。

在双汇的带动下，当地的畜牧业有了长足的发展，现代化、标准化的养殖方式成为河南省畜牧业发展的方向。①养殖规模化、标准化程度进一步提高。出现一大批规模较大、标准化程度较高的养殖小区和养殖场，为了满足双汇对生猪的需求，养殖户针对双汇对生猪的要求，对养殖方式、管理体系进行改革，投入很多专用性资产，提高了机械化、自动化的现代养殖水平。同时，将种植业中的剩余劳动力吸收过来，转移到养殖、运输、饲料加工行业中去，增加了当地农民的就业机会，带动了包装、物流等农产品加工相关行业的发展，形成了以猪肉加工业为主导的现代畜牧业的生产体系，促进了当地农业的现代化进程。②畜牧业品牌的影响力进一步扩大，产品附加值一是取决于农产品本身的质量，二是取决于品牌的附加价值，2010年双汇品牌价值达到196.52亿元，尽管在"瘦肉精"事件后有所缩水，但是依然在肉类加工业继续保持遥遥领先的地位。③龙头企业的带动作用进一步增强，随着双汇的不断发展，作为龙头企业的连带作用也不断增强，在产业链的上游，带动饲料加工企业发展，农民种植谷物、玉米、豆类等的积极性也不断提高；在产业链的下游，包装、物流、广告、销售等行业也随之发展，形成以双汇为核心的畜牧业的产业集群。④重大动物疫病防控体系建设进一步完善,科技推广力度进一步加大,许多养殖场实现了电脑全过程监控,畜牧业先进实用技术得到了大力推广和应用。规模效应能够有效地降低先进科技的使用成本,推动了生物科技在产业中的应用,畜牧产业信息化水平不断提高。

3. 双汇在推进现代农业发展中的窘境

双汇模式并非没有缺点,出于生产风险、交易费用、企业发展战略的考虑,双汇的产业链条一直是向下游延伸的,对于上游生猪的养殖投入一直不足。双汇"瘦肉精"丑闻缠身不仅是整顿济源一家工厂的问题,其公司整个生产链条若不完善,不能控制猪源,未来仍将面临此类问题。与国外农产品盛行从种猪到养殖、收购、屠宰、加工、运输等一条龙的全产业链模式相比,"瘦肉精"事件后,双汇开始被质疑产业链缺口,虽有屠宰、加工与销售的优势,却缺乏养殖这一重要源头环节。根据双汇 2009 年财报,双汇集团现有屠宰产能 2000 万头左右,但其生猪来源大部分都不是自己养殖,主要来源为对外收购,自建生产基地产能占比不到 5%。目前中国有 2.2 万多家生猪企业,但大部分都集中在一两百头的规模,5 万头以上的规模化养殖占比连 1% 都不到。双汇对上游投入的忽视背后,生猪养殖本身是高风险投入、重资产运作,周期比较长,从投资养殖场到生猪出栏需要 3~4 年的时间,同时场地等前期资源投入要求比较高,且价格波动比较大,双汇事实上是在把自己应该承担的风险转移到养殖户身上①。从经济学的角度分析,双汇和农户是两个独立的经济主体,尽管双汇的快速发展带动了相关农户收入的提高,但是二者并没有形成稳定的合作关系,特别是在生猪市场紧缺的情况下,谁的价格高、门槛低,农户就会将生猪销售给

---

① 新浪网,http://finance.sina.com.cn/leadership/crz/20110330/08449615053.shtml,2011 年 3 月。

谁，即使签订了合约，若农户违约，双汇面临着众多农户，其追诉成本是相当高的，多数也就是中断今后的合作不了了之。在生猪价格下跌的情况下，双汇同样具有机会主义，收购便宜的生猪，农户面对一个大型企业追诉其违约的成本也是相当高的。所以，企业和农户之间的契约处于非正式和正式的法律制度之间，高额的交易费用、较低的违约成本导致了公司与农户的合作脆弱性，在企业高速发展的时候矛盾还是不容易显现的，一旦发生问题就很容易造成互损的情况。在"瘦肉精"事件发生以后，出于风险管理和企业形象的考虑，双汇很容易将责任推给养殖户，拒绝收购农户的生猪，使农户面临巨大损失。

若企业和农户的利益不再是两个独立的经济主体，二者建立高度紧密的合作关系，那么双汇和农户之间就会达成一种互信的长期均衡博弈，实现长期利益最大化，订立契约之后，两者基于要素优势互补而合作生产，双方都要增加对生猪养殖的专用性资产投资。在市场交易模式下，企业利用资本优势，农户提供劳动力、土地和固定资产，为公司提供垫付劳动力工资等多种形式的内源融资，并共同承担生产风险。在管理交易模式下，农户为公司承担管理、销售与财务等方面的相关费用。紧密型"公司＋农户"模式需要企业有一定的社会责任感，农户具有一定的信用和自我及外在约束。

双汇发生"瘦肉精"猪肉流入事件后，损失惨重。双汇集团董事长万隆表示，双汇决计亲自办养猪场，将安全环节向上游推移。双汇的问题发生在养殖与加工的衔接环节，在"健美猪"事件后，双汇决计自建养猪场亲自养猪，表明其开始重视抓整个生产链中的最薄弱一环。企业自办养猪场，上游安全环节可操可控，可以增加安全主动权，但双汇每年有几千万头的屠宰量，绝大部分生猪只能依靠市场采购，安全隐患仍然无法根除。为了持续健康地发展，双汇可以挑选一批上规模、讲信誉、重安全的养猪场和养猪大户,作为自己产品的原料基地,与其签订"合同",定量定向收购选用"合同猪"。签约养猪场和养猪大户的同时,派驻专门人员进行技术指导,实行生产全程监控,严格按照产业化思路培育健康猪源,即便如此,对其仍要严格进行安检,把住每一道安全关口。终端企业重视把投入重心放到培育产业链上,既是经济之举、量力而行之举,也才能从根本上做大做强产业链,进而带动社会养猪业的健康发展。若通过合同制约,引导饲养户饲养"卫生猪""安全猪""环保猪",企业可直接受益,农户也可以从中受益。

四 引导农业企业发展现代农业的路径

农业企业的本质依然是企业,它的经营目标是通过从事与农业相关的活动追求利润最大化,使投资获得资本市场上的平均利润率。出于竞争和对于利润的追求,农业企业有内在原动力进行生产技术和管理方面的创新,尽管某些创新具有一定的公益性,但是企业创新获得的利润将超过社会公益性的收益。为了减少成本、扩大利润,农业企业会采取损害社会福利的行为,以维护利润的增长,这也是很多农业企业产生问题的根本原因,如"三鹿""蒙牛""双汇"发现的产品质量问题。

在发达国家中,农业现代化达到了相当高的程度,主要表现为农业综合生产能力显著增强、生产设施和手段先进、科学技术高度发达、社会化服务和组织化程度高、城乡一体化进程加快等。美国、欧盟各国、加拿大、日本、韩国等发达国家的农业是当今世界农业现代化先进水平的代表,在农业现代化发展的过程中,无论是人少地多的美国、加拿大,还是人多地少的日本、德国乃至韩国,无一例外地实行了一体化经营的战略,而企业作为产业的细胞和载体,在一体化经营中起着基础的作用。例如,美国绝大多数农户就是企业,农户的主人就是农场主,或叫农业企业家。美国的农业产业体系的公式表达，不是中国常见的"企业+农户"，而是由一系列的企业组成："企业+企业+企业"，只不过这些企业从事的经营环节不同。美国的农业企业（农场）大致可分为只经营种植业或养殖业单一品种的专业型和经营多品种或种养结合的混合型两大类，且以专业型为主，占95%以上，即美国不仅完成了农业企业化过程，而且实现了农业企业的专业化（马驰、廖嘉、张荣，2005）。农业企业不都是中小企业，中小企业的融资问题不能代表农业企业。中小企业融资只能通过资本投入、银行借款等，而大型农业企业则可以通过发行股票、债券，并可以进行上市交易来达到融资要求。

中原经济区农业企业化是农业现代化的必由之路，现代农业的发展，缺的不是农业生产技术，不是农业生产资料，也不是资金，而是当代农业生产要素应用到农业生产和发展过程中的手段。因此，建立将现代农业生产要素引入传统农业的机制才是农业现代化的根本。对于中原经济区而言，农业企业化是解决这一问题的重要途径。应该创造条件，促使农业用地的集中，采用资本手段，促使农业生产资料的集中，用现代企业制度重构传统农业企业，促进农业现代化进程。

1. 财政支持

立足资源优势，加大对龙头企业的财政支持力度。建立专项资金用于扶持和引导龙头企业技术改造、基地建设和科技开发，农业综合开发资金、无公害农产品基地建设资金等都可以扶持发展龙头企业。积极鼓励和安排龙头企业参与国家及省级涉农项目，特别是高新技术项目的竞标。支持和鼓励重点龙头企业以资本运营为纽带，开展兼并、联合，组建企业集团，建设农业龙头企业的产业集群，积极开展外引内联，吸引国际、国内著名加工企业，吸引民间资本等多种市场主体参与农业产业化经营。

2. 项目扶持带动农户

按"利益共享、风险共担"的原则，加强龙头企业与农户的利益联结关系，以促进现代农业发展为主线，以农业增效和农民增收为根本出发点，通过体制创新、机制创新和科技创新，大力培育一批有竞争优势和带动能力强的龙头企业，加快农业现代化进程。积极兴办农民专业合作社，与龙头企业功能互补，在优势特色农业带内形成"龙头企业+合作社+农户"的新型经营机制。规范农业企业与农户的权利与义务，让农民从加工、流通环节获得利益，逐步与农民结成风险共担、利益共享的经济共同体，积极探索股份制、股份合作制、利润返还等新的利益联结机制，引导农户以资金、土地、劳动力、技术等生产要素参股入股龙头企业，使农业龙头企业与农户建立起紧密的利益联结关系。

3. 税收支持

鼓励外资、民间资本、工商资本多渠道投资兴办农业龙头企业，对新办的农产品加工、流通龙头企业，按税法规定享受所得税有关优惠政策。

4. 扶植品牌

"品牌"是企业的核心价值，要把打造龙头企业品牌作为壮大龙头企业之本，以品牌效应推动龙头企业发展。农业龙头企业要推行标准化，树立品牌、名牌意识，严格执行国家标准，提高产品的技术水平、质量水平和包装水平，不断提高宣传投入，扩大企业和产品知名度。

5. 用地优惠

龙头企业建立原料基地所需的农用地，在土地承包方自愿的前提下，可依法通过土地承包经营权入股、出租等方式流转获得，因发展所需的非农用地指标可优先安排。

6. 资本运作银信支持

围绕主导产业和特色产业，引导各类资本向龙头企业集中，鼓励有实力的农业龙头企业，以资产为纽带，迅速扩大企业生产规模，以增强自身实力。大力推进龙头企业之间的经济联合，提高行业集中度，扩大经营规模。各级金融机构要将符合贷款条件的龙头企业列为信贷优先支持的对象，增加贷款投放。

7. 加强技术开发和技术创新，提高龙头企业的核心竞争力

加大省市各级高新技术风险投资资金、科技三项费用、重点技改项目贴息对龙头企业技术创新的扶持力度。鼓励龙头企业组建研发机构，或与科研机构共同投资组建研发机构，培育一批有自主知识产权的高新技术产品，提高技术要素参与收益分配的比例。加强产学研结合，大力培育农产品深加工支柱产业，做大做强龙头企业。

第九章
中原经济区现代农业主体及不同功能区效率比较

第一节 效率比较的方法

一 DEA 效率的含义

1. 投入方向的效率衡量

假定在规模报酬不变的条件下一个生产部门使用两种投入（X_1、X_2）生产一种产品 Y，其生产的等产量线可表示为图 9-1 中的 SS' 曲线。若 P 点表示该生产部门实际生产要素的投入水平，PQ 则表示该生产部门的非技术效率量，因生产要素的投入量按比例减少到 Q 点，产出不会减少，所以该生产部门的技术效率 TE_I（Technical Efficiency）为：

$$TE_I = \frac{OQ}{OP} \qquad (9-1)$$

TE_I 的值在 0 与 1 之间，TE 值越接近 1，说明该生产部门的技术效率越好。当 $TE_I = 1$ 时（图 9-1 中的 Q 点），说明在产出一定的情况下，该部门的技术效率达到最大，且投入了最小的生产要素。如果投入要素价格已知，则该生产部门的要素配置效率 AE_I

（Allocatively Efficiency）为：

$$AE_I = \frac{OR}{OQ} \quad (9-2)$$

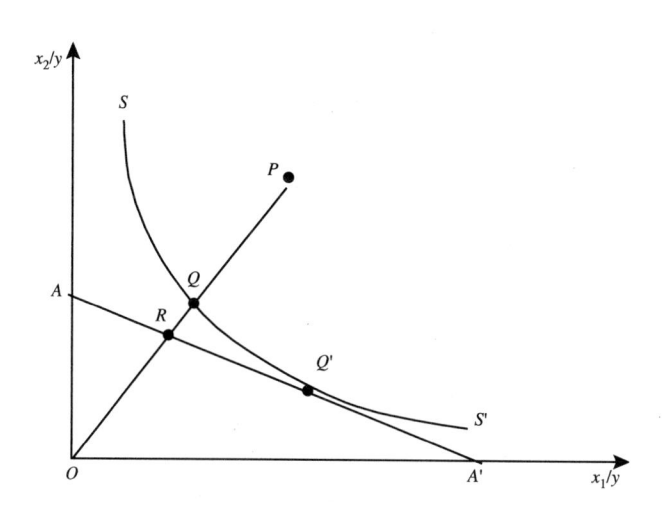

图 9-1 技术效率与配置效率

若在 Q' 点生产，则表示该部门在技术效率为 TE_I 的条件下，由于配置效率的提高，生产成本还可减少 RQ 量。因此，该生产部门总体的经济效率 EE_I（Economic Efficiency）为：

$$EE_I = \frac{OR}{OP} = \frac{OQ}{OP} \times \frac{OR}{OQ} = TE_I \times AE_I \quad (9-3)$$

总的经济效率是由技术效率和配置效率综合的结果，这三个效率值都在 0 与 1 之间。

2. 产出方向的效率衡量

若假定要素投入量不变，以获得的产出量来衡量其效率，则可称之为产出方向的效率。图 9-2 表示报酬递减（DRTS）的生产函数，P 点为生产部门的实际投入水平，从投入方向分析，技术效率 $TE_I = AB/AP$；从产出方向分析，技术效率 $TE_O = CP/CD$，$TE_I \neq TE_O$

（当生产规模报酬处于递增时也不相等）。当生产规模处于固定报酬（CRTS）时，$TE_I = TE_O$，见图 9-3。

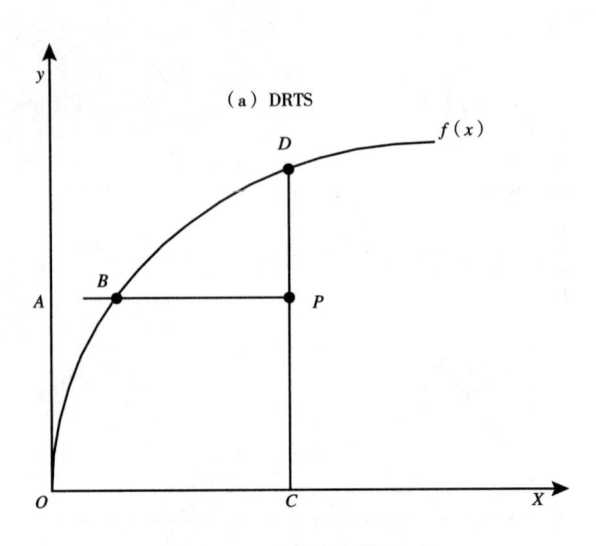

图 9-2　DRTS 的效率

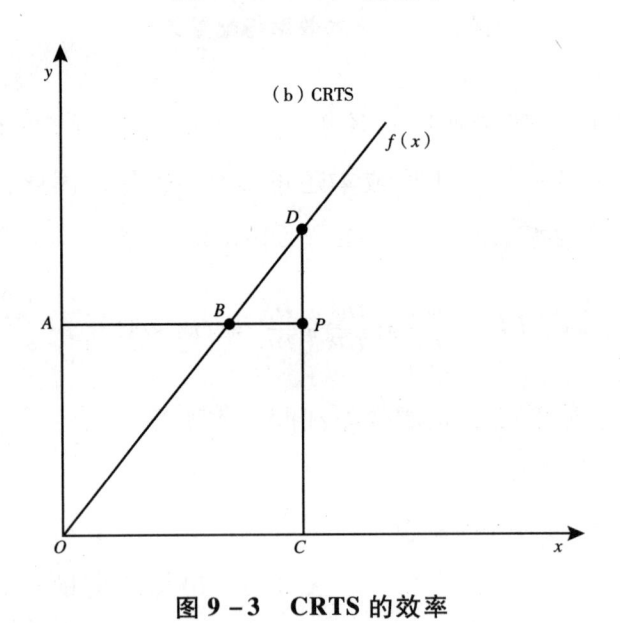

图 9-3　CRTS 的效率

假设用一种投入要素 X_1 生产 Y_1 和 Y_2 两种产品，并假定规模报酬不变，见图 9-4。ZZ' 为生产可能性曲线，该曲线表示在投入一定时所生产的两种产品的最大组合。若 A 点表示生产部门的实际产出，AB 则表示非技术效率量，即在投入为 X_1 时，实际产出与最大产出之间的差距。因此，产出方向的技术效率 TE_O 为：

$$TE_O = \frac{OA}{OB} \quad (9-4)$$

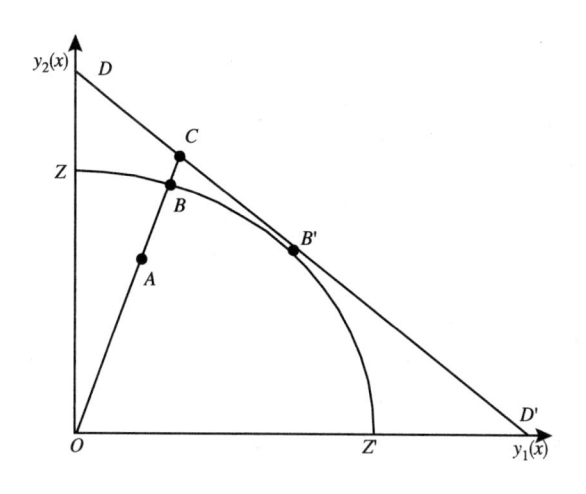

图 9-4　产出方向的效率

若产品价格已知，可以得到等产量曲线 DD'，则产出方向的配置效率 AE_O 为：

$$AE_O = \frac{OB}{OC} \quad (9-5)$$

则总的经济效率为：

$$EE_O = \frac{OA}{OC} = \frac{OA}{OB} \times \frac{OB}{OC} = TE_O \times AE_O \quad (9-6)$$

与投入方向的效率一样，EE_O 的值也在 0 与 1 之间，EE_O 的值越接近 1，说明生产部门的效率越好。

上述分析表明，为了度量技术效率、要素配置效率和经济效率，其关键问题是确定生产前沿面。目前估计生产前沿面的方法主要有两大类：参数估计方法（Parametric Estimation Method）和非参数估计方法（Non-parametric Estimation Method），本研究运用非参数估计方法。

二 度量效率的 DEA 非参数估计方法

DEA 模型是采用非参数估计方法来估计前沿生产函数的。1978 年，A. Charnes，W. W. Cooper 和 E. Rhodes 首次采用数据包络分析方法测算了基于投入并假设规模报酬不变（CRS）的效率，后来人们称之为 C^2R 模型。之后，R. D. Banker，Charnes 和 Cooper 于 1984 年又提出了可变规模报酬模型（VRS）。

1. 规模报酬不变模型（CRS）

DEA 是从线性规划方法衍生出来的，所得到的生产可能边界是多个线性边界的包络。在进行效率分析时，假定有 N 个生产单元，以 K 种投入，生产 M 种产品。就一个 DMU 单元来说，若用 X_i、Y_i 来表示第 i 个 DMU 的投入和产出向量，则有：

$$X_i = (X_{1i}, X_{2i}, \cdots, X_{ki})^T > 0 \quad (i = 1, 2, \cdots, N)$$
$$Y_i = (Y_{1i}, Y_{2i}, \cdots, Y_{Mi})^T > 0 \quad (i = 1, 2, \cdots, N)$$

由于各种投入和产出的作用不同，在对不同生产单元进行评价时，需要赋予每个输入和输出一定的权重。若以 V、U 表示投入和产出的权向量，则有：

$$V = (V_1, V_2, \cdots, V_k)^T \qquad U = (U_1, U_2, \cdots, U_M)^T$$

对于每一个生产单元，用产出/投入表示生产效率值，则可建立效率的约束方程：

$$\max_{u,v} \frac{u' \cdot y_i}{v' \cdot x_i}$$
$$st \frac{u' \cdot y_j}{v' \cdot x_j} \leq 1, j = 1, 2, \cdots, n \quad (9-7)$$
$$u, v \geq 0$$

为克服上述方程寻找最有解的困难,将上述方程中约束条件进行修正,则有:

$$\max_{u,v}(u' \cdot y_i)$$
$$st \quad v' \cdot y_i = 1 \quad (9-8)$$
$$u' \cdot y_j - v' \cdot x_j \leq 0, j = 1,2,\cdots,n$$

为消除上述方程引起的多重共线性问题,用数据包络法可以将方程写为:

$$\min_{\theta,\lambda} \theta$$
$$st \quad -y_i + Y\lambda \geq 0 \quad (9-9)$$
$$\theta \cdot x_i - X\lambda \geq 0$$

式中,θ 是一个标量,λ 表示常数向量,θ 表示第 i 个单元的生产效率值,θ 值在 0 与 1 之间。当 $\theta = 1$ 时,则说明该生产单元的效率值是最佳的。

DEA 非参数前沿的分线段形式在进行效率测量时存在松弛变量的情况。图 9-5 中,C、D 是有效率的 DMU,A、B 是无效率的 DMU。如在 X_1 不变的情况下,减少 X_2 的投入量(从 A' 到 C),产出则仍然不变,这就表明 A 点的技术效率弱有效,存在投入松弛(Input Slack)变量。为了解决松弛变量的问题,A. I. Ali 和 L. M. Seiford 等人提出两阶段线性规划,则有如下方程:

$$\min_{\lambda,OS,IS} -(M1' \cdot OS + K1' \cdot IS)$$
$$st \quad -y_i + Y\lambda - OS = 0$$
$$\theta \cdot x_i - X\lambda - IS = 0 \quad (9-10)$$
$$\lambda \geq 0, OS \geq 0, IS \geq 0$$

式(9-10)中,OS 是 $M \times 1$ 产出向量矩阵,IS 是 $K \times 1$ 投入向量矩阵。在实际经济活动中,若存在松弛变量,则说明生产单元的配置效率不是最优的。

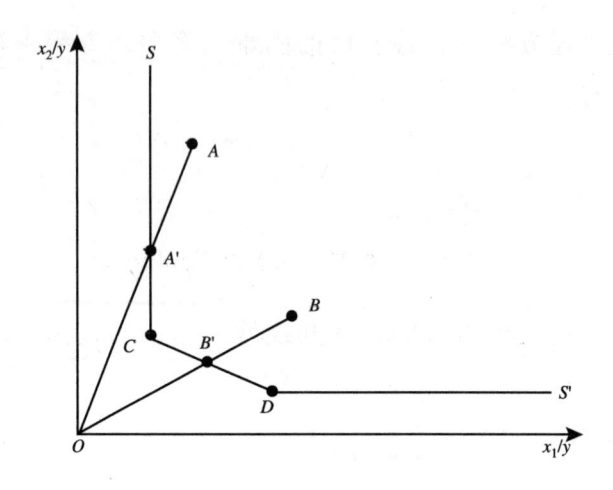

图 9-5 DEA 的有效与弱有效

2. 可变规模报酬模型（VRS）

CRS 模型是假定所有的生产单元都在最优的规模下进行生产活动。但在实际生产活动中，受不完全竞争市场等因素的限制，DMU 不可能在最优的规模下进行，如果不是最优规模，使用 CRS 度量的技术效率就不准确，因为在 CRS 模型下计算的技术效率包括了规模效率（SE）。所以，Banker, Charnes 和 Cooper（1984）提出了可变规模报酬的 DEA 模型。在 VRS 模型下，计算技术效率时可以排除规模效率的影响。VRS 的线性规划模型为：

$$\begin{aligned}
&\min_{\theta,\lambda} \theta \\
&st \quad -y_i + Y\lambda \geq 0 \\
&\quad\quad \theta \cdot x_i - X\lambda \geq 0 \\
&\quad\quad N1'\lambda = 1 \\
&\quad\quad \lambda \geq 0
\end{aligned} \quad (9-11)$$

运用 DEA 模型估计效率时，可将 TE 分成两部分：一部分是纯技术效率，另一部分是规模效率。如果生产单元的规模处于最优状态下，则由 CRS 和 VRS 所计算的 TE 是相等的；当生产单元的规模不是最优时，则 CRS 和 VRS 计算所得的技术效率是不同的，二者之间的差异就是规模效率。因此，它们三者之间的关系为：

$$TE_{CRS} = TE_{VRS} \times SE \qquad (9-12)$$

为了表明生产单元处于递增规模报酬（IRS）还是递减规模报酬（DRS）阶段，可运用 DEA 的非递增规模报酬（NIRS）模型来判断。NIRS 的前沿模型只是把 $N1'\lambda = 1$ 写成 $N1'\lambda \leq 1$。若 NIRS 的 TE 与 VRS 的 TE 相等，则该生产单元处于递减报酬阶段；若不相等，则处于递减规模报酬阶段。

第二节 现代农户与转型农户、传统农户的效率比较

在传统农业向现代农业转型中，农户作为农业要素的载体和生产经营单位，其组织性质随之发生了改变。农村集体组织"社员"构成的同质农民家庭开始分化，出现了农业户与非农业户，在农业户中又出现了粮农户与非粮农户。中原经济区作为保障国家粮食安全的主要区域之一，营粮农户的分化体现在现代农业的推进过程中。在此，按照与农业发展阶段相统一的分类方法，根据粮作经营规模扩张倾向（粮作播种面积与承包地面积之对比系数）、单位土地面积上的资金投入强度（亩均物质资本投入）、家庭主要劳动力从事粮作经营的劳动时间占比等指标，将营粮农户划分为传统农户、转型农户与现代农户，不仅能够较好地反映营粮农户在现代农业发展过程中的初级性、转型性及潜力性，而且为如何分类引导农户粮作经营、切实保障国家粮食安全提供有益借鉴。

一 现代农户的分布及配置结构

1. 数据来源与不同农户的界定

本数据来源于 2011 年暑期河南财经政法大学本科生对中部五

省农户的调查,调查采取追叙的方式对农户 2007～2011 年的粮作经营等活动进行了问卷记录。本次共发放问卷 1887 份,收回有效问卷 1861 份。样本农户中处于平原、丘陵、山区的分别占 76.10%、16.47%、7.43%,农户所在村经济收入状况处于较高、中等、较低水平的分别占 32.10%、61.88%、6.02%,自认为家庭收入处于所在村较高、中等、较低水平的农户分别为 23.49%、56.17%、20.34%。样本农户中从事粮作经营的农户占 76.68%,2007～2011 年,有农地流转的农户占 72.53%,其中有转包出、转包入行为的农户分别占 58.40%、41.67%。在样本农户家庭中,户主作为家庭决策的核心人物,高达 96.64% 是男性,平均年龄为 50.77 岁(其中,男性户主为 50.81 岁,女性户主为 49.78 岁),平均受教育年限为 7.58 年(其中,男性户主为 7.63 年,女性户主为 6.04 年),接受技术培训的男性户主普遍高于女性户主。总体来看,样本能够反映当前农户的实际情况,代表性较好。

在此,依据粮作经营规模扩张倾向、资金投入强度以及营粮劳动时间占比指标对样本农户进行聚类分组。纳入分组的农户数为 1427 户,占总体样本农户的 76.68%。其中,分别将粮食耕作面积较承包面积累计调减 0.5 亩以上、亩均物质资本投入高于 130 元、户主营粮劳动时间占比高于 40% 的农户划定为传统农户;将粮食耕作面积较承包面积累计调减 0～0.5 亩、亩均物质资本投入为 105～130 元、户主营粮劳动时间占比低于 30% 的农户划定为转型农户;将粮食耕作面积较承包面积累计调增大于 0、亩均物质资本投入低于 105 元、户主营粮劳动时间占比为 30%～40% 的农户划分为现代农户。

2. 现代农户的分布及配置结构

农户作为农业组织的基本形式,是农业生产要素的载体和组织方式。分析结果表明,传统农户、转型农户及现代农户分别占 30.27%、54.94%、14.79%,形成了以转型农户为主体而现代农户较少的偏正态分布结构。与传统农户和转型农户相比，现代农户家庭人口规模为3.97人，家庭劳动力为2.30人，均高于传统农户、转型农户的平均水平。比较而言，现代农户家庭劳动力平均受教育年限略高，而其家庭成员中最高学历者的平均受教育年数为14.52年，显著高于其他类型农户（见表9-1）。由此推断，由教育程度反映的家庭核心成员的人力资本水平，可能会成为现代农户成长发育的关键性因素。

表9-1 2011年不同类型农户家庭人口与收入状况

农户分类	家庭人口规模（人）	家庭劳动力人数（人）	最高受教育年（年）	劳均受教育年（年）	家庭总收入（元）	家庭农业收入（元）	劳均农业收入（元）	劳均非农收入（元）	务农日均收入（元）	非农日均收入（元）
传统农户	3.84	2.16	10.63	7.15	31349.07	6528.63	3022.74	11491.82	41.93	124.71
转型农户	3.81	2.10	10.80	7.08	33973.58	6323.29	3015.88	13187.76	61.52	110.93
现代农户	3.97	2.30	14.52	7.17	29741.76	8273.76	3595.96	9330.48	65.41	96.88
总体平均	3.84	2.15	11.30	7.11	32546.98	6703.74	3123.44	12041.03	54.83	112.41

注：务农日均收入=农业收入/年务农天数；非农日均收入=非农业收入/年非务农天数。

农户的成长发育是一个渐进过程，在现代农户家庭中，无论按照年劳均农业收入，还是依据务农劳动日均农业收入计算，均处于较高水平，由此使得其家庭农业收入显著高于传统农户与转型农户。同时，非农业收入占绝对比重的情形下，现代农户非农业收入的绝对与相对水平均呈现相对劣势，致使现代农户家庭总收入及其劳均收入均呈弱势格局。现代农户家庭在农业上的专业化与规模化程度较高，形成了在农业上的劳动效率优势。基于效率优势的要素收益实现，是现代农户成长发育的先决条件。然而，由于现代农户在农业上的微弱优势不足以弥补其在非农产业上的比较劣势，其总体收入水平却大大落后于非农分化程度较高的传统农户与转型农户。

二 现代农户粮作经营的要素投入

1. 农地投入

农地是农户从事粮作经营的基本要素，农户农地结构状况及动态变化可反映其粮作经营行为变化。从表9-2可以看出，三种类型农户的农地资源有一定的差异性。就承包土地面积、承包土地块数及块均农地面积看，传统农户承包土地面积略高于平均水平，而承包土地块数偏多、块均农地面积小的状况使其面临窘境；转型农户承包土地面积、承包土地块数呈现"双低"格局，仅其块均农地面积略高于平均水平，同样面临农地资源的相对劣势。比较而言，现代农户的承包土地面积、块均农地面积均显著高于平均水平及其他类型农户，而承包土地块数则低于平均水平及传统农户，从而为现代农户在农地规模经营与管理效率的实现上提供了基础与可能性。囿于农地制度的延续性及相对稳定性，农户承包地禀赋的动态变化不明显。承包土地面积、承包土地块数及块均农地面积的动态变化表明，不同类型农户所拥有的农地资源均未有显著变化。

表9-2 不同类型农户农地投入变化

农户分类	农地资源			小麦耕种规模（亩）			玉米耕种规模（亩）		
	承包土地面积（亩）	承包土地块数（块）	块均农地面积（亩/块）	2007年	2009年	2011年	2007年	2009年	2011年
传统农户	6.14	3.85	2.08	2.85	2.84	2.85	2.31	2.33	2.41
转型农户	5.10	2.35	2.62	4.76	5.02	5.02	4.11	4.41	4.37
现代农户	7.29	2.79	3.10	6.44	7.14	7.86	4.65	5.31	5.58
总体平均	5.82	2.93	2.52	4.40	4.67	4.78	3.60	3.89	3.95

农地资源禀赋状况是影响农户粮作经营行为的重要因素,但并非决定性因素。实践中,通过转包流转等形式动态调整农地资源规模及构成,也是农户家庭经营决策变化的重要表征之一。鉴于小麦与玉米是农户最为广泛种植的粮食作物,在中部区域占绝对主体地位,故将小麦与玉米作为主要粮作品种,考察不同类型农户粮作耕种亩数及动态变化。就小麦而言,传统农户户均耕种面积接近3亩,远低于其承包土地面积(6.14亩),且年度波动变化幅度较小;转型农户户均耕种面积徘徊于5亩,大体相当于其家庭承包农地面积;而现代农户户均耕种面积远高于其他类型农户,逐年递增趋势明显,且在2010年以后,由之前的耕种面积低于其承包土地面积,开始转变为之后的耕种面积高于其承包土地面积,动态增加小麦耕种面积的粮作经营行为得以强化。与小麦情形相似,不同类型农户在玉米耕种面积及其动态变化上同样具有明显的差异性。其中,传统农户在不同年份的耕种面积均不足2.5亩,远低于其承包土地面积;转型农户户均耕种面积低于4.5亩,略低于其家庭承包农地面积,年际变动幅度不大;而现代农户户均耕种面积虽高于其他类型农户,且有逐年递增趋势,但仍然低于其承包土地面积。由此可见,农户虽然有通过转包入农地来突破家庭承包土地规模约束的可能条件,但未必付诸实施。

2. 资金投入

农户拥有的生产性固定资产代表其家庭经营的资金集约化程度与技术先进程度,农机具等生产资料是农户粮作经营现代化水平的客观反映。从绝对水平来看,不同类型农户差异明显,且有差异渐增之势。从表9-3可以看出,2007年,现代农户的农机具投入居次高位(略低于转型农户),远远超越了传统农户的投入水平。到2011年,传统农户农机具投入有较大增长,超过了农机具投入有所缩减的转型农户投入水平,而现代农户农机具投入增幅更大,并远远超出了其他类型农户。与农机具投入情形相似，化肥、用电、用油等流动资产性质的农资投入在不同类型农户间的差异显著。2007年，转型农户、传统农户、现代农户的农资投入渐次递增。在总体投入水平均不高的情形下，现代农户农资投入相对较高。到2011年，农资投入均有所上升，并且不同类型农户间的差异进一步拉大。现代农户农资投入水平居首位，远高于其他类型农户，转型农户农资投入水平最低。较其他类型农户而言，现代农户在粮作经营中资金总量投入优势明显。科学评价资金要素投入的作用途径及作用强度，尚需结合其资金要素与农地等要素的合理化配置来综合考察。

表9-3 不同类型农户农机具及农资投入

农户分类	农机具投入（元/户）		农资投入（元/户）		按承包面积计算的亩均农资成本(元)		按播种面积计算的亩均农资成本(元)	
	2007年	2011年	2007年	2011年	2007年	2011年	2007年	2011年
传统农户	3584.97	5731.27	816.14	1200.61	162.74	187.98	158.27	229.07
转型农户	6773.71	5486.46	776.41	1001.12	150.87	221.64	86.69	122.67
现代农户	6363.32	9405.13	976.46	1492.06	287.07	382.31	169.25	135.24
总体平均	5736.07	6142.00	823.41	1135.05	190.32	234.80	143.35	154.03

注：表中的农机具包括拖拉机、农用车、水泵、喷雾器、收割机、脱粒机、增氧机、板车、耕牛、船只、塑料大棚等，农资投入包括用电、氮肥、磷肥、钾肥、复合肥、柴油等的投入。

事实上，总量意义上的农资投入，不能准确反映农户在单位面积上的农资投入力度。在此，分别按承包面积及播种面积来测度不同类型农户的亩均农资投入。从依据承包面积计算的亩均农资成本来看，无论是2007年还是2011年，现代农户明显较其他类型农户高，并且亩均农资成本的增加幅度也相对较高。农户粮作经营中要素投入合理化配置，是实现资金产出效率的关键。为此，依据播种面积计算的亩均农资成本，更能合理反映农户粮作经营中的资金投入集约度。然而数据结果显示，按照播种面积计算的现代农户亩均农资投入水平反而未见明显优势。2007年，现代农户亩均农资投入仅为169.25元，略高于传统农户的投入水平。到2011年，受现代农户粮作播种面积有所扩大的影响，其按照播种面积计算的亩均农资成本反而大幅度摊薄，仅维持亩均135.24元的农资投入水平，远低于传统农户。就总体平均而言，不同类型农户按播种面积计算的亩均农资成本较低，且并未有较大幅度提高。综合来看，农机具及农资投入在农户粮作经营过程中共同发挥作用。由于固定资产性质的农机具与流动资产性质的农资价值转化形式不同，二者转移成本的计算也各不相同。在此，仅按照农资投入价值加农机具折旧计价，来测度不同类型农户粮作经营成本。在农机具规模与农资投入保持高位的情形下，现代农户的历年粮作经营成本均远高于其他类型农户，并呈现逐年稳定递增态势。比较而言，传统农户与转型农户的粮作经营成本相对较低，其间虽有一定程度的增加，但波动幅度均较大。其中，转型农户的粮作经营成本水平最低，且稳定增长性最差。

按照播种面积计算的亩均经营成本，能够真实反映农户在粮作经营中物质资本的投入强度与实际资金耗费，是计算比较农户粮作经营成本收益状况与投入产出效率的基础依据。从表9-4来看，现代农户在保持粮作经营总成本最高且增幅最大的同时，并未实现单位播种面积上经营成本的同步增长。表面上的原因是播种面积的增幅快于粮作经营总成本的增幅，由此使得现代农户单位播种面积上的经营成本反而增长缓慢。在此情形下，现代农户单位播种面积上的经营成本的绝对水平与增长速度均相对较低，远低于传统农户的投资力度与增长速度，并显著低于平均水平。可见，目前的粮作经营领域，现代农户的成长发育仍然举步维艰。虽然在一定程度上有粮作经营规模扩展的意愿及选择，但囿于资金约束等因素，现代农户并未在总量农资投入增加的同时,相应提高单位播种面积上的农资投入水平,致使单位播种面积上的经营成本增长缓慢。若考虑农业生产资料物价指数因素,现代农户单位播种面积上的农资投入增长幅度较小甚至有所下降,反映了当前现代农户的分化成长仍然呈现初级性、粗放性及不稳定性,粮作经营中资金与技术投入的集约化程度远未得到提高。

表9-4 不同类型农户粮作经营成本

农户分类	粮作经营成本(元)			按播种面积计算的亩均经营成本(元)		
	2007年	2009年	2011年	2007年	2009年	2011年
传统农户	862.50	506.75	1274.73	151.32	89.22	223.64
转型农户	864.01	495.72	1072.07	90.76	49.37	106.78
现代农户	1058.75	1315.56	1613.69	82.20	92.13	102.65
总体平均	897.59	735.88	1214.48	102.00	78.79	127.04

注:农户粮作经营成本为农机具成本乘以系数0.012932〔依据《全国农村固定跟踪观察点调查资料汇编》(2000~2009年)资料,参照中部地区农户粮作经营中固定资产折旧及修理费占固定资产原值的比重来推测〕折算成固定资产折旧成本,加上当年农资投入测算得来。

3. 劳动投入

相对于现行农地制度下的农地要素与农村金融抑制下的资金要素,农户家庭中的劳动要素更具能动性。通过家庭劳动力的非农就业转移,农户可以在获取劳动要素收益最大化与保障家庭生计稳定之间寻求一种均衡。分析结果显示,在家庭劳动力数量与质量呈一定优势的情形下,现代农户家庭务农用工的绝对量却低于传统农户,其户主务农天数远低于其非务农天数,其单位承包土地面积上家庭务农天数低于平均水平,且在不同类型农户中为最低,而按照播种面积计算的亩均家庭务农天数则更为不足(见表9-5)。与其他类型农户相似,现代农户单位农地上劳动投入弱化,兼业化倾向明显。

表 9-5　不同类型农户家庭务农劳动投入

农户分类	家庭年总务农天数（天）	户主务农天数（天）	户主非务农天数（天）	家庭务农天数/承包土地亩数（天/亩）	家庭务农天数/播种土地亩数（天/亩）
传统农户	391.10	156.30	199.03	63.70	74.25
转型农户	263.76	103.27	249.26	51.72	28.07
现代农户	336.74	125.71	221.59	46.19	25.05
总体平均	313.01	122.62	229.90	53.78	35.82

注：此处播种土地亩数仅以占比较大的小麦与玉米播种面积来表示，由此可能引致对于以非粮种植为主的农户单位播种面积上的务工天数测算偏高的问题，但对以小麦与玉米种植为主的现代农户而言，偏差甚微。

从粮作经营中的劳动投入的动态变化来看，不同类型农户间的差异性显著。转型农户在粮作经营中的劳动投入水平最低，且稳中有升。传统农户在粮作经营中的劳动投入则从 2007 年的次高逐步增加，并于 2011 年跃为最高水平。值得注意的是，现代农户在粮作经营中的劳动投入由 2007 年的最高水平大幅波动递减，到 2011 年仅为次高水平，略高于总体平均（见表 9-6）。综合来看，现代农户在粮作经营中的农机具规模与农资投入，及由此折算的经营成本总量，均保持相对较高优势，并可能由此产生资金对劳动要素的技术替代效应，从而使得现代农户的劳动投入反而有所减少。

表 9-6　不同类型农户粮作经营的劳动投入

农户分类	粮作经营中的劳动投入（工日）			按播种面积计算的亩均劳动投入（工日/亩）		
	2007 年	2009 年	2011 年	2007 年	2009 年	2011 年
传统农户	324.31	329.89	391.10	56.90	58.08	68.61
转型农户	203.50	218.71	263.76	21.38	21.78	26.27
现代农户	380.88	330.81	336.74	29.57	23.17	21.42
总体平均	259.07	263.00	313.01	29.44	28.16	32.74

按照播种面积来计算亩均劳动投入，不同类型农户的劳动投入及动态变化的差异性更大。其中，传统农户亩均劳动投入保持高位且呈增长态势，转型农户亩均劳动投入较低，并略有增长，而现代农户则由 2007 年的次高逐步递减为 2011 年的最低水平，亩均劳动投入明显低于其他类型农户与总体平均。现代农户的上述情形，同样可能源于其粮作经营中资金对劳动的技术替代效应。

三 现代农户粮作经营的效率

（一）单要素产出效率

1. 农地产出效率

依据文中所做出的分析，农户承包土地面积与其实际耕种面积往往不一致。鉴于此，拟采用实际播种面积来表示农户粮作经营规模，应以此作为测度不同类型农户粮食作物亩均产量与亩均产值的对比基数。从粮食作物亩均产量来看，总体呈现持续稳定增长的格局，2011 年粮食亩均产量突破 400 公斤。其中，转型农户的亩均产量优势突出，从 2009 年以来持续高产增产（均突破了 400 公斤）。而现代农户的亩均产量初始水平低且增长速度相对缓慢，至 2011 年，其亩均产量不仅低于传统农户，而且远低于转型农户（见表 9-7）。

表 9-7 不同类型农户粮食作物亩均产量与产值

农户分类	粮食作物亩均产量(公斤/亩)			粮食作物亩均产值(元/亩)		
	2007 年	2009 年	2011 年	2007 年	2009 年	2011 年
传统农户	357.22	373.18	396.84	230.53	254.56	306.50
转型农户	385.94	415.59	431.24	249.72	291.56	333.49
现代农户	355.65	382.43	387.08	220.88	255.03	299.15
总体平均	371.76	398.01	413.39	238.35	274.20	319.74

不同类型农户粮食作物亩均产值与其粮食产量并未呈现线性传导关系。究其原因，源于不同类型农户粮食价值实现的实际销售价格各异，而粮价的实现可能与农户粮作经营区位优势、粮食作物产量以及粮价信息与市场时机把握能力强弱等因素有关。以此为权重计算的亩均产值，必然同时取决于粮食价格（或价格参照）、产销量及对应比重。与粮食作物亩均产量相似，现代农户粮食作物亩均产值较低，且增幅较小。除个别年份外，现代农户粮食作物亩均产值不仅低于总体平均，且低于其他类型农户。可见，现代农户在粮作经营上的农地产出效率优势并未显现。

2. 资金产出效率

总体来看，农户粮食作物单位资金产量与单位资金产值经历了先升后降的变化趋势，从2007年渐次增加到2009年的最高水平后，又渐次递减为2011年的较低水平，反映了农户资金产出效率的非稳定性特征。与此同时，其值在不同类型农户之间的差异性明显。具体而言，现代农户粮食作物单位资金产量与单位资金产值仅为次优水平，除个别年份外，均低于转型农户的资金产出效率（见表9-8）。受益于粮食最低收购价政策的托市支持效应，现代农户粮食作物单位资金产值波动小幅增长的趋势明显，可能与其商品粮比重较大、价格实现相对较高的现象有关。

表9-8 不同类型农户粮食作物单位资金产量与产值

农户分类	粮食作物单位资金产量(公斤/工日)			粮食作物单位资金产值(元/工日)		
	2007年	2009年	2011年	2007年	2009年	2011年
传统农户	2.36	4.18	1.77	1.52	2.85	1.37
转型农户	4.25	8.42	4.04	2.75	5.91	3.12
现代农户	4.33	4.15	3.77	2.69	2.77	2.91
总体平均	3.64	5.05	3.25	2.34	3.48	2.52

3. 劳动产出效率

对照农地产出效率与资金产出效率，不同类型农户之间的劳动产出效率的差异性更为突出，且效率分化趋势明显。从总体平均来看，农户粮食作物单位劳动产量波动变化，但未有显著增加或减少，而粮食作物单位劳动产值则波动增加，由2007年的每工日8.10元小幅增加为2011年的每工日9.77元，劳动产值效率有所提升。其中，转型农户与现代农户的劳动产出效率及其变化值得关注。转型农户劳动产出效率并未能始终保持优势，经历波动下降后，于2011年成为次高水平。而对于现代农户，无论是粮食作物单位劳动产量还是单位劳动产值，均呈现持续增长势头，并于2011年跃居首位，充分体现了其劳动产出效率的潜力性（见表9-9）。由此可推断，目前处于萌动状态的现代农户，主要以劳动产出效率优势凸显其先进性。

表9-9 不同类型农户粮食作物单位劳动产量与产值

农户分类	粮食作物单位劳动产量（公斤/工日）			粮食作物单位劳动产值（元/工日）		
	2007年	2009年	2011年	2007年	2009年	2011年
传统农户	6.28	6.43	5.78	4.05	4.38	4.47
转型农户	18.05	19.08	16.42	11.68	13.38	12.69
现代农户	12.03	16.51	18.07	7.47	11.01	13.97
总体平均	12.63	14.13	12.63	8.10	9.74	9.77

（二）全要素生产效率

农户要素投入为其粮作经营产出的必要保证，处于规模报酬递增阶段的要素投入增量，往往能够推动其产量更大幅度的增长。从调查数据的分析结果看，农户粮食产出增长随着要素投入增长波动变化的趋势明显。相对于传统农户与转型农户而言，现代农户粮食产出随其要素投入增长而逐年递增的稳定性较高，总体呈现相对高投入高产出走势。特别是在个别年份,在传统农户与转型农户在粮作经营中要素投入增速减缓(甚至绝对下降)、产出微增的情形下,现代农户的要素投入及产出仍然保持较快的增长速度。然而仅从粮作经营中要素投入及产出的相对变化中,未能判别农户粮作经营的综合绩效及全要素生产效率的相对变化。为此,借助数据包络分析法(DEA),对农户粮作经营效率做进一步的测算分析。投入产出指标值见表9-10。

表9-10 不同类型农户投入产出变化

年份	农户分类	播种面积(亩)	经营费用(元)	劳动用工(工日)	粮作总产量(公斤)	粮作总收入(元)
2007	传统农户	5.70	862.50	324.31	2036.17	1314.00
	转型农户	9.52	864.01	203.50	3674.18	2377.30
	现代农户	12.88	1058.75	380.88	4580.71	2844.98
	总体平均	8.80	897.59	259.07	3271.47	2097.45
2009	传统农户	5.68	506.75	329.89	2119.68	1445.89
	转型农户	10.04	495.72	218.71	4172.55	2927.25
	现代农户	14.28	1315.56	330.81	5461.09	3641.79
	总体平均	9.34	735.88	263.00	3717.40	2561.02
2011	传统农户	5.70	1274.73	391.10	2262.00	1747.07
	转型农户	10.04	1072.07	263.76	4329.63	3348.21
	现代农户	15.72	1613.69	336.74	6084.92	4702.58
	总体平均	9.56	1214.48	313.01	3952.03	3056.71

1. 不同营粮农户的综合效率

从表9-11来看,现代农户与转型农户粮作经营的综合效率(TE_{CRS})较高,除部分年份外,现代农户与转型农户均保持相对有效率状态,而传统农户则较差。究其原因,并非源于不同类型农户之间纯技术效率(TE_{VRS})的差异(不同类型农户TE_{VRS}均保持了最优状态),而是取决于其间规模效率损失趋异。其中,传统农户粮作经营处于规模报酬递增阶段,尚未达到规模经济最优所致的"规模"效率损失。而现代农户处于规模报酬递减阶段,导致其部分年份的规模效率损失。由此可见,农户粮作经营的理性化程度较高,要素投入产出优势明显。同时,农户粮作经营综合效率的整体趋优,受制于其规模瓶颈约束,而现代农户面临的规模瓶颈更为突出。事实上,农地资源在某种意义上已经成为制约现代农户发育壮大及其效率优化的首因。

表 9-11 不同类型农户粮作经营产出效率

年份	农户分类	TE_{CRS}	TE_{VRS}	SE	drs-irs
2007	传统农户	0.926	1	0.926	irs
	转型农户	1	1	1	-
	现代农户	1	1	1	-
2009	传统农户	0.898	1	0.898	irs
	转型农户	1	1	1	-
	现代农户	0.920	1	0.920	drs
2011	传统农户	0.920	1	0.920	irs
	转型农户	1	1	1	-
	现代农户	1	1	1	-

注:TE_{CRS}、TE_{VRS} 分别表示规模报酬不变、可变条件下的技术效率,SE 表示规模效率(其中,TE_{CRS} 为 TE_{VRS} 与 SE 的乘积)。drs 表示规模报酬递减状态,- 表示最优规模状态,irs 表示规模报酬递增状态。

2. 不同营粮农户的全要素生产率

在目前的 TFP 指数测算中,一般有拉氏指数、帕氏指数、费氏指数、汤氏指数和莫氏指数。在此运用莫氏指数进行测算,其计算模型为:

$$mo(Y_{t+1}, X_{t+1}, y_t, x_t) = \left[\frac{d_0^t(X_{t+1}, Y_{t+1})}{d_0^t(X_t, Y_t)} \times \frac{d_0^{t+1}(X_{t+1}, Y_{t+1})}{d_0^{t+1}(X_t, Y_t)} \right]^{\frac{1}{2}}$$

将农地播种面积、经营成本投入、劳动投入等作为要素投入组合,粮食总产量和粮食总产值作为农户粮作经营产出衡量指标,来计算不同类型农户粮作经营的全要素生产率及其变化。

表9-12中，依据产量指标计算，2007~2011年，传统农户、转型农户与现代农户的生产效率均有小幅提升。比较而言，现代农户的技术效率趋优，主要源于规模效率增进，而该类型农户技术进步略弱于传统农户与转型农户。由于技术效率与技术进步率的非均衡变化，使得不同类型农户依据产量指标测度的粮作生产效率趋异。

表9-12 不同类型农户莫氏生产率指数

年份	农户分类	依据产量指标计算					依据产值指标计算				
		EFFCH	TECHCH	PECH	SECH	TFPCH	EFFCH	TECHCH	PECH	SECH	TFPCH
2007~2008	传统农户	0.972	1.037	1	0.972	1.008	0.969	1.069	1	0.969	1.036
	转型农户	1	1.137	1	1	1.137	1	1.176	1	1	1.176
	现代农户	0.911	1.080	1	0.911	0.984	0.893	1.123	1	0.893	1.003
2008~2009	传统农户	0.998	1.038	1	0.998	1.036	0.976	1.092	1	0.976	1.066
	转型农户	1	1.267	1	1	1.267	1	1.333	1	1	1.333
	现代农户	1.010	1.038	1	1.010	1.049	1.003	1.092	1	1.003	1.096
2009~2010	传统农户	0.963	0.964	1	0.963	0.928	0.974	1.023	1	0.974	0.996
	转型农户	1	0.717	1	1	0.717	1	0.761	1	1	0.761
	现代农户	1.053	0.951	1	1.053	1.002	1.062	1.009	1	1.062	1.071
2010~2011	传统农户	1.064	1.016	1	1.064	1.081	1.081	1.055	1	1.081	1.141
	转型农户	1	0.970	1	1	0.970	1	1.008	1	1	1.008
	现代农户	1.032	0.972	1	1.032	1.003	1.077	1.009	1	1.077	1.086

注：EFFCH表示固定报酬规模下的技术效率变化指数，TECHCH表示技术进步变化指数，PECH表示在变化的报酬规模下技术效率变化指数，SECH表示规模效率变化指数，TFPCH表示莫氏生产率变化指数。

作为对照，2007~2011年，传统农户、转型农户与现代农户依据产值指标计算的生产效率均有较大增进。其中，现代农户的技术效率与技术进步的优势性突出，规模效率得以形成，由此使得该类型农户粮作生产效率增进显著优于传统农户与转型农户。值得关注的是，依据产值指标计算的农户粮作经营技术进步率增长速度更快，生产效率及其增长更具优势。

四 小结

上述对现代农业推进过程中不同类型农户的营粮行为及效率进行了分析，结果如下。

（1）现阶段营粮农户的分布呈现以转型农户为主体而现代农户较少的偏正态分布。现代农户家庭人口规模、劳动力数及其平均受教育年限均高于传统农户与转型农户的平均水平。在非农业收入占绝对比重的情形下，相对于传统农户与转型农户来说，现代农户非农业收入的绝对与相对水平均呈现相对劣势，致使其家庭总收入及其劳均收入呈弱势格局。

（2）不同营粮农户在土地、资金与劳动力的投入产出上呈现较大的差异性。与传统农户和转型农户相比，现代农户呈现总量投入高、单位土地面积上的资金与劳动力投入低、农业产出总量高、单位土地与资金产出率低以及劳动产出率高等特征。

（3）从综合效率来看，现代农户与转型农户粮作经营的效率较高，而传统农户的效率则较低。这种状况并非源于不同类型农户之间的纯技术效率差异，而是取决于其间规模效率损失趋异。进一步从产量指标和产值指标计算的全要素生产率表明，提高技术进步率是农户粮作经营生产效率增进的主要途径。

可见，非农就业收益的提高，推高了农户营粮的机会成本，农户经营分化成为必然。一些农户缩减粮作经营规模，并逐步演变为非粮户、非农户，另一些农户则借力农地流转扩大经营规模，逐步成长为种粮大户。适度的农地规模，是粮食生产吸纳资金、技术和管理等现代生产要素的必要条件。市场化经营的农户，重视比较效益，通过农地的适度调适，向非职业农民"剔苗"，使农地向有志务农、有能力务农的专业农户集中，是提高粮作经营集约化、投资长期化、降低农地配置效率损失的关键。因此，充分认识营粮扩张农户的经济运行规律，有效拓展规模化营粮的利益空间，优化粮作经营的社会化服务，提升粮食相关产业链环节的制度效率，是优化农户粮作经营行为、提升营粮绩效、保障国家粮食安全的必由之举。

第三节　现代农业不同主体功能区效率比较

一　全国七大农业主产区现代农业发展水平比较

基于区域优势与协调发展目标，国务院出台了《全国现代农业发展规划（2011~2015年）》。该规划按照分类指导、突出重点、梯次推进的思路，提出以"七区二十三带"农业战略格局为核心。中原经济区在此战略定位上重叠于重点推进区域中的黄淮海平原，在经济地理区位意义上接近该类区域现代农业的功能范畴与经济边界。基于上述情形以及数据可获得性方面的原因，下面将以黄淮海平原农业主产区的状况来反映中原经济区现代农业发展水平，并与重点推进区域中的其他区进行对比分析。

国家现代农业发展规划中的重点推进区域包括东北平原、黄淮海平原、长江流域、汾渭平原、河套灌区以及华南主产区和甘肃、新疆主产区，为"七区二十三带"的主要区域。其中，东北平原农作物主产区有辽宁、吉林、黑龙江等省份；黄淮海平原农作物主产区有天津、河北、山东、河南等省份；长江流域农作物主产区有上海、江苏、浙江、安徽、江西、湖北、湖南、重庆、四川等省份；汾渭平原农作物主产区有山西、陕西等省份；河套灌区农作物主产区有内蒙古、宁夏等省份；华南农作物主产区有福建、广东、广西、云南等省份；甘肃、新疆农作物主产区有甘肃、新疆等省份。

农业的技术装备程度、物质投入与经济产出水平是反映其现代化水平的重要方面。从表9-13来看，中原经济区2010年农作物总播种面积高达34244.60千公顷，其中水浇地面积占比也较高，同期农林牧渔从业人员高达6261.60万人。除长江流域农作物主产区外，中原经济区农业资源及劳动力资源优势明显高于其他区域。该区现代农业物质技术装备的绝对量与相对水平均处于领先水平，其中农业机械总动力居第一位，劳均农机动力仅次于河套灌区，高达5.20千瓦/人。但若以农用化肥代表化学化水平，该区化肥施用折纯量为1478.90万吨，每公顷农地化肥施用量为431.86千克，处于七大主产区的最高水平。总体而言，中原经济区现代农业发展的资源条件与技术装备基础较好，尽管物质投入相对不足，但增长潜力较大，是全国现代农业发展规划中重点推进区的核心。

表9-13 2010年全国七大农业主产区现代农业投入水平比较

指标 区域	绝对水平				相对水平		
	农作物总播种面积（千公顷）	农业机械总动力（万千瓦）	化肥施用折纯量（万吨）	农林牧渔从业人员（万人）	劳均农机动力（千瓦/人）	水浇地面积占比（%）	每公顷农地化肥施用量（千克/公顷）
河套灌区	8250.40	3762.70	215.10	699.30	5.38	0.42	260.71
汾渭平原	7949.50	4809.20	307.20	1494.20	3.22	0.32	386.44
东北平原	21451.40	8130.00	537.80	1999.90	4.07	0.33	250.71
长江流域	54068.50	27932.40	1829.70	9526.50	2.93	0.36	338.40
华南主产区	19129.50	8730.30	780.10	5362.50	1.63	0.31	407.80
甘肃、新疆主产区	8753.80	3621.30	252.90	1167.60	3.10	0.57	288.90
中原经济区黄淮海平原	34244.60	32564.00	1478.90	6261.60	5.20	0.44	431.86

注：表中数据按照2011年《中国统计年鉴》计算得到。

中原经济区在现代农业技术装备程度等方面的优势，使其农业产出贡献突出。表9-14中，从价值量来看，该区域2010年农林牧渔业总产值高达17011.80亿元，仅次于排位第一的长江流域，远高于河套灌区、汾渭平原、东北平原以及甘肃、新疆主产区等区域。从实物量来看，中原经济区在粮食、棉花、油料、肉类、水果、奶类以及禽蛋产出上均有明显优势，前四者在整个农业区中排位为第二，后三者为第一，农业综合产出能力居于首位。中原经济区现代农业发展为主要农产品供给提供了保障，尤其是为国家的粮食安全，承担着总量支持、结构平衡与质量提升等诸多功能。加快推进中原经济区现代农业建设，事关全国农业现代化进程和国家粮食安全大局。

表9-14　2010年全国七大农业主产区现代农业贡献比较

指标 区域		价值量 （亿元）	实物量（万吨）							
		农林牧渔 总产值	粮食 产量	棉花 产量	油料 产量	糖料 产量	水果 产量	肉类 产量	奶类 产量	禽蛋 产量
河套灌区		2149.50	2514.70	0.10	148.90	161.04	507.10	264.37	1030.23	57.15
汾渭平原		2713.90	2250.00	13.80	73.70	22.80	1951.40	175.06	252.52	117.55
东北平原		7493.10	9620.70	0.60	197.50	187.60	1230.70	843.50	730.06	476.63
长江流域		24005.40	18701.70	145.40	1349.00	383.10	5343.80	2957.19	251.09	808.05
华南主产区		10593.50	4921.70	0.20	194.80	10232.30	3371.00	1330.48	92.56	101.51
甘肃、新疆 主产区		2903.20	2129.00	255.50	130.70	509.00	1517.30	206.10	169.11	38.16
中原 经济 区	黄淮 海平 原	17011.80	12908.40	180.40	1023.80	75.10	6860.20	1802.05	1097.87	1130.69

注：表中数据按照2011年《中国统计年鉴》计算得到。

二　中原经济区不同功能区现代农业发展水平差异

农业资源与技术装备是发展现代农业的基础与前提，中原经济区不同功能区在农业资源与技术装备的绝对量与相对水平上存在差异（见表9-15、表9-16、表9-17）。

表 9-15 不同功能区现代农业发展的资源技术条件与农资投入情况

功能区		农作物播种面积(千公顷)	粮食作物播种面积(千公顷)	有效灌溉面积(千公顷)	农业机械总动力(万千瓦)	农业从业人员(万人)
郑州都市区		509.75	361.80	196.03	504.34	99.04
中原区	开封市	795.92	458.47	322.39	668.39	156.20
	洛阳市	694.17	524.21	140.08	457.86	152.55
	平顶山市	545.56	413.23	200.28	344.85	147.39
	新乡市	786.07	605.17	328.23	678.58	125.32
	焦作市	350.74	268.34	161.53	378.41	79.88
	许昌市	598.72	429.49	238.19	355.12	105.63
	漯河市	369.19	263.43	150.41	249.99	69.18
	济源市	57.48	41.78	20.00	105.22	12.94
	总体	4197.85	3004.12	1561.11	3238.42	849.10
黄淮区	安阳市	745.44	541.19	297.14	568.88	151.17
	鹤壁市	191.26	165.14	83.49	216.11	30.69
	濮阳市	493.71	380.25	219.57	407.41	115.27
	商丘市	1379.81	926.78	599.41	1123.10	235.12
	周口市	1698.90	1130.18	598.97	1064.20	328.95
	驻马店市	1629.76	1160.03	543.43	1326.90	284.71
	聊城市	879.84	776.14	490.61	1041.76	182.86
	菏泽市	148.79	101.80	504.26	1360.21	202.03
	邯郸市	1079.00	774.00	547.15	1373.00	192.46
	淮北市	284.59	264.20	—	240.00	40.10
	亳州市	1017.03	854.06	310.05	683.60	155.25
	宿州市	980.42	787.11	369.17	732.68	172.60
	阜阳市	1210.53	1002.20	—	598.20	257.90
	总体	11739.07	8863.07	4563.25	10736.06	2349.09
南部区	南阳市	1855.57	1124.78	468.52	1120.50	328.05
	信阳市	1226.39	822.76	459.21	461.13	214.78
	总体	3081.95	1947.54	927.73	1581.63	542.83
西部区	三门峡市	244.34	162.95	54.08	164.95	61.59
	长治市	300.35	255.50	—	176.20	63.87
	运城市	789.70	652.50	—	605.30	136.74
	晋城市	218.20	207.50	—	225.30	44.77
	总体	1552.59	1278.45	54.08	1171.75	306.96

注：表中数据根据2011年的《河南省统计年鉴》《河北省统计年鉴》《山西省统计年鉴》《山东省统计年鉴》《安徽省统计年鉴》以及部分市区2010年国民经济和社会发展统计公报中的相关指标计算得来。表中划"—"处表示部分地市县的统计年鉴及资料中缺乏相应数据，表9-16、表9-17同。另外，表中郑州都市区代表郑州城市圈都市农业区，中原区代表中原城市群外围高效农业区，黄淮区代表黄淮海现代农业特区，南部区代表南部养护型特色农业区，西部区代表西部防护型生态农业区，下同。

表9-16　不同功能区现代农业发展水平

功能区		技术装备程度 农林牧渔业劳均农机动力（千瓦/人）	机械化			水利化	化学化
			机耕面积占比(%)	机播面积占比(%)	机收面积占比(%)	水浇地面积占比(%)	每公顷农地化肥施用折纯量（千克/公顷）
郑州都市区		5.09	46.67	63.45	48.34	38.46	445.73
中原区	开封市	4.28	58.22	70.05	51.94	40.51	360.41
	洛阳市	3.00	48.47	44.46	32.26	20.18	339.27
	平顶山市	2.34	46.48	64.64	55.32	36.71	642.27
	新乡市	5.41	51.85	69.56	55.68	41.76	623.96
	焦作市	4.74	54.56	90.96	90.20	46.05	577.04
	许昌市	3.36	49.96	64.67	48.99	39.78	517.90
	漯河市	3.61	48.48	76.73	49.23	40.74	462.10
	济源市	8.13	52.19	70.05	62.02	34.79	407.20
	总体	3.81	51.46	66.59	52.50	37.19	493.04
黄淮区	安阳市	3.76	43.47	50.75	49.05	39.86	566.98
	鹤壁市	7.04	46.63	70.24	57.04	43.65	390.45
	濮阳市	3.53	56.50	51.86	48.29	44.47	524.35
	商丘市	4.78	47.04	76.09	57.73	43.44	508.66
	周口市	3.24	49.14	67.05	52.22	35.26	436.39
	驻马店市	4.66	86.06	91.56	62.65	33.34	424.26
	聊城市	5.70	—	—	—	55.76	476.87
	菏泽市	6.73	—	—	—	338.91	3252.03
	邯郸市	7.13	56.93	71.39	39.59	50.71	427.69
	淮北市	5.99	63.71	84.16	68.66	0	300.50
	亳州市	4.40	0	0	0	30.49	294.68
	宿州市	4.24	0	0	0	37.65	336.80
	阜阳市	2.32	0	0	0	0	308.13
	总体	4.57	37.26	46.51	34.42	38.87	455.25
南部区	南阳市	3.42	70.65	66.03	43.31	25.25	430.49
	信阳市	2.15	71.57	15.15	52.62	37.44	385.42
	总体	2.91	71.02	45.79	47.01	30.10	412.56
西部区	三门峡市	2.68	38.69	34.15	23.47	22.13	377.40
	长治市	2.76	—	—	—	—	—
	运城市	4.43	65.09	59.26	43.18	0	346.91
	晋城市	5.03	71.40	55.77	38.22	0	315.20
	总体	3.82	61.04	53.75	38.47	4.32	435.29

表 9-17 不同功能区现代农业发展的产出贡献

单位：亿元，万吨

功能区		农林牧渔业增加值	粮食产量	棉花产量	油料产量	肉类产量	奶类产量	禽蛋产量
郑州都市区		124.56	166.69	4.70	53.37	23.78	46.49	20.90
中原区	开封市	219.31	255.56	56.46	103.28	36.26	23.84	25.16
	洛阳市	187.62	235.92	3.52	45.67	24.32	42.54	13.89
	平顶山市	114.72	197.24	3.32	55.53	36.18	20.82	14.60
	新乡市	157.15	381.15	18.00	83.62	34.40	28.40	33.87
	焦作市	101.30	199.41	4.06	19.30	19.09	21.95	28.18
	许昌市	149.96	274.99	8.63	27.24	36.60	6.74	22.40
	漯河市	86.66	167.99	15.73	13.14	27.48	14.13	11.99
	济源市	15.98	21.64	0.31	1.69	4.64	2.91	2.78
	总体	1032.69	1733.91	110.02	349.46	218.96	161.34	152.87
黄淮区	安阳市	159.07	334.24	18.02	59.32	20.78	7.86	28.35
	鹤壁市	48.83	111.63	0.94	13.10	22.90	8.86	14.50
	濮阳市	107.62	251.03	10.93	34.08	20.19	6.59	27.30
	商丘市	299.51	598.68	83.71	86.12	51.00	25.56	27.13
	周口市	365.64	723.71	126.17	99.65	66.20	10.65	24.20
	驻马店市	290.67	670.36	19.13	284.77	78.50	6.49	32.51
	聊城市	221.64	519.94	8.25	14.19	48.96	8.88	31.91
	菏泽市	220.18	564.94	23.72	23.36	57.70	6.28	36.75
	邯郸市	294.00	476.10	57.00	140.30	65.20	23.00	99.90
	淮北市	40.40	124.60	0.24	1.00	8.20	1.00	4.50
	亳州市	137.15	461.99	2.08	4.54	28.12	1.26	5.80
	宿州市	181.50	389.08	3.33	4.54	45.40	46.49	21.86
	阜阳市	197.30	530.10	1.80	8.60	56.10	23.84	12.50
	总体	2563.50	5756.39	355.32	773.56	569.35	42.54	367.19
南部区	南阳市	401.18	584.02	84.89	313.36	68.44	20.82	31.78
	信阳市	288.04	575.22	5.97	250.85	57.76	28.40	24.15
	总体	689.22	1159.24	90.86	564.21	126.21	21.95	55.93
西部区	三门峡市	70.00	63.25	2.96	16.47	7.88	6.74	4.76
	长治市	40.20	143.00	0	0.30	6.62	14.13	7.33
	运城市	135.50	266.60	6.40	1.86	9.31	2.91	15.90
	晋城市	30.70	91.50	0.02	0.20	9.50	161.34	3.50
	总体	276.40	564.35	9.38	18.83	33.31	7.86	31.49

第九章 中原经济区现代农业主体及不同功能区效率比较

郑州城市圈都市农业区现代农业发展定位于生物、信息等高科技产业，战略重点在设施农业、创汇农业、都市农业与休闲农业等。从其农作物播种面积及有效灌溉面积来看，仅为509.75千公顷、196.03千公顷，处于五大功能区中的最低与次低水平，农业总量资源优势不突出。但农业技术装备化程度显示出一定的优势，农业机械总动力数相对较高，单位农林牧渔业劳动者拥有农机动力数为5.09千瓦，远高于其他功能区。同时，该区现代农业的机械化、水利化与化学化均呈中上等水平，但区内土地资源有限使其农业产出总量贡献偏低。总体而言，郑州城市圈都市农业区现代农业发展的潜力未予以释放，引领示范作用未得到充分发挥。

中原城市群外围高效农业区在资源与技术条件上具有一定的优势。该区农作物播种面积、有效灌溉面积、农业机械总动力、农地化肥施用折纯量等绝对量指标在五大功能区中均为次高水平。与此相对应，该区现代农业发展的技术装备程度较低，但其机械化、水利化与化学化程度相对较高。对于功能区内的开封市和新乡市等地区，由于其土地资源丰富，发展现代农业的资源与技术条件较好，机械化、水利化与化学化程度较高，不仅成为该区现代农业的核心依托，而且在一定程度上能够有效带动该区现代农业发展。值得注意的是平顶山市与许昌市，农业资源与技术优势并不突出，但其物质投入水平与机械化程度均较高，因而通过市场化方式注入优质资金，加强技术密集型与资源集约型农业发展，能够提高农业的总体效益。

黄淮海现代农业特区农作物播种面积最大，有效灌溉面积在整个中原经济区的占比为62.49%，农业机械总动力远高于其他功能区，农地化肥施用折纯量略高于总体平均水平，总量意义上的资源与技术装备优势明显。从相对量来看，该区现代农业的物质装备化程度也较高，单位农林牧渔业劳动者拥有的农机动力数显著高于其他功能区（除郑州都市区外）。然而，区内一些地区存在资源与技术条件之间的不协调。例如，菏泽市的农作物播种面积小，而农业机械总动力相对较高，发展现代农业的资源瓶颈约束显现；亳州市、阜阳市的农作物播种面积大，而农业机械总动力与农业技术装备程度较低，制约了其劳动生产率的提高与农业资源的优化利用。总体上，黄淮海现代农业特区较高的水利化和化学化水平为改造其丰裕的中低产田提供了可能，同时也为同步提升该区机械化水平提供了条件，从而推进农业产出总量提高，保障农产品供给。

南部养护型特色农业区是我国南北生态、水旱作过渡的重要区域。该区农业技术装备与农资投入水平偏低，但农业资源的潜力优势明显。信阳市作为中原经济区的主要稻作区，在农田水利资源、农机动力装备、机耕机械化方面具有较大优势；南阳市处于我国南水北调中线工程的源头和汇水区，其有利的地势加上该区较高的机耕机收的机械化经营，使其单产水平居于高位。总体上，南部养护型特色农业区现代农业发展中机耕机械化程度较高，而机播、机收的机械化程度以及技术装备化、水利化、化学化水平相对较低。区内现代农业水平的差异决定了该区特色农业的发展趋向。

西部防护型生态农业区是中原经济区现代农业发展的生态屏障，多功能性特征凸显。单从经济功能价值来看，该区现代农业发展的资源优势并不突出，以农地化肥施用折纯量表示的农资投入绝对量与相对水平在各功能区中居于低位。比较而言，该区现代农业发展中的技术装备化、机耕与机播机械化程度较高，而机收机械化、水利化与化学化水平较低。由此，西部防护型生态农业区现代农业发展应该定位在保护性耕作、生态退耕、林果经济和杂粮等旱作农业上，发展资源节约型与环境低扰动型现代农业。

各功能区现代农业发展产出贡献的总量与结构性差异较大。从农林牧渔业增加值指标来看，黄淮区的总量贡献最大，而后依次是中原区、南部区、西部区与郑州都市区。其中，处于中原区的开封市，处于黄淮区的商丘市、周口市、驻马店市、聊城市、菏泽市、邯郸市，以及处于南部区的南阳市、信阳市等市区，农林牧渔业的产值贡献较大。就实物产出而言，黄淮区、中原区、南部区是粮食、棉花、油料、肉类、奶类及禽蛋产出贡献的重点区域，并且粮、棉、油、肉、蛋、奶产出贡献大的市区主要集中于上述三种类型的功能区。总量产出是农业经济活动的效果表现，只有与相应的资源占用及要素投入进行对比，才能综合反映其经济效率状况。

三 中原经济区不同功能区现代农业效率比较

上述分析表明，不同功能区农业发展的资源基础不同，农业现代化水平也存在一定差异。为了进一步说明各区之间现代农业生产效率差异、投入冗余度与产出损失以及全要素生产率，在此运用数据包络分析法（DEA）加以测算。其中，产出指标为农林牧渔业增加值，投入指标为农业机械总动力、化肥施用折纯量、农作物播种面积、农业从业人员，各指标值见表9-18至表9-24。另外，由于指标口径以及数据可获得性方面的原因，2005年、2006年与2007年缺黄淮区、西部区部分市区的数据，相应功能区的指标值由其他市区的指标值来表示。

1. 现代农业投入产出状况

2004~2010年不同功能区农业投入产出状况见表9-18至表9-24。

中国区域农业发展的动力机制

表 9-18 2004 年不同功能区农业投入产出状况

功能区		农林牧渔业增加值（亿元）	农业机械总动力（万千瓦）	化肥施用折纯量（万吨）	农作物播种面积（千公顷）	农业从业人员（万人）
郑州都市区		63.08	411.10	21.45	513.60	131.70
中原区	开封市	97.14	616.10	21.69	770.40	179.90
	洛阳市	88.75	364.50	18.42	647.20	197.10
	平顶山市	60.58	222.10	26.70	521.70	174.00
	新乡市	78.90	584.40	29.67	701.40	161.10
	焦作市	52.53	340.70	18.21	331.90	91.60
	许昌市	88.77	303.60	19.12	563.50	149.00
	漯河市	51.01	204.80	11.82	382.70	79.80
	济源市	8.87	77.60	2.13	56.50	17.60
	总体	526.55	2713.80	147.75	3975.30	1050.10
黄淮区	安阳市	79.96	471.80	26.23	693.10	186.40
	鹤壁市	31.42	159.10	5.69	180.30	38.90
	濮阳市	55.87	359.50	21.74	464.10	129.30
	商丘市	160.15	884.80	42.48	1383.10	301.00
	周口市	185.98	836.00	61.19	1616.00	388.90
	驻马店市	157.08	738.60	58.18	1550.90	331.20
	聊城市	117.81	911.26	36.50	947.16	172.48
	菏泽市	137.11	988.95	42.52	1348.98	229.17
	邯郸市	140.15	992.37	39.58	1047.45	377.52
	淮北市	24.04	171.34	0.77	264.67	100.20
	亳州市	91.12	474.01	28.14	98.40	311.80
	宿州市	125.01	464.33	29.27	970.05	320.80
	阜阳市	104.19	424.18	31.68	115.53	464.00
	总体	1409.89	7876.24	423.97	10679.74	3351.67
南部区	南阳市	253.05	529.20	67.05	1821.10	377.30
	信阳市	135.55	282.40	33.44	1106.50	243.50
	总体	388.60	811.60	100.49	2927.60	620.80
西部区	三门峡市	28.77	134.90	7.96	236.40	67.60
	长治市	30.70	129.15	38.87	289.37	65.29
	运城市	13.24	190.42	24.03	206.58	43.76
	晋城市	49.50	468.41	89.35	602.58	139.61
	总体	122.22	922.87	160.21	1334.93	316.26

表9-19 2005年不同功能区农业投入产出状况

功能区		农林牧渔业增加值(亿元)	农业机械总动力(万千瓦)	化肥施用折纯量(万吨)	农作物播种面积(千公顷)	农业从业人员(万人)
郑州都市区		72.38	415.20	21.55	516.80	128.80
中原区	开封市	121.29	629.10	22.79	786.30	179.50
	洛阳市	110.50	384.20	18.83	682.90	182.10
	平顶山市	66.98	242.60	26.85	535.40	166.60
	新乡市	89.02	597.80	37.19	717.30	154.90
	焦作市	58.43	344.00	18.18	339.00	89.20
	许昌市	99.56	318.90	19.42	576.30	138.80
	漯河市	57.76	216.50	13.74	382.80	78.70
	济源市	9.97	86.30	2.20	59.80	15.20
	总体	613.52	2819.40	159.19	4079.80	1005.00
黄淮区	安阳市	88.44	475.90	27.19	707.10	175.50
	鹤壁市	32.68	168.40	5.61	184.50	36.40
	濮阳市	62.46	378.60	23.26	472.80	126.90
	商丘市	188.13	942.20	45.58	1404.10	291.50
	周口市	205.29	872.80	62.19	1631.30	383.20
	驻马店市	170.19	817.80	60.07	1618.00	330.70
	聊城市	129.78	926.49	34.74	990.66	167.52
	菏泽市	154.63	1062.59	45.38	1432.23	226.92
	邯郸市	158.08	1078.03	44.13	1058.38	362.71
	淮北市	—	—	—	—	—
	亳州市	—	—	—	—	—
	宿州市	—	—	—	—	—
	阜阳市	—	—	—	—	—
	总体	747.23	6722.81	348.15	9499.07	2101.35
南部区	南阳市	275.76	608.10	70.49	1897.90	357.70
	信阳市	150.42	296.10	34.83	1190.80	236.50
	总体	426.18	904.20	105.32	3088.70	594.20
西部区	三门峡市	33.10	139.20	8.17	244.80	66.90
	长治市	—	—	—	—	—
	运城市	—	—	—	—	—
	晋城市	—	—	—	—	—
	总体	33.10	139.20	8.17	244.80	66.90

表 9-20 2006年不同功能区农业投入产出状况

功能区		农林牧渔业增加值(亿元)	农业机械总动力(万千瓦)	化肥施用折纯量(万吨)	农作物播种面积(千公顷)	农业从业人员(万人)
郑州都市区		77.06	422.97	22.04	513.50	120.48
中原区	开封市	131.19	612.81	25.17	785.59	178.28
	洛阳市	130.03	382.81	20.13	698.95	178.40
	平顶山市	73.43	272.10	28.43	545.97	162.14
	新乡市	97.53	610.72	40.32	752.35	149.79
	焦作市	62.07	349.83	19.16	352.75	85.85
	许昌市	106.37	328.46	19.89	584.20	133.56
	漯河市	63.42	230.77	13.87	397.04	77.86
	济源市	11.29	94.33	2.29	60.34	14.37
	总体	675.34	2881.83	169.26	4177.19	980.25
黄淮区	安阳市	97.85	490.51	32.36	729.13	162.58
	鹤壁市	35.70	184.57	5.70	191.55	35.42
	濮阳市	67.36	383.35	22.78	482.81	114.85
	商丘市	207.32	1005.36	48.12	1426.51	291.91
	周口市	224.99	908.88	62.88	1667.99	357.82
	驻马店市	184.56	876.93	60.09	1616.76	308.20
	聊城市	138.84	946.18	33.54	999.13	168.55
	菏泽市	166.44	1110.27	46.98	1471.30	219.14
	邯郸市	172.75	1136.28	43.31	1065.19	333.10
	淮北市	—	—	—	—	—
	亳州市	—	—	—	—	—
	宿州市	—	—	—	—	—
	阜阳市	—	—	—	—	—
	总体	817.83	7042.32	355.76	9650.37	1991.58
南部区	南阳市	295.77	692.99	73.62	1946.09	353.86
	信阳市	164.36	315.87	34.96	1254.66	237.15
	总体	460.12	1008.86	108.57	3200.75	591.01
西部区	三门峡市	36.84	145.87	8.63	257.36	66.23
	长治市	—	—	—	—	—
	运城市	—	—	—	—	—
	晋城市	—	—	—	—	—
	总体	36.84	145.87	8.63	257.36	66.23

表9-21　2007年不同功能区农业投入产出状况

功能区		农林牧渔业增加值（亿元）	农业机械总动力（万千瓦）	化肥施用折纯量（万吨）	农作物播种面积（千公顷）	农业从业人员（万人）
郑州都市区		79.38	431.65	22.75	508.86	107.91
中原区	开封市	135.68	633.34	25.17	797.23	178.20
	洛阳市	144.13	399.44	20.91	678.46	169.04
	平顶山市	80.64	289.56	30.61	542.01	155.37
	新乡市	110.68	622.41	43.70	764.35	139.92
	焦作市	68.99	353.32	20.80	346.44	83.65
	许昌市	111.25	344.05	20.17	598.33	121.47
	漯河市	59.42	237.81	13.91	378.91	75.62
	济源市	11.92	99.65	2.33	57.32	13.17
	总体	722.69	2979.58	177.60	4163.05	936.44
黄淮区	安阳市	111.86	514.64	33.70	732.08	154.87
	鹤壁市	36.39	190.23	5.82	190.16	32.77
	濮阳市	72.03	390.23	25.17	485.95	116.79
	商丘市	223.95	1043.88	50.10	1409.31	275.73
	周口市	242.49	933.90	66.12	1697.68	360.23
	驻马店市	193.66	943.63	62.44	1614.70	304.78
	聊城市	154.51	954.14	34.49	1025.96	164.01
	菏泽市	182.00	1160.61	47.77	1471.43	207.52
	邯郸市	208.70	1206.87	44.76	1080.20	288.69
	淮北市	—	—	—	—	—
	亳州市	—	—	—	—	—
	宿州市	—	—	—	—	—
	阜阳市	—	—	—	—	—
	总体	1425.58	7338.12	370.38	9707.46	1905.39
南部区	南阳市	302.04	791.95	75.97	1891.52	343.12
	信阳市	180.81	350.09	40.99	1246.00	226.79
	总体	482.85	1142.04	116.96	3137.52	569.91
西部区	三门峡市	42.12	148.93	9.02	244.77	65.35
	长治市	30.87	142.35	36.63	455.00	64.16
	运城市	16.15	195.34	25.10	268.80	44.58
	晋城市	63.08	517.29	79.59	733.60	142.87
	总体	152.22	1003.91	150.34	1702.17	316.96

表 9-22　2008年不同功能区农业投入产出状况

功能区		农林牧渔业增加值(亿元)	农业机械总动力(万千瓦)	化肥施用折纯量(万吨)	农作物播种面积(千公顷)	农业从业人员(万人)
郑州都市区		94.70	446.48	22.43	509.59	87.30
中原区	开封市	153.59	645.88	26.52	792.33	165.00
	洛阳市	167.57	427.05	21.54	682.17	146.50
	平顶山市	101.39	319.44	32.34	542.51	157.87
	新乡市	131.01	635.02	45.61	767.66	134.71
	焦作市	82.99	359.76	21.39	346.02	83.13
	许昌市	133.89	346.54	29.33	593.01	114.38
	漯河市	78.59	238.69	13.85	372.93	71.16
	济源市	14.44	100.24	2.10	57.30	12.50
	总体	863.46	3072.62	192.67	4153.93	885.25
黄淮区	安阳市	141.57	529.82	38.25	736.12	153.36
	鹤壁市	43.96	207.36	6.06	189.72	31.79
	濮阳市	90.45	392.54	25.70	487.83	146.20
	商丘市	254.62	1067.60	57.47	1382.29	280.25
	周口市	298.22	976.52	68.40	1686.03	356.19
	驻马店市	226.39	1156.70	64.47	1600.86	285.30
	聊城市	187.03	964.94	38.26	1025.65	173.88
	菏泽市	195.51	1220.06	47.36	1461.82	205.03
	邯郸市	231.27	1273.23	45.37	1076.02	259.08
	淮北市	3.47	214.84	0.88	28.92	107.90
	亳州市	11.91	622.67	2.89	101.21	323.00
	宿州市	153.09	642.63	2.90	973.05	341.80
	阜阳市	16.35	529.04	37.70	1208.34	572.50
	总体	1853.83	9797.95	435.70	11957.85	3236.28
南部区	南阳市	344.48	1044.40	75.35	1836.96	341.07
	信阳市	222.29	380.75	41.91	1203.94	232.18
	总体	566.76	1425.15	117.26	3040.90	573.25
西部区	三门峡市	54.77	154.39	8.97	245.35	64.87
	长治市	31.97	148.55	37.13	279.93	65.14
	运城市	17.70	202.01	25.32	219.04	45.12
	晋城市	72.61	533.46	82.08	696.07	139.36
	总体	177.05	1038.41	153.50	1440.39	314.49

表 9－23　2009 年不同功能区农业投入产出状况

功能区		农林牧渔业增加值（亿元）	农业机械总动力（万千瓦）	化肥施用折纯量（万吨）	农作物播种面积（千公顷）	农业从业人员（万人）
郑州都市区		103.09	453.65	22.50	509.07	112.59
中原区	开封市	168.58	659.12	27.15	795.66	158.00
	洛阳市	173.79	441.94	22.27	693.89	154.92
	平顶山市	105.36	337.00	32.77	544.30	160.21
	新乡市	131.80	657.60	47.62	784.40	166.14
	焦作市	85.55	369.07	20.85	350.70	81.43
	许昌市	136.80	350.62	30.64	598.62	106.45
	漯河市	78.70	244.60	15.56	369.14	70.74
	济源市	14.54	102.02	2.24	57.74	13.03
	总体	895.11	3161.97	199.11	4194.45	910.92
黄淮区	安阳市	142.31	549.05	39.19	744.33	151.19
	鹤壁市	44.31	210.15	6.96	191.02	31.23
	濮阳市	93.78	399.09	25.88	492.75	150.35
	商丘市	270.79	1093.90	66.20	1378.70	275.11
	周口市	318.22	1024.90	71.25	1698.83	360.15
	驻马店市	235.70	1271.50	66.73	1628.16	272.76
	聊城市	198.63	1010.27	39.89	1025.89	174.48
	菏泽市	205.19	1291.62	47.38	1481.21	203.16
	邯郸市	246.91	1329.84	46.15	1070.79	222.07
	淮北市	35.66	229.22	0.83	8.32	40.50
	亳州市	122.84	650.35	2.93	29.33	167.00
	宿州市	160.55	688.08	3.29	32.91	183.60
	阜阳市	174.13	565.26	3.63	36.14	264.70
	总体	2249.02	10313.22	420.31	9818.55	2496.30
南部区	南阳市	366.91	1075.60	76.65	1857.40	334.96
	信阳市	234.83	416.50	45.07	1225.26	239.79
	总体	601.74	1492.10	121.72	3082.66	574.75
西部区	三门峡市	57.61	161.60	9.13	244.88	76.13
	长治市	35.27	160.16	11.32	277.10	64.51
	运城市	25.98	212.25	7.00	315.65	44.67
	晋城市	114.07	570.86	26.02	771.80	136.03
	总体	232.93	1104.88	53.46	1609.43	321.34

表 9-24 2010 年不同功能区农业投入产出状况

功能区		农林牧渔业增加值(亿元)	农业机械总动力(万千瓦)	化肥施用折纯量(万吨)	农作物播种面积(千公顷)	农业从业人员(万人)
郑州都市区		124.56	504.34	22.72	509.75	99.04
中原区	开封市	219.31	668.39	28.69	795.92	156.20
	洛阳市	187.62	457.86	23.55	694.17	152.55
	平顶山市	114.72	344.85	35.04	545.56	147.39
	新乡市	157.15	678.58	49.05	786.07	125.32
	焦作市	101.30	378.41	20.24	350.74	79.88
	许昌市	149.96	355.12	31.01	598.72	105.63
	漯河市	86.66	249.99	17.06	369.19	69.18
	济源市	15.98	105.22	2.34	57.48	12.94
	总体	1032.69	3238.42	206.97	4197.85	849.10
黄淮区	安阳市	159.07	568.88	42.26	745.44	151.17
	鹤壁市	48.83	216.11	7.47	191.26	30.69
	濮阳市	107.62	407.41	25.89	493.71	115.27
	商丘市	299.51	1123.10	70.19	1379.81	235.12
	周口市	365.64	1064.20	74.14	1698.90	328.95
	驻马店市	290.67	1326.90	69.14	1629.76	284.71
	聊城市	221.64	1041.76	41.96	879.84	182.86
	菏泽市	220.18	1360.21	48.39	148.79	202.03
	邯郸市	294.00	1373.00	46.15	1079.00	192.46
	淮北市	40.40	240.00	8.55	284.59	40.10
	亳州市	137.15	683.60	29.97	1017.03	155.25
	宿州市	181.50	732.68	33.02	980.42	172.60
	阜阳市	197.30	598.20	37.30	1210.53	257.90
	总体	2563.50	10736.06	534.42	11739.07	2349.09
南部区	南阳市	401.18	1120.50	79.88	1855.57	328.05
	信阳市	288.04	461.13	47.27	1226.39	214.78
	总体	689.22	1581.63	127.15	3081.95	542.83
西部区	三门峡市	70.00	164.95	9.22	244.34	61.59
	长治市	40.20	176.20	0.00	300.35	63.87
	运城市	135.50	605.30	27.40	789.70	136.74
	晋城市	30.70	225.30	6.88	218.20	44.77
	总体	276.40	1171.75	67.58	1552.59	306.96

2. 现代农业投入产出效率

2004~2010年不同功能区现代农业生产效率状况见表9-25至表9-31。

表9-25 2004年不同功能区现代农业生产效率状况

功能区		综合效率(crste)	纯技术效率(vrste)	规模效率(scale)	规模报酬
郑州都市区		0.694	0.766	0.906	drs
中原区	开封市	0.788	0.981	0.804	drs
	洛阳市	0.938	1	0.938	drs
	平顶山市	0.697	0.758	0.920	irs
	新乡市	0.647	0.749	0.864	drs
	焦作市	0.835	0.919	0.908	drs
	许昌市	1	1	1	—
	漯河市	0.923	0.925	0.998	drs
	济源市	0.816	1	0.816	irs
	总体	0.778	0.988	0.787	drs
黄淮区	安阳市	0.674	0.730	0.924	drs
	鹤壁市	1	1	1	—
	濮阳市	0.671	0.721	0.932	drs
	商丘市	0.755	0.912	0.828	drs
	周口市	0.729	0.796	0.916	drs
	驻马店市	0.672	0.718	0.937	drs
	聊城市	0.846	0.991	0.854	drs
	菏泽市	0.741	0.879	0.843	drs
	邯郸市	0.695	0.876	0.793	drs
	淮北市	1	1	1	—
	亳州市	1	1	1	—
	宿州市	0.903	0.974	0.927	drs
	阜阳市	1	1	1	—
	总体	0.732	1	0.732	drs
南部区	南阳市	1	1	1	—
	信阳市	1	1	1	—
	总体	1	1	1	—
西部区	三门峡市	0.766	0.839	0.913	irs
	长治市	0.702	0.799	0.879	irs
	运城市	0.375	0.383	0.979	drs
	晋城市	0.480	0.539	0.890	drs
	总体	0.548	0.621	0.883	drs

注：crste为综合效率，vrste为纯技术效率，scale为规模效率；drs表示规模报酬递减，-表示规模报酬不变，irs表示规模报酬递增。下同。

表9-26 2005年不同功能区现代农业生产效率状况

功能区		综合效率(crste)	纯技术效率(vrste)	规模效率(scale)	规模报酬
郑州都市区		0.797	0.810	0.984	drs
中原区	开封市	0.911	1	0.911	drs
	洛阳市	1	1	1	—
	平顶山市	0.777	0.813	0.957	irs
	新乡市	0.704	0.771	0.914	drs
	焦作市	0.973	0.989	0.983	drs
	许昌市	1	1	1	—
	漯河市	0.928	0.939	0.989	irs
	济源市	0.941	1	0.941	irs
	总体	0.862	1	0.862	drs
黄淮区	安阳市	0.718	0.745	0.964	drs
	鹤壁市	1	1	1	—
	濮阳市	0.752	0.763	0.985	drs
	商丘市	0.799	0.921	0.868	drs
	周口市	0.740	0.825	0.897	drs
	驻马店市	0.660	0.704	0.938	drs
	聊城市	0.863	0.984	0.877	drs
	菏泽市	0.759	0.875	0.868	drs
	邯郸市	0.843	0.928	0.908	drs
	淮北市	—	—	—	—
	亳州市	—	—	—	—
	宿州市	—	—	—	—
	阜阳市	—	—	—	—
	总体	0.451	1	0.451	drs
南部区	南阳市	1	1	1	—
	信阳市	1	1	1	—
	总体	1	1	1	—
西部区	三门峡市	0.784	0.907	0.864	irs
	长治市	—	—	—	—
	运城市	—	—	—	—
	晋城市	—	—	—	—
	总体	0.784	0.907	0.864	irs

表 9-27 2006年不同功能区现代农业生产效率状况

功能区		综合效率(crste)	纯技术效率(vrste)	规模效率(scale)	规模报酬
郑州都市区		0.806	0.815	0.988	drs
中原区	开封市	0.897	0.958	0.936	drs
	洛阳市	1	1	1	—
	平顶山市	0.759	0.793	0.956	irs
	新乡市	0.705	0.782	0.902	drs
	焦作市	0.944	0.945	0.998	drs
	许昌市	1	1	1	—
	漯河市	0.940	0.957	0.981	irs
	济源市	1	1	1	—
	总体	0.868	1	0.868	drs
黄淮区	安阳市	0.728	0.763	0.954	drs
	鹤壁市	1	1	1	—
	濮阳市	0.749	0.754	0.994	drs
	商丘市	0.807	0.915	0.881	drs
	周口市	0.769	0.832	0.923	drs
	驻马店市	0.689	0.732	0.941	drs
	聊城市	0.817	0.966	0.846	drs
	菏泽市	0.759	0.896	0.847	drs
	邯郸市	0.869	0.922	0.943	drs
	淮北市	—	—	—	—
	亳州市	—	—	—	—
	宿州市	—	—	—	—
	阜阳市	—	—	—	—
	总体	0.465	1	0.465	drs
南部区	南阳市	1	1	1	—
	信阳市	1	1	1	—
	总体	1	1	1	—
西部区	三门峡市	0.769	0.926	0.831	irs
	长治市	—	—	—	—
	运城市	—	—	—	—
	晋城市	—	—	—	—
	总体	0.769	0.926	0.831	irs

表 9-28 2007 年不同功能区现代农业生产效率状况

功能区		综合效率(crste)	纯技术效率(vrste)	规模效率(scale)	规模报酬
郑州都市区		0.771	0.807	0.956	drs
中原区	开封市	0.828	0.882	0.940	drs
	洛阳市	1	1	1	—
	平顶山市	0.742	0.775	0.958	irs
	新乡市	0.774	0.856	0.904	drs
	焦作市	0.945	0.947	0.999	drs
	许昌市	1	1	1	—
	漯河市	0.839	0.861	0.975	irs
	济源市	1	1	1	—
	总体	0.844	1	0.844	drs
黄淮区	安阳市	0.774	0.814	0.951	drs
	鹤壁市	1	1	1	—
	濮阳市	0.705	0.706	0.999	—
	商丘市	0.834	0.942	0.885	drs
	周口市	0.757	0.816	0.928	drs
	驻马店市	0.681	0.728	0.936	drs
	聊城市	0.848	1	0.848	drs
	菏泽市	0.800	0.956	0.836	drs
	邯郸市	0.909	0.990	0.919	drs
	淮北市	—	—	—	—
	亳州市	—	—	—	—
	宿州市	—	—	—	—
	阜阳市	—	—	—	—
	总体	0.766	1	0.766	drs
南部区	南阳市	1	1	1	—
	信阳市	1	1	1	—
	总体	1	1	1	—
西部区	三门峡市	0.810	1	0.810	irs
	长治市	0.553	0.758	0.729	irs
	运城市	0.356	0.362	0.983	irs
	晋城市	0.457	0.485	0.942	drs
	总体	0.512	0.548	0.935	drs

表 9-29 2008 年不同功能区现代农业生产效率状况

功能区		综合效率(crste)	纯技术效率(vrste)	规模效率(scale)	规模报酬
郑州都市区		0.836	0.907	0.922	drs
中原区	开封市	0.793	0.830	0.956	drs
	洛阳市	1	1	1	—
	平顶山市	0.784	0.798	0.983	irs
	新乡市	0.764	0.844	0.905	drs
	焦作市	0.967	0.974	0.993	drs
	许昌市	1	1	1	—
	漯河市	0.936	0.964	0.971	irs
	济源市	1	1	1	—
	总体	0.846	1	0.846	drs
黄淮区	安阳市	0.789	0.813	0.969	drs
	鹤壁市	1	1	1	—
	濮阳市	0.752	0.754	0.997	drs
	商丘市	0.760	0.867	0.877	drs
	周口市	0.749	0.855	0.876	drs
	驻马店市	0.645	0.759	0.850	drs
	聊城市	0.813	0.967	0.840	drs
	菏泽市	0.707	0.878	0.806	drs
	邯郸市	0.864	0.938	0.921	drs
	淮北市	0.497	1	0.497	irs
	亳州市	0.498	0.508	0.979	irs
	宿州市	1	1	1	—
	阜阳市	0.067	0.071	0.945	drs
	总体	0.628	1	0.628	drs
南部区	南阳市	0.866	0.983	0.881	drs
	信阳市	1	1	1	—
	总体	0.911	1	0.911	drs
西部区	三门峡市	0.909	1	0.909	irs
	长治市	0.503	0.634	0.794	irs
	运城市	0.331	0.331	0.999	—
	晋城市	0.433	0.454	0.954	drs
	总体	0.499	0.554	0.901	drs

表9-30 2009年不同功能区现代农业生产效率状况

功能区		综合效率(crste)	纯技术效率(vrste)	规模效率(scale)	规模报酬
郑州都市区		0.757	0.776	0.976	drs
中原区	开封市	0.872	0.938	0.929	drs
	洛阳市	1	1	1	—
	平顶山市	0.724	0.744	0.974	irs
	新乡市	0.643	0.695	0.925	drs
	焦作市	0.863	0.874	0.988	drs
	许昌市	1	1	1	—
	漯河市	0.905	0.932	0.971	irs
	济源市	0.882	1	0.882	irs
	总体	0.818	1	0.818	drs
黄淮区	安阳市	0.759	0.806	0.942	drs
	鹤壁市	1	1	1	—
	濮阳市	0.628	0.630	0.997	irs
	商丘市	0.784	0.904	0.866	drs
	周口市	0.776	0.848	0.915	drs
	驻马店市	0.654	0.775	0.844	drs
	聊城市	0.831	0.981	0.847	drs
	菏泽市	0.719	0.883	0.815	drs
	邯郸市	0.857	1	0.857	drs
	淮北市	1	1	1	—
	亳州市	0.859	0.863	0.995	irs
	宿州市	1	1	1	—
	阜阳市	1	1	1	—
	总体	0.773	1	0.773	drs
南部区	南阳市	0.895	1	0.895	drs
	信阳市	1	1	1	—
	总体	0.929	1	0.929	drs
西部区	三门峡市	0.843	1	0.843	irs
	长治市	0.524	0.631	0.830	irs
	运城市	0.480	0.491	0.979	irs
	晋城市	0.674	0.714	0.944	drs
	总体	0.616	0.706	0.872	drs

表9-31　2010年不同功能区现代农业生产效率状况

功能区		综合效率(crste)	纯技术效率(vrste)	规模效率(scale)	规模报酬
郑州都市区		0.877	0.878	0.999	drs
中原区	开封市	1	1	1	—
	洛阳市	1	1	1	—
	平顶山市	0.754	0.768	0.981	drs
	新乡市	0.828	0.847	0.977	drs
	焦作市	0.936	0.946	0.990	irs
	许昌市	1	1	1	—
	漯河市	0.898	0.917	0.979	irs
	济源市	0.939	1	0.939	irs
	总体	0.891	1	0.891	drs
黄淮区	安阳市	0.772	0.775	0.996	drs
	鹤壁市	1	1	1	—
	濮阳市	0.733	0.739	0.992	irs
	商丘市	0.858	0.900	0.954	drs
	周口市	0.823	0.874	0.942	drs
	驻马店市	0.697	0.737	0.947	drs
	聊城市	0.852	0.858	0.993	drs
	菏泽市	1	1	1	—
	邯郸市	0.999	1	0.999	drs
	淮北市	0.673	0.679	0.992	irs
	亳州市	0.623	0.625	0.996	drs
	宿州市	0.746	0.757	0.985	drs
	阜阳市	0.713	0.778	0.917	drs
	总体	0.777	1	0.777	drs
南部区	南阳市	0.870	0.922	0.944	drs
	信阳市	1	1	1	—
	总体	0.920	1	0.920	drs
西部区	三门峡市	1	1	1	—
	长治市	1	1	1	—
	运城市	0.694	0.698	0.994	drs
	晋城市	0.544	0.552	0.985	irs
	总体	0.655	0.698	0.938	drs

3. 现代农业产能损失与投入冗余估计

2004~2010年不同功能区现代农业产能损失与投入冗余估计见表9-32至表9-38。

表9-32 2004年不同功能区现代农业产能损失与投入冗余估计

功能区		产出增量		投入冗余			
		绝对值（亿元）	相对值（%）	农机总动力（万千瓦）	化肥施用折纯量（万吨）	作物播种面积（千公顷）	农业从业人员（万人）
郑州都市区		19.24	30.49	149.14	1.18	0	0
中原区	开封市	1.90	1.95	301.38	0	67.16	0
	洛阳市	0	0	0	0	0	0
	平顶山市	19.35	31.95	0	5.35	0	28.23
	新乡市	26.50	33.59	290.82	3.19	0	0
	焦作市	4.60	8.76	122.75	4.96	0	0
	许昌市	0	0	0	0	0	0
	漯河市	4.14	8.11	0	0	22.79	0
	济源市	0	0	0	0	0	0
	总体	6.32	1.20	787.39	0	0	0
黄淮区	安阳市	29.65	37.08	134.81	0	0	0
	鹤壁市	0	0	0	0	0	0
	濮阳市	21.67	38.78	99.72	2.63	0	0
	商丘市	15.51	9.69	440.48	0	73.59	0
	周口市	47.79	25.70	283.46	0	0	0
	驻马店市	61.82	39.36	259.27	0.39	0	0
	聊城市	1.10	0.93	606.07	6.59	119.17	0
	菏泽市	18.92	13.80	621.76	2.33	246.12	0
	邯郸市	19.81	14.13	555.32	0	0	77.01
	淮北市	0	0	0	0	0	0
	亳州市	0	0	0	0	0	0
	宿州市	3.36	2.69	40.75	0	21.52	67.71
	阜阳市	0	0	0	0	0	0
	总体	0	0	0	0	0	0
南部区	南阳市	0	0	0	0	0	0
	信阳市	0	0	0	0	0	0
	总体	0	0	0	0	0	0
西部区	三门峡市	5.54	19.26	0	0	0	4.99
	长治市	7.73	25.17	0	29.14	5.06	0
	运城市	21.36	161.35	26.01	17.46	2.72	0
	晋城市	42.29	85.42	198.39	66.67	0	0
	总体	74.74	61.15	458.20	107.89	0	0

表9-33 2005年不同功能区现代农业产能损失与投入冗余估计

功能区		产出增量			投入冗余		
		绝对值（亿元）	相对值（%）	农机总动力（万千瓦）	化肥施用折纯量（万吨）	作物播种面积（千公顷）	农业从业人员（万人）
郑州都市区		23.52	17.02	119.16	4.22	0	5.55
中原区	开封市	0	0	0	0	0	0
	洛阳市	0	0	0	0	0	0
	平顶山市	23.07	15.45	0	7.47	0	56.01
	新乡市	29.78	26.51	260.57	12.06	0	0
	焦作市	1.07	0.62	116.25	7.12	0	12.42
	许昌市	0	0	0	0	0	0
	漯河市	6.55	3.78	0	0.50	0	0
	济源市	0	0	0	0	0	0
	总体	0	0	0	0	0	0
黄淮区	安阳市	34.27	30.31	63.65	2.55	0	4.36
	鹤壁市	0	0	0	0	0	0
	濮阳市	31.11	19.43	99.46	7.48	0	15.15
	商丘市	8.56	16.10	297.67	0	0	0
	周口市	21.27	43.66	0	1.18	0	16.39
	驻马店市	41.97	71.43	153.54	0.10	0	0
	聊城市	1.62	2.10	578.65	2.65	106.94	0
	菏泽市	14.35	22.19	633.46	1.30	231.74	0
	邯郸市	7.72	12.20	415.06	5.47	0	104.72
	淮北市	—	—	—	—	—	—
	亳州市	—	—	—	—	—	—
	宿州市	—	—	—	—	—	—
	阜阳市	—	—	—	—	—	—
	总体	0	0	0	0	0	0
南部区	南阳市	0	0	0	0	0	0
	信阳市	0	0	0	0	0	0
	总体	0	0	0	0	0	0
西部区	三门峡市	10.28	3.40	0	0	0	13.66
	长治市	—	—	—	—	—	—
	运城市	—	—	—	—	—	—
	晋城市	—	—	—	—	—	—
	总体	10.28	3.40	0	0	0	13.66

表 9-34 2006年不同功能区现代农业产能损失与投入冗余估计

功能区		产出增量		投入冗余			
		绝对值（亿元）	相对值（%）	农机总动力（万千瓦）	化肥施用折纯量（万吨）	作物播种面积（千公顷）	农业从业人员（万人）
中原区	郑州都市区	17.44	22.63	116.92	58181.57	0	0
	开封市	5.81	4.43	220.73	0	0	0
	洛阳市	0	0	0	0	0	0
	平顶山市	19.13	26.04	0	126641.80	0	34.02
	新乡市	27.13	27.82	249.54	133909.15	0	0
	焦作市	3.60	5.80	102.28	88762.02	0	5.01
	许昌市	0	0	0	0	0	0
	漯河市	2.84	4.47	0	0	0	0
	济源市	0	-0.03	0	0	0	0
	总体	0	0	0	0	0	0
黄淮区	安阳市	30.31	30.97	118.24	76609.00	0	0
	鹤壁市	0	0.01	0	0	0	0
	濮阳市	22.00	32.66	87.00	81587.21	0	0
	商丘市	19.21	9.26	436.69	0	0	0
	周口市	45.27	20.12	59.78	11935.77	0	0
	驻马店市	67.62	36.64	262.33	6007.64	0	0
	聊城市	4.82	3.47	550.08	0	83.67	0
	菏泽市	19.30	11.60	632.37	20975.62	267.49	0
	邯郸市	14.70	8.51	490.34	74760.54	0	70.27
	淮北市	—	—	—	—	—	—
	亳州市	—	—	—	—	—	—
	宿州市	—	—	—	—	—	—
	阜阳市	—	—	—	—	—	—
	总体	0	0	0	0	0	0
南部区	南阳市	0	0	0	0	0	0
	信阳市	0	0	0	0	0	0
	总体	0	0	0	0	0	0
西部区	三门峡市	2.96	8.02	0	9202.37	0	11.15
	长治市	—	—	—	—	—	—
	运城市	—	—	—	—	—	—
	晋城市	—	—	—	—	—	—
	总体	2.96	8.02	0	9202.37	0	11.15

表 9-35 2007 年不同功能区现代农业产能损失与投入冗余估计

功能区		产出增量		投入冗余			
		绝对值(亿元)	相对值(%)	农机总动力(万千瓦)	化肥施用折纯量(万吨)	作物播种面积(千公顷)	农业从业人员(万人)
中原区	郑州都市区	19.01	23.95	116.40	6.13	0	0
	开封市	18.23	13.44	138.30	0	9.83	0
	洛阳市	0	0	0	0	0	0
	平顶山市	23.42	29.05	0	13.07	0	25.37
	新乡市	18.61	16.82	70.56	17.70	0	0
	焦作市	3.90	5.65	110.14	9.89	0	0
	许昌市	0	0	0	0	0	0
	漯河市	9.60	16.16	0	1.12	0	0
	济源市	0	0	0	0	0	0
	总体	0	0	0	0	0	0
黄淮区	安阳市	25.64	22.92	115.71	8.60	0	0
	鹤壁市	0	0	0	0	0	0
	濮阳市	30.03	41.69	76.11	10.15	0	0
	商丘市	13.72	6.12	345.11	0	0	0
	周口市	54.84	22.61	0	1.11	0	0
	驻马店市	72.53	37.45	232.94	0	0	0
	聊城市	0	0	0	0	0	0
	菏泽市	8.35	4.59	245.87	3.20	235.21	0
	邯郸市	2.13	1.02	509.96	5.79	0	31.18
	淮北市	—	—	—	—	—	—
	亳州市	—	—	—	—	—	—
	宿州市	—	—	—	—	—	—
	阜阳市	—	—	—	—	—	—
	总体	0	0	0	0	0	0
南部区	南阳市	0	0	0	0	0	0
	信阳市	0	0	0	0	0	0
	总体	0	0	0	0	0	0
西部区	三门峡市	0	0	0	0	0	0
	长治市	9.85	31.90	0	27.71	195.01	14.57
	运城市	28.42	175.96	0	17.14	16.00	0
	晋城市	66.98	106.18	99.58	53.82	0	0
	总体	125.65	82.54	267.73	82.97	0	0

表 9-36 2008 年不同功能区现代农业产能损失与投入冗余估计

功能区		产出增量		投入冗余			
		绝对值（亿元）	相对值（%）	农机总动力（万千瓦）	化肥施用折纯量（万吨）	作物播种面积（千公顷）	农业从业人员（万人）
郑州都市区		9.70	10.25	145.58	0.74	48.81	0
中原区	开封市	31.41	20.45	152.58	0.69	23.22	0
	洛阳市	0	0	0	0	0	0
	平顶山市	25.72	25.37	0	14.52	0	38.12
	新乡市	24.20	18.47	237.52	21.21	118.22	0
	焦作市	2.20	2.65	108.52	10.31	0	8.72
	许昌市	0	0	0	0	0	0
	漯河市	2.95	3.76	0	0	24.96	0
	济源市	0	0	0	0	0	0
	总体	0	0	0	0	0	0
黄淮区	安阳市	32.46	22.93	78.20	15.12	21.71	0
	鹤壁市	0	0	0	0	0	0
	濮阳市	29.50	32.61	67.13	10.20	0	41.38
	商丘市	38.94	15.29	161.57	4.94	71.56	0
	周口市	50.72	17.01	0	2.92	0	16.34
	驻马店市	71.93	31.77	232.59	10.78	266.40	0
	聊城市	6.33	3.39	439.84	10.37	214.81	0
	菏泽市	27.19	13.91	583.41	12.26	504.59	0
	邯郸市	15.24	6.59	546.06	4.42	0	28.77
	淮北市	0	0	0	0	0	0
	亳州市	11.52	96.71	498.15	0	0	298.34
	宿州市	0	0	0	0	0	0
	阜阳市	213.25	1304.26	0	0	0	312.78
	总体	0	0	0	0	0	0
南部区	南阳市	5.95	1.73	0	9.20	187.49	0
	信阳市	0	0	0	0	0	0
	总体	0	0	0	0	0	0
西部区	三门峡市	0	0	0	0	0	0
	长治市	18.45	57.71	0	28.90	54.86	5.92
	运城市	35.71	201.76	8.60	18.23	0	0
	晋城市	87.47	120.47	124.31	58.81	33.72	0
	总体	142.50	80.49	33.58	94.59	0	6.65

表 9-37 2009年不同功能区现代农业产能损失与投入冗余估计

功能区		产出增量		投入冗余			
		绝对值（亿元）	相对值（%）	农机总动力（万千瓦）	化肥施用折纯量（万吨）	作物播种面积（千公顷）	农业从业人员（万人）
	郑州都市区	29.82	28.92	75.26	0	0	0
中原区	开封市	11.09	6.58	192.73	0	44.44	0
	洛阳市	0	0	0	0	0	0
	平顶山市	36.31	34.47	0	11.72	0	0
	新乡市	57.79	43.85	0	11.23	0	0
	焦作市	12.37	14.45	43.09	3.98	0	0
	许昌市	0	0	0	0	0	0
	漯河市	5.76	7.31	0	0	10.09	0
	济源市	0	0	0	0	0	0
	总体	0	0	0	0	0	0
黄淮区	安阳市	34.27	24.08	0	3.92	0	0
	鹤壁市	0	0	0	0	0	0
	濮阳市	55.11	58.76	0	1.44	0	0
	商丘市	28.63	10.57	0	8.13	0	0
	周口市	57.23	17.99	0	1.95	0	0
	驻马店市	68.57	29.09	393.24	2.61	113.40	0
	聊城市	3.78	1.90	459.15	0	94.68	0
	菏泽市	27.22	13.26	643.59	0	375.74	0
	邯郸市	0	0	0	0	0	0
	淮北市	0	0	0	0	0	0
	亳州市	19.51	15.88	29.15	0	0	4.26
	宿州市	0	0	0	0	0	0
	阜阳市	0	0	0	0	0	0
	总体	0	0	0	0	0	0
南部区	南阳市	0	0	0	0	0	0
	信阳市	0	0	0	0	0	0
	总体	0	0	0	0	0	0
西部区	三门峡市	0	0	0	0	0	0
	长治市	20.63	58.49	0	1.74	19.67	0
	运城市	26.95	103.75	0	0	116.02	0
	晋城市	45.62	39.99	162.86	0	110.50	0
	总体	96.94	41.62	190.97	0	231.78	0

表 9-38 2010 不同功能区现代农业产能损失与投入冗余估计

功能区		产出增量		投入冗余			
		绝对值（亿元）	相对值（%）	农机总动力（万千瓦）	化肥施用折纯量（万吨）	作物播种面积（千公顷）	农业从业人员（万人）
郑州都市区		17.33	13.91	0	2.84	0	0
中原区	开封市	0	0	0	0	0	0
	洛阳市	0	0	0	0	0	0
	平顶山市	34.63	30.18	0	11.03	0	27.51
	新乡市	28.38	18.06	0	15.92	77.56	0
	焦作市	5.82	5.74	0	0	0	0
	许昌市	0	0	0	0	0	0
	漯河市	7.84	9.04	0	0	0	0
	济源市	0	0	0	0	0	0
	总体	0	0	0	0	0	0
黄淮区	安阳市	46.27	29.09	0	7.80	0	0
	鹤壁市	0	0	0	0	0	0
	濮阳市	38.03	35.33	0	0	0	0
	商丘市	33.35	11.13	0	15.38	51.05	0
	周口市	52.73	14.42	0	0	0	2.25
	驻马店市	103.99	35.78	0	2.11	21.24	0
	聊城市	36.59	16.51	0	1.58	0	0
	菏泽市	0	0	0	0	0	0
	邯郸市	0	0	0	0	0	0
	淮北市	19.13	47.35	0	0	57.28	0
	亳州市	82.19	59.92	0	0	207.72	0
	宿州市	58.33	32.14	13.65	0	86.21	0
	阜阳市	56.39	28.58	0	0	199.97	54.49
	总体	0	0	0	0	0	0
南部区	南阳市	34.07	8.49	0	3.84	0	0
	信阳市	0	0	0	0	0	0
	总体	0	0	0	0	0	0
西部区	三门峡市	0	0	0	0	0	0
	长治市	0	0	0	0	0	0
	运城市	58.54	43.20	0	0	61.24	0
	晋城市	24.93	81.20	11.53	0	0	0
	总体	119.42	43.20	0	0	0	0.40

4. 计量结果分析

从计量结果可以看出，不同功能区现代农业发展的资源要素投入数量、产出水平、生产效率，以及要素节约与产能提升状况各不相同，并且时序变化趋异明显。

时间追溯至2004年，中原经济区现代农业发展的重点区域及区域内重点市区业已显现。其中，黄淮区及其所属的商丘、周口、驻马店等市区在现代农业投入产出总量上位居前列，中原区及其所属的开封、洛阳、许昌等市区以及南部区的信阳市与南阳市的总量水平较高，总量贡献地位也比较突出。将各功能区中的不同地区作为决策单元，借助数据包络分析法对其投入产出的技术效率可进行相对效率比较。结果显示，相对有效率的区分别是中原区的许昌市，黄淮区的鹤壁市、淮北市、亳州市与阜阳市，南部区的南阳市与信阳市，而其他区则不同程度地面临技术效率或规模效率损失，依次呈现从相对有效率向边缘无效率、明显无效率递变，黄淮区与西部区为效率损失的低谷区。对于黄淮区现代农业投入产出总量水平高而综合效率较差的情形，应予以特别关注。基于产出导向DEA效率估计，还能够评价各功能区及其内部各区的产能提升空间与投入冗余程度。据此，以相对有效率区域为参照，其他各功能区及内部各区在产出至少不减少的前提下，测度产能增长或资源要素投入节约的潜力。一般而言，技术效率低下、规模经济报酬不佳的决策单元，偏离资源要素的合理配置与有效利用，效率潜在优势未得到充分发挥，故而产能增加与投入节约利用的绝对量和相对值均高。其中，黄淮区与西部区增产节投的空间相对较大，两类功能区内部产能增长或投入节约潜力较大的市区较多。从分项投入冗余度来看，以农业机械总动力为最甚，而后依次是农用化肥施用折纯量、农作物播种面积及农业从业人员。上述投入项冗余情形集中分布于黄淮区的安阳市、濮阳市、商丘市、驻马店市、聊城市、菏泽市、邯郸市，以及西部区的长治市、晋城市、运城市，投入项冗余的普遍性与严重性程度均较高，资源要素投入远未达到有效利用状态。值得注意的是，偏离相对有效率状态的各个地区，绝大多数已处于规模报酬递减状态。由此可得出如下论断：该时期各地区的生产效率损失源于经营规模偏离最优状态且资源要素未予有效利用，调适经营规模、改进生产技术、优化要素配置、化解投入冗余，是该阶段提高综合生产效率的关键。

历经期间的动态变化，各功能区在资源要素投入（除劳动要素外）与产出水平上，均有不同程度的增加，且产出增加的幅度明显高于资源要素投入增加的幅度。比较而言，郑州都市区、中原区以及西部区资源要素投入产出增加的幅度较高。与此同时，各功能区的生产效率相对情况也发生了相应变化。至2010年，现代农业发展的重点区与优势区发生了新变化。其中，黄淮区、中原区、南部区现代农业的投入产出总量水平虽仍然居高，但黄淮区与南部区同比增长速度略慢于其他区域，使其在中原经济区农业总量产出贡献中的相对重要性有所下降。就各功能区内部而言，中原区的许昌市、黄淮区的鹤壁市与南部区的信阳市，依然保持相对有效率优势，而中原区的开封市与洛阳市、黄淮区的菏泽市，以及西部区的三门峡市与长治市则跻身于相对有效率优势状态。原处于边缘无效率或明显无效率的各功能区及市区，其效率损失（尤其是规模效率损失）状况有明显改观。其中，除中原区、黄淮区的规模效率较低（分别仅为0.891、0.777）外，其他功能区及其内部区（也包括中原区、黄淮区的部分地区）的规模效率趋优，接近或达到规模报酬最佳水平。就技术效率损失而言，黄淮区与西部区仍然处于"洼地"，特别是黄淮区的安阳市、濮阳市、驻马店市、淮北市、亳州市、宿州市、阜阳市，以及西部区的晋城市、运城市等地区，仍然呈现技术效率偏离有效率的状态，上述部分地区为"老字号"的边缘无效率，而部分地区为该家族"新成员"。同样，以相对有效率功能区作为参照，面临技术效率损失的各功能区及其所属市区的产能潜力释放与资源要素优化配置的空间更大。也就是说，黄淮区与西部区是农业增加值增长的潜力区。从投入冗余情况来看，农用化肥的过量使用与农作物播种面积冗余问题凸显，农业从业人员也存在一定程度的冗余，而农业机械总动力的冗余倾向大为缓解，除黄淮区的宿州市、西部区的晋城市外，几无农业机械总动力的过量投入。综合分析生产效率区的成因发现，高产出贡献未必能实现高产值收益，农林牧渔业中农作（特别是其中的粮作）比重居高，将使其生产效率处于劣势，黄淮区正是该类型区域的典型代表。如何在产出持续增长的基础上，实现该类型区域生产效率的优化，是协调国家战略目标实现与区域经济可持续发展的关键。

四 中原经济区不同功能区全要素生产率比较

表9-39中，从不同功能区现代农业全要素生产率变化的情况来看，整个中原经济区现代农业投入产出的整体绩效在下滑，由TFPCH反映的全要素生产率降幅高达15.6%，主要是由于技术进步率下降所致（降幅为20.1%）。分不同功能区来看，TFPCH大于1

表9-39 2004~2010年不同功能区现代农业全要素生产率变化

功能区		EFFCH	TECHCH	PECH	SECH	TFPCH
郑州都市区		1.263	0.863	1.146	1.103	1.090
中原区	开封市	1.269	0.777	1.020	1.244	0.986
	洛阳市	1.066	0.801	1	1.066	0.854
	平顶山市	1.081	0.772	1.014	1.067	0.834
	新乡市	1.280	0.883	1.132	1.131	1.130
	焦作市	1.121	0.867	1.029	1.090	0.971
	许昌市	1	0.846	1	1	0.846
	漯河市	0.973	0.845	0.991	0.981	0.822
	济源市	1.153	0.786	1	1.153	0.906
	总体	1.146	0.843	1.012	1.132	0.966

续表

功能区		EFFCH	TECHCH	PECH	SECH	TFPCH
黄淮区	安阳市	1.145	0.846	1.062	1.078	0.969
	鹤壁市	1	0.839	1	1	0.839
	濮阳市	1.092	0.842	1.026	1.065	0.920
	商丘市	1.137	0.853	0.987	1.152	0.969
	周口市	1.129	0.847	1.099	1.028	0.956
	驻马店市	1.038	0.863	1.026	1.011	0.895
	聊城市	1.008	0.892	0.866	1.163	0.898
	菏泽市	1.350	1.173	1.138	1.186	1.583
	邯郸市	1.437	0.836	1.141	1.259	1.202
	淮北市	0.673	0.342	0.679	0.992	0.231
	亳州市	0.623	0.640	0.625	0.996	0.398
	宿州市	0.826	0.816	0.777	1.063	0.674
	阜阳市	0.724	0.557	0.778	0.931	0.403
	总体	1.062	0.839	1	1.062	0.891
南部区	南阳市	0.870	0.767	0.922	0.944	0.668
	信阳市	1	0.781	1	1	0.781
	总体	0.920	0.773	1	0.920	0.711
西部区	三门峡市	1.306	0.816	1.193	1.095	1.066
	长治市	0.714	0.831	0.660	1.082	0.593
	运城市	1.853	0.862	1.825	1.016	1.598
	晋城市	1.167	0.801	1.080	1.081	0.935
	总体	1.196	0.855	1.125	1.063	1.022
总体		1.056	0.799	0.992	1.064	0.844

注：2004年的投入产出值根据各地市2005年的统计年鉴计算得来，其中农林牧渔业增加值按照相应的物价指数变化折算成可比价。EFFCH表示固定报酬规模下的技术效率变化指数，TECHCH表示技术进步变化指数，PECH表示在变化的报酬规模下技术效率变化指数，SECH表示规模效率变化指数，TFPCH表示莫氏生产率变化指数。

的仅仅有郑州都市区与西部区，而中原区、黄淮区的TFPCH分别为0.966、0.891，现代农业投入产出的整体绩效下降趋势明显，而南部区的TFPCH仅为0.711，全要素生产率降幅高达28.9%，绩效下滑最为严重。就各功能区所包括的不同地区而言，全要素生产率有所提升的地区主要集中于郑州都市区与西部区，如郑州市、三门峡市与运城市。全要素生产率下降的地区则主要分布于中原区、黄淮区与南部区，其中全要素生产率降幅较大的地区（淮北市、亳州市、宿州市、阜阳市、南阳市、信阳市）多处于黄淮区与南部区，是导致整个中原经济区全要素生产率下降的主因。同样，现代农业投入产出绩效降幅较大的地区，技术进步率的大幅降低是引起全要素生产率趋减的直接原因，其中部分地区在技术效率与规模效率上的改善，在一定程度上平抑了其全要素生产率下降趋势。

对照对现代农业微观主体的分析发现，在农户层面的高效与区域及产业层面的效率"损失"及"滑坡"现象值得深思。其中引申的政策意义重大，即中原经济区现代农业发展的高产出与高产值的一致性问题，在宏观层面与微观层面的激励效应能否在"三化"协调发展中得以实现，尚待深入研究。

五　小结

按照主体功能区的原理、规律与方法促进中原经济区现代农业发展，符合现代农业区域发展、地区分工、突出优势、协调发展的经济社会规律。研究表明，中原经济区现代农业发展在全国七大农业主产区中处于重要地位。依据主体功能区理论对中原经济区划分的五大农业区，现代农业发展水平趋异。郑州城市圈都市农业区的技术装备程度、中原城市群外围高效农业区的机械化和化学化以及黄淮海现代农业特区的水利化都居于较高水平，而南部养护型特色农业区与西部防护型生态农业区的农业投入水平总体偏低。五大功能区投入产出的综合效率并未完全随其投入强度正向变化，而是与其农作经营类型高度相关。以粮作经营为主体的黄淮海现代农业特区和南部养护型特色农业区生产效率处于劣势，而其他区则趋优，尤其是西部防护型生态农业区。总体上，五大功能区全要素生产率在下滑，其所蕴涵的政策含义有以下几点。

第一，中原经济区需要协调好国家层面与省级层面战略定位的关系。按照国务院主体功能区的划分，中原经济区现代农业发展的两大功能定位是国家粮食安全保障和生态安全屏障。而具体到中原经济区现代农业主体功能区划上，除执行国家层面的两大功能保障外，还应该强调农业功能的拓展及农业现代化对工业化与城镇化的支持作用。

第二，中原经济区不同主体功能区应采用不同机制推动现代农业发展。在郑州城市圈都市农业区，深化农业市场改革，以达到较高水平的市场对农业资源的基础性配置。在中原城市群外围高效农业区，则强调农业技术创新的推动作用，以深化农业产业化，拓展农业一体化。在黄淮海现代农业特区，特殊的制度创新应体现在粮食生产的规模化经营与增加农民粮食生产的积极性上。在南部养护型特色农业区和西部防护型生态农业区，制度创新应体现在促进保护性耕作和对生态农业的补偿上。

第三，中原经济区现代农业建设要遵循突出重点、梯次推进、协调发展的原则。郑州城市圈都市农业区资源要素集聚、产业发展集中、高新企业集群优势突出，可为其他功能区提供全产业链的科技服务支撑与示范传导功能。中原城市群外围高效农业区处于区域发展中心与核心农区的过渡地带，亟须探索"以工促农、以城带乡"的现代农业模式，引导科技与服务从中心向外围辐射。黄淮海现代农业特区在提升粮食产能与保障粮食安全上潜能大，需要予以政策倾斜，发挥主体承载区的作用。南部养护型特色农业区和西部防护型生态农业区应聚焦到特色农业与生态功能保障上，通过拓展农业多功能价值空间来促进现代农业的可持续发展。

第十章
中原经济区现代农业发展对"三化"协调的影响

第一节 现代农业与农业现代化、工业化、城镇化的协同关系

工业化、城镇化和农业现代化的协调关系就如同"短板效应",水桶盛水的多少,并不取决于最长的那块木板,而是取决于最短的那块木板。长期以来,我国经济社会受工农、城乡非均衡发展的影响,"三化"发展并不协调,而影响其协调发展的"短板"就是农业现代化。工业化与城镇化需要农业现代化的保障,而农业现代化也需要工业化与城镇化的带动,三者必须保持动态平衡。如何改善"三化"关系,落脚点在于农业,即依靠现代农业的发展思路提升农业现代化水平。中原经济区作为主体功能区中的重点开发区,其内部又重叠于限制开发区中的农业主产区,应成为先行先试的基地。

基于主体功能区划理论发展现代农业,就是根据不同区域农业的自然条件、技术基础、国家区域发展战略、区域经济社会发展状况等因素,结合不同区域农业发展的历史传统,所划定的体现功能分化、层次差异和协调发展的若干农业功能分区的总称。依据主体

功能区划构建中原经济区现代农业,从微观角度讲,就是各主体功能区现代农业的特色发展,这种现代农业的发展模式将促使各主体功能区依靠各自的农业特色,建立围绕特色农产品的现代农业产业体系;从宏观角度讲,就是整合各主体功能区农业资源禀赋,搞好区内、区间的统筹协调与分工协作,将整个中原经济区现代农业发展分解成个性化、可持续化的现代农业发展模式。一方面,可以避免农业市场信息的滞后所造成的整个农业市场跟风式的生产,防止出现"蒜你狠""内蒙古马铃薯滞卖"等损害农民生产、生活的事件,降低农业生产风险;另一方面,农业作为国民经济的基础,是产业链条下游的工业、服务业等第二、第三产业生产要素的供应主体,同时,作为产业物质载体的城镇,其发展也离不开农业源源不断地提供生活必需品。总之,主体功能区现代农业的个性化发展与"三化"协调之间存在共生的关系。

一 现代农业与农业现代化

现代农业是相对于传统农业而言的,是通过广泛应用科学技术、现代工业提供的生产资料和科学管理方法进行的社会化农业。相对于农业现代化而言,现代农业从动态角度分析农业生产、经营、管理等方式的转变,而农业现代化则是实现这一转变的手段和过程,无论是现代农业还是农业现代化,其内涵都是一致的。原国家科学技术委员会发布的中国农业科学技术政策,将现代农业的内涵分为三个领域来表述:产前领域,包括农业机械、化肥、水利、农药、地膜等;产中领域,包括种植业(含种子产业)、林业、畜牧业(含饲料生产)和水产业;产后领域,包括农产品产后加工、储藏、运输、营销及进出口贸易技术等。产前、产中、产后的分工,不仅是对农业产业链条的纵向延伸,而且还将第二、第三产业融入现代农业的发展过程中。现代农业实现的过程实质上是现代农业产业体系构建的过程，一方面是农业产业体系横向功能扩展，另一方面则是农业产业体系纵向产业链条延伸。就纵向延伸而言，现代农业不再局限于传统的种植业、养殖业等农业部门，还包括了生产资料工业、食品加工业等第二产业以及交通运输、技术和信息服务等第三产业的内容，原有的第一产业扩大到第二产业和第三产业。现代农业成为一个与发展农业相关、为发展农业服务的产业群体。这个围绕着农业生产而形成的庞大的产业群，在市场机制的作用下，与农业现代化生产形成稳定的相互依赖、相互促进的利益共同体。

二 现代农业与工业化

经济史学家保罗·贝罗奇以英国18世纪农业革命为背景撰写的《1700～1914年农业和工业革命》中这样描述：由于当时经济结构单一，无论是农业从业人员还是农业经济实力，都可堪称整个国民经济的主力。农业为工业革命提供了各种必要的发展要素，这些要素包括资金、劳动力和市场。就资金要素而言，保罗·贝罗奇引用保尔·芒图的调查，证明工业化早期的工业企业家大部分来自农村。另外，通过对比各国工业和农业劳动力资本价值，显示出工业资本相对低廉的价值，从而使得对工业的投资对小农和大土地占有者而言，更具有吸引力（董文俊，2008）。就劳动力要素而言，由于传统社会农业从业人员的比重大，农业革命引起的农业生产率水平的提高使更多的劳动力从农业生产中解放出来。古典经济学家亚当·斯密认为，当一个家庭的劳动能为两个家庭提供食品时，全社会劳动的一半就完全可以为整个社会提供足够的食品了，另外一半的劳动力则可以充实到工业化生产中，满足人类更高层次的需求。就市场要素而言，无论是农业生产还是农民生活对非农产品都有需求，而这些需求正是工业产品市场建立的必然条件。可见，前工业时期农业是工业革命产生的主导力量，推动了工业化进程。

而现代社会，农业和工业的地位发生了变革式的转变。德国国民经济学家弗里德里希·李斯特认为，农业生产本质上是受自然条件限制的、维持性的、自给自足的、附加值很低的生产方式，而工业生产则相反，它是一个地区繁荣发展的砝码，工业替代农业成为国民经济的主力。而我国作为农业大国，从2006年到2010年第一产业从业人员比重一直保持在35%以上，是第二产业从业人员的1.5倍左右，但第一产业的生产总值比重却仅为10%左右，大约是第二产业生产总值比重的1/4（见表10-1）。工农产业发展的失衡不仅影响到工业化发展的进程，而且对于"三化"协调发展也有制约效应。因此，相对于粗放式生产的传统农业而言，现代农业的变革将成为继英国18世纪农业革命之后的第二次农业革命，它对于提升农业的产业地位、协调与工业化之间的关系起到至关重要的作用。

表10-1　我国第一、第二产业对比状况

单位：%

指标	2006年	2007年	2008年	2009年	2010年
第一产业从业人员比重	42.6	40.8	39.6	38.1	36.7
第二产业从业人员比重	25.2	26.8	27.2	27.8	28.7
第一产业生产总值比重	11.1	10.8	10.7	10.3	10.1
第二产业生产总值比重	48.0	47.3	47.5	46.3	46.8

资料来源：2007~2011年《中国统计年鉴》。

同传统农业一样，现代农业仍然肩负着为社会生产、生活提供基本生产要素的职能，比如土地、劳动力、原材料等，但现代农业的这种职能不是简单的要素供给，而是基于供给基础上的产业链条的延伸。简单来说，作为产业链条上游部分的农业将生产要素传递给产业链条中游部分的工业制造企业，最终通过市场销售给消费者，这个过程也是农产品实现价值累加的过程。既然是产业链条，它就不仅有信息、物质的从上至下的传输，而且也会产生信息、物质的从下至上的反馈。随着工业工艺的创新和人们物质生活的丰富，对于农产品的供给会提出更加严格的要求，比如质量、重量、品种等，这种需求市场信息的反馈必然会带动农业专业化分工和农业结构的调整，最终提升现代农业的发展水平。作为现代农业，其最大特点就在于农业科学技术的现代化和农业经营管理方式的现代化。现代农业广泛采用先进适用的农业科学技术、生物技术和生产模式，改善农产品的品质，降低生产成本，以适应市场对农产品需求优质化、多样化、标准化的发展趋势；同时也采用先进的经营方式、管理技术和管理手段，使农业生产的产前、产中、产后形成比较完整的紧密联系、有机衔接的产业链条，具有很高的组织化程度。现代农业有相对稳定、高效的农产品销售和加工转化渠道，有高效率的把分散的农民组织起来的组织体系，有高效率的现代农业管理体系。这个由传统农业向现代农业的革命实质上是工业先进科学技术、经营管理理念和资金在农业领域广泛应用的过程，也就是产业链条上信息、物质的从下至上传送的结果。

三　现代农业与城镇化

以改革开放为背景，农村土地承包责任制的改革、经济特区的设立、市场经济体制的施行，使得农业现代化和城镇化进程加快，尤其是城镇化发展势头强劲，但经济的高速增长开始出现城乡差距拉大的"二元"经济问题。以全国城乡收入水平为例，从1985年开始城乡收入差距逐年拉大，到2009年城乡收入差距高达3.33∶1（见图10-1），当年基尼系数为0.49，早已超过0.4的警戒线，作为强势经济体的城镇掠夺农村弱势经济体的财富，造成城乡经济几乎脱轨，"二元"经济问题严重，必将影响到"三化"协调。农村和城镇在社会现代化进程中虽然分工不同，但同样重要，在拓展城镇化规模的基础上不能以牺牲现代农业为代价，否则将会适得其反。所以，必须协调好现代农业与城镇化之间的关系。

中国区域农业发展的动力机制

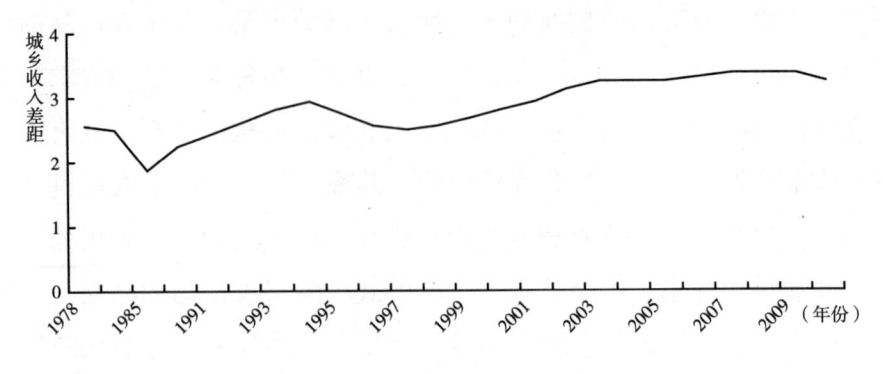

图 10-1　我国城乡收入差距

注：城乡收入差距是按照城镇居民家庭人均可支配收入比农村居民家庭人均纯收入计算所得。

　　自古以来农村就是农业的空间载体，城镇是工业和服务业的空间载体，随着现代化进程的推进，城镇的作用范围逐渐得到扩展。许多工业与农业之间、服务业与农业之间建立了联系紧密的产业链条，源源不断地将农产品、农业文化等作为卖点送入市场，其中城镇就作为产业链条的空间载体发挥作用。城镇化水平直接或间接地决定了市场规模及吞吐量，以及与产业发展相关的劳动力的容纳量。一方面，城镇化水平的提高会促使更多的农产品源源不断地输入市场。以河南省为例，河南省作为农业大省，是全国的粮仓和厨房。2006~2010 年，粮食产量稳定在 5000 万吨以上，连续 8 年创历史新高，连续 11 年居全国首位。充足的粮食产量从战略层面保证了我国的粮食安全，从社会层面解决了全国人民的吃穿问题。2010 年底，河南省各级龙头企业达到 6248 家，12 家企业在国内外上市。农产品加工能力和加工效益显著提高，全省农产品加工企业达到 3.1 万家，面粉、肉类、乳品加工能力分别达 3550 多万吨、700 多万吨和 300 多万吨，火腿肠、味精、面粉、方便面、挂面、面制速冻食品等产量均居全国首位。近年来，农民组织化程度不断提高，目前河南省经工商登记注册的农民专业合作社有 30758 家，合作社统一组织销售的农产品总值达 148.6 亿元，有效带动了农民增收（李晓玮、胡心洁，2011）。现代农业对于产业链条的基础支撑作用功不可没，必须保证农民的生产积极性，源源不断地为现代产业提供生产原料，但城镇作为农产品的消费市场，农产品的供给必须满足城镇居民的多样化需求，这本身就促进了农业内部产业结构和产品结构的优化调整，促进了传统农业向现代农业的迈进。另一方面，城镇化水平的提高和市场规模的扩大会转移更多的农村剩余劳动力。同时，随着现代农业水平的提高，农业耕作不再需要大量的劳动者，大量的剩余劳动力正好迎合产业发展的需要。但需要注意的是，农村人口的转移结构和转移人口到城镇的安置问题如果处理不好，对于农村来说，会造成空巢问题，而对于城镇来说，诸多城市病也会接踵而来。

不容忽视的是，城镇化的发展不仅仅是城镇人民生活质量的提高和基础设施建设的完善，即高度的提升，而且也包括空间的扩展，但城镇土地使用的饱和，必然要向农村要土地，土地问题自然而然地成为处理农业现代化与城镇化之间关系的一个重点。一方面要严格保护耕地特别是基本农田，确保基本农田总量不减少、用途不改变、质量有提高；另一方面要积极稳妥地开展新型农村社区建设试点，提高土地利用效率，保障城镇化建设用地需求。通过这种建设思路，既保证了城镇化建设用地需求，同时也确保了现代农业建设水平不下降。

第二节 现代农业发展对"三化"协调的影响：基于农村劳动力转移视角

农村劳动力的自由合理转移本是市场经济的基本特征，但其发展历程因受各种政策性因素的干扰而显得格外艰辛。改革开放前，政府严格控制城乡之间的人口转移，其实不仅城乡之间，地区之间、企事业单位之间劳动力的自由转移也在控制之中，由此，人口在产业、区域间的转移较少，只有少部分的人口转移是基于政策性因素支援边疆和农村。改革开放后，东南沿海地区先后设立了几个经济特区，大量就业机会促使农村劳动力向东南沿海转移，但随着国企改革步伐的加快，大量城市失业人口的再就业问题又迫使当地政府出台严格的户籍管理制度，再一次切断了农村劳动力向非农产业、向城镇的转移路程。直到20世纪80年代，随着政府户籍管理制度的松动，民工潮才再次兴起，大量农村剩余劳动人口涌向东南沿海地区。不过最近几年，由于中西部地区承接了许多转移产业，东南沿海地区开始出现了"民工荒"，农村劳动力的转移开始出现了回流。农村劳动力的自由合理转移不仅标志着人力资源的市场化，而且也带动了工业化、城镇化和农业现代化的发展。中原经济区的主体在河南省，河南省又是全国"三化"协调的试验区，为此，本章以河南省为例加以分析。

一 农村劳动力的数量、质量及就业结构

河南省作为人口大省，2009年总人口达到9967万人，而当年全国人口为133474万人，占全国总人口的7.5%。从一定程度上讲，河南省的人力资源相当丰富，尤其是农村劳动力。伴随城镇化率的提高，农村劳动人口比重呈逐年下降的趋势，但目前仍然占总劳动人口的60%以上。河南省农村劳动人口作为一个特殊的群体，在数量、质量及就业结构方面都呈现独有的特点。

1. 农村劳动力数量庞大，剩余劳动力较多

2010年河南省从业人员总计6042万人，其中4915万人属乡村从业人员，乡村从业人员占总从业人员比重高达81.3%。

第十章 中原经济区现代农业发展对"三化"协调的影响

2000～2010年河南省农村劳动人口占农村常住人口比重逐年上升，到2010年已经达到72.2%（见图10-2）。一方面说明河南省农村劳动人口负担在逐年降低，另一方面将会为中原经济区建设提供更多的廉价劳动力。2000～2010年河南省乡村从业人员占总从业人员比重下降了3.9%，而11年间河南省城镇劳动人口增幅与农村劳动人口增幅水平相当，可以推测，造成农村劳动人口占全省总劳动人口比重下降的原因是：部分外出务工的农村剩余劳动人口落户城市，转变为城市劳动人口。河南省是劳动力输出大省，2010年全省农村劳动力转移总规模达到1843万人，占全省农村劳动力总数的37.5%。如此多的农村流动劳动人口将为中原经济区建设带来重大机遇。

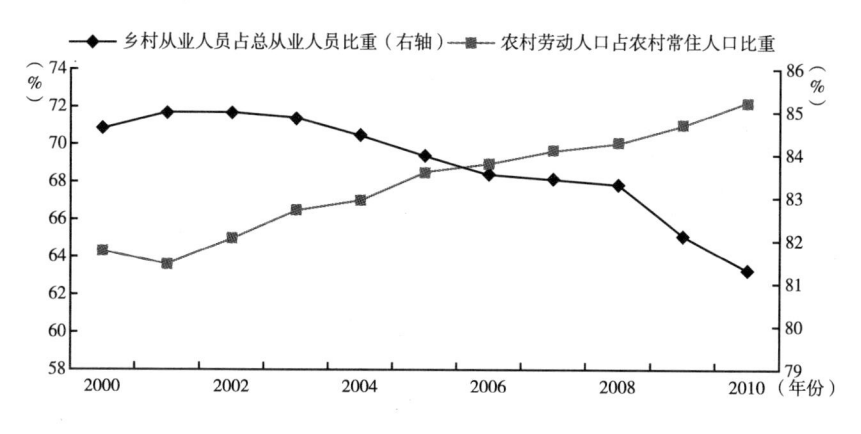

图10-2 河南省农村劳动力人口比重

当一个国家或地区人口的不断增加和农业技术的持续进步导致农业劳动者的人均耕地面积长期呈现下降趋势时，可以认为该国家或地区存在农业剩余劳动力（吴群，2003）。也就是说，随着农业科学技术水平的提升和农业生产效率的提高，造成了农业劳动力需求和供给在数量上和结构上的失衡，从而形成了农村剩余劳动力。据我国目前农业生产力状况和农资、农产品价格水平测算，农村劳动者每人经营30亩地才有钱可赚。河南省现有耕地1.1亿亩，仅需要367万名劳动力。因此，河南省现在仍有剩余劳动力1000多万人，劳动力转移任务仍然十分艰巨（赵排风，2010）。这里所列的1000多万名农村剩余劳动力是根据农业生产有效需求所得，属于常年剩余的状态。除此之外，由于农业生产的季节性，按生产时间核算，还有一些季节性剩余劳动人口。从表10-2可以看出，河南省每个农村劳动力年内从事行业的时间呈逐年下降的趋势，到2010年，每个农村劳动力年内从事行业的时间为8.10个月，剔除法定节假日及周末时间，还有将近3个月的剩余时间处于无业状态。按此核算，河南省农村剩余劳动人口就不止1000多万人。2011年的统计数据显示，2010年河南省农村劳动力转移人口为1843万人，占农村总人口的30%左右，如此多的农村劳动人口如何实现成功就业成为困扰河南省现代农业建设，甚至中原经济区"三化"协调的关键和难点。

表10-2 河南省每个农村劳动力年内从事行业的时间

单位：月

年份	每个劳动力年内从事行业的时间	从事农业的时间	从事非农业的时间
2002	9.17	6.2	3.0
2003	8.87	5.9	3.0
2004	7.90	5.0	2.9
2005	7.96	4.7	3.3
2006	7.97	4.4	3.6
2007	7.90	4.1	3.8
2008	7.80	4.0	3.8
2009	7.99	3.8	4.2
2010	8.10	3.7	4.4

资料来源：各年《河南省统计年鉴》。

2. 农村劳动力素质总体偏低

农村劳动力素质的高低，直接影响现代农业的发展，影响农村劳动力的转移层次和效果。河南省农村劳动力数量大，但素质水平低。根据《河南省统计年鉴》计算得出，2000~2010年河南省农村就业劳动力中，初中和高中文化程度的劳动群体占绝大多数，不识字或识字很少以及小学文化程度的人群在逐年减少，且初中、高中及高中以上的劳动群体在逐年增加，但截至2010年，高中（含）以上劳动群体仅占所有农村就业劳动力的17.7%（见表10-3）。可见，河南省高素质的农村劳动力仍然缺乏，这与现代农业对劳动力的要求差距还很大。低素质的农村劳动力不仅制约了农业科技、农业机械化等现代农业的发展速度，而且即使转移出去也只能从事较为低层次的劳动，比如建筑业、物流业等脏、累、苦的工种，而且从长远来看，随着科学技术的发展，低素质人群的就业路径将越来越少，难以避免失业的发生。

表10-3 河南省每百个就业劳动者文化程度

年份	每百个就业劳动者文化程度（人）					
	不识字或识字很少	小学	初中	高中	中专	大专及以上
2000	6.1	23.3	57.6	11.0	1.7	0.4
2001	6.6	22.4	57.8	10.9	1.9	0.4
2002	6.6	21.6	57.5	11.9	1.9	0.5
2003	6.6	21.4	58.5	10.9	2.1	0.4
2004	6.1	22.4	58.1	10.9	2.0	0.5
2005	6.6	18.5	61.2	10.5	2.1	1.0
2006	6.6	17.0	61.9	11.1	2.4	1.0
2007	5.9	16.6	61.5	12.3	2.6	1.1
2008	5.8	16.1	61.5	12.4	2.8	1.4
2009	5.0	16.2	61.8	12.5	2.7	1.8
2010	5.3	16.2	60.9	12.9	2.8	2.0

资料来源：各年《河南省统计年鉴》。

3. 农村劳动力就业结构

随着现代农业水平的提高和国家扩大内需政策的驱动，农民就业机会增多，不再拘泥于本地就业和农业生产，劳动力开始出现产业和地区转移等形式。就产业转移而言，随着现代农业科技水平的提高和农村土地要素的减少，大量剩余劳动人口从农业生产中解脱出来，转向第二、第三产业就业。2000年河南省乡村从业人员共计4712万人，其中3559万人从事农林牧渔业，仅有24.47%的乡村从业人员从事非农产业生产活动。2010年，河南省乡村从业者中将近45.09%的劳动力转移到非农产业生产中。从图10-3中可以看出，2000~2010年，河南省农村劳动力非农产业转移数量逐年增加，到2010年已接近一半。就地区转移而言，随着各地区针对外来务工人员就业政策的松动和经济形式的好转，大量农村劳动力开始跨地区转移，尤其显著的是每年年初大量农村剩余劳动力向东南沿海地区转移。河南省作为人口输出大省，自2000年至2010年人口跨地区转移增加了136.93%。综上所述，河南省农村劳动力就业开始出现多元化、多渠道的趋势。这不仅缓解了农村大量剩余劳动力转移的压力，而且也成为农民增收的重要途径。

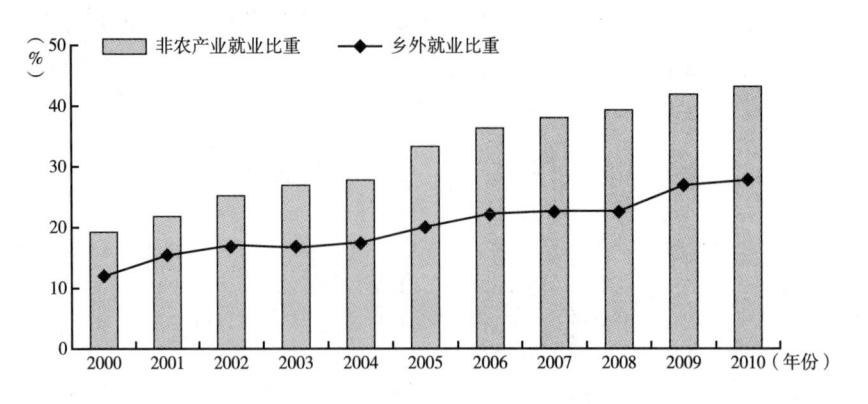

图10-3 河南省农村劳动力就业结构

二 农村劳动力转移特性①

河南省是一个农业大省,其最大问题就是"三农"问题。当前,农业增效难、农民增收难、农村发展慢的问题尚未得到解决,其中的一个重要原因就是农村存在着大量的剩余劳动力。过多的人口滞留在农村,过多的劳动力滞留在农业,极大地阻碍了河南省现代农业的发展以及农民生活水平的进一步提高,而要从根本上解决这些问题,必须实现剩余劳动力的有效转移。目前河南省农村劳动力一方面跨产业转移,另一方面跨地区转移。总体而言,河南省农村劳动力转移呈现以下特点。

1. 农村劳动力转移规模稳步增长

河南省作为第一人口输出大省,其农村劳动力转移人口占绝大部分,统计数据显示,1978年河南省农村劳动力转移人口为133万人,当年乡村从业人员为2384万人,转移人口占乡村从业总人口的5.6%。改革开放32年后的2010年,农村劳动力转移人口达到1843万人,占当年乡村从业总人口的37.5%,农村劳动力转移人口增长了12.86倍,农村劳动力转移人口逐年增加,而且占乡村从业人口的比重也逐年递增(见表10-4)。这不仅解决了河南省众多的农村剩余劳动力,而且为农民增收提供了途径。

表10-4 河南省乡村从业人口及外出转移人口

单位:万人

指标	1978年	2004年	2005年	2006年	2009年	2010年
乡村从业人口	2384	4718	4752	4777	4882	4915
外出转移人口	133	1310.65	1519.79	1715.52	1817.30	1843

---

① 以下数据是根据对全省158个县(区)农村住户调查结果推算出来的(同时参考2012年《河南省统计年鉴》)。

2. 农村劳动力转移趋向男性化、知识化和技能化

由于受到劳动力需求结构的制约,河南省农村劳动力转移具有非常明显的群体特征。从性别角度来看,农村劳动力转移人口中,男性劳动力比女性劳动力人口多(见表10-5),男性劳动力始终是女性劳动力的2倍多。可见,农村劳动力转移以男性劳动力为主。

表10-5 河南省农村劳动力转移人口性别特征

单位:%

指　　标	2004年	2005年	2006年	2009年	2010年
男性劳动力比重	69.41	67.58	66.90	67.72	69.02
女性劳动力比重	30.59	32.42	33.10	32.30	30.98

从受教育程度和接受技能培训程度来看,相对于农村劳动力总体情况而言,河南省农村劳动力转移人口无论是受教育程度还是技能水平都比农村劳动力总体水平要高。调查显示,全国农村外出就业劳动力中,高中以上文化程度的占13%左右;而非外出劳动力中,高中以上文化程度的只占8%左右,其中以从事农业为主的劳动力中,高中以上文化程度的只占5%(赵梦远、贾立平,2011)。由此可见,全国农村外出就业劳动力比未转移农村劳动力受教育程度高,呈现知识化的特征。结合河南省实际,河南省农村劳动力转移人口中文盲的比重最小,初中文化程度的比重最大,随着时间推移,高中以上文化程度的比重越来越大,而且同比比农村劳动力平均文化水平要高。以2010年为例,当年河南省农村劳动力转移人口中文盲仅占1.10%,而初中和高中文化程度所占比重最大,高中以上学历的人群占劳动力转移总人口的29.10%,同年河南省农村就业劳动人口中高中以上学历的人群占河南省农村就业劳动人口的17.7%(见表10-6、表10-3)。可见,转移劳动人口呈现学

历较高、知识水平较高的特征。从表 10-6 还可以看出，农村转移劳动人口中受过培训的比例呈逐年上升的趋势。可见，转移劳动人口呈现技能化的特征。

表 10-6　河南省农村劳动力转移人口受教育程度和接受技能培训程度

单位：%

类别	指标	2004 年	2005 年	2006 年	2009 年	2010 年
正规教育	不识字或识字很少	1.00	1.51	1.59	0.87	1.10
	小学	12.38	10.32	8.56	6.46	6.30
	初中	66.62	69.53	69.73	64.07	63.60
	高中	14.14	12.01	12.53	19.01	19.20
	中专	4.38	4.33	5.08	5.37	5.20
	大专及以上	1.48	2.30	2.51	4.21	4.70
职业教育	受过培训	23.50	27.10	34.60	33.40	33.60
	未受过培训	76.50	72.90	65.40	66.60	66.40

3. 农村劳动力转移的组织化程度低、稳定性差

河南省虽然是第一人口输出大省，但劳动人口转移以自发机制为主，即沿着血缘、地缘、业缘的社会人际关系向外转移。从图 10-4 可以看出，河南省农村劳动力转移的组织方式中亲属介绍占绝大多数。2009 年，28.4% 的外出人口依靠亲属介绍外出工作，2010 年这一比例增长到 32.3%；依靠中介组织介绍外出工作的人数微乎其微，2010 年仅占总转移人口的 2.8%；而依靠政府（单位）组织外出工作的人数则更少，而且相对于 2009 年，2010 年依靠政府（单位）组织外出工作的人数降低了 2.35 万人。加快农村劳动力转移就业工作的成败关键在于政府，但有数据显示，政府在农村劳动力转移工作中的贡献微乎其微，不过由国家劳动和社会保障部发起、专门为进城农民工提供就业服务的

"春风行动"在全国各地相继启动,内容包括为农民工提供就业机会、保障农民工的合法权益以及整顿劳动力中介机构等。河南省也做了很大努力,比如在加快劳务输出引导服务、网络建设和保护权益方面做了大量工作,同时在郑州、开封、新乡等市,已经基本建成了市、县、乡、村四级劳务输出信息服务网络建设,为组织农村劳动力有序转移发挥了重要作用。

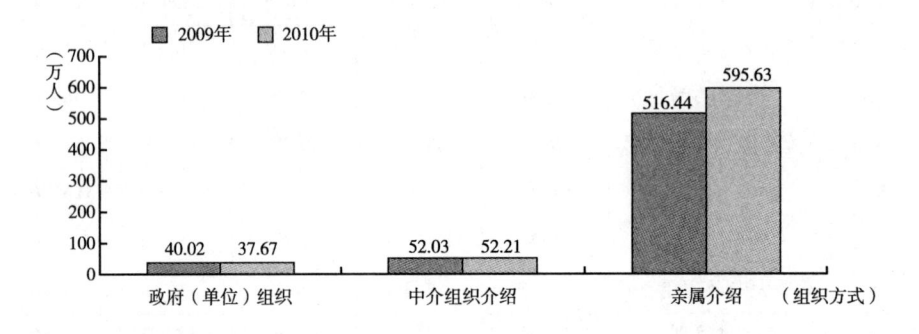

图 10-4 河南省农村劳动力转移的组织方式

通过各种途径转移的农村劳动力,由于受承包土地的束缚,绝大多数农村转移劳动力属于短期的转移性就业人口,据测算,农村转移劳动力近60%是短期转移性就业人口,而他们的就业时间往往取决于农业生产的季节性(参考表10-2)。这就表现出河南省农村劳动力转移稳定性差、转移性大的特点。

4. 农村劳动力以第三产业转移为主

阿瑟·刘易斯认为,农村劳动力产业间的转移从根本上是因为农业生产部门与非农业生产部门的工资差距。由于农村存在着大量边际生产力几乎为零或为负值的剩余劳动人口,他们为了追求更高的收入,从农业部门分离出来。一方面他们的收入水平提高了,另一方面也使自身的边际生产力得到不断提高。同时,非农业生产部门也可以获得较高的利润,这些利润促使资本扩张，从而进一步扩大生产规模，又再次吸纳农业部门的剩余劳动力。这一过程将反复进行，直到农业生产部门与非农业生产部门的工资相等。目前河南省农村劳动力产业间转移以第二、第三产业为主（见图10-5）。2004年、2005年、2006年第二产业转移大于第三产业转移，但2009年开始，第三产业转移人口开始超过第二产业，成为吸纳农村剩余劳动人口的主力军。

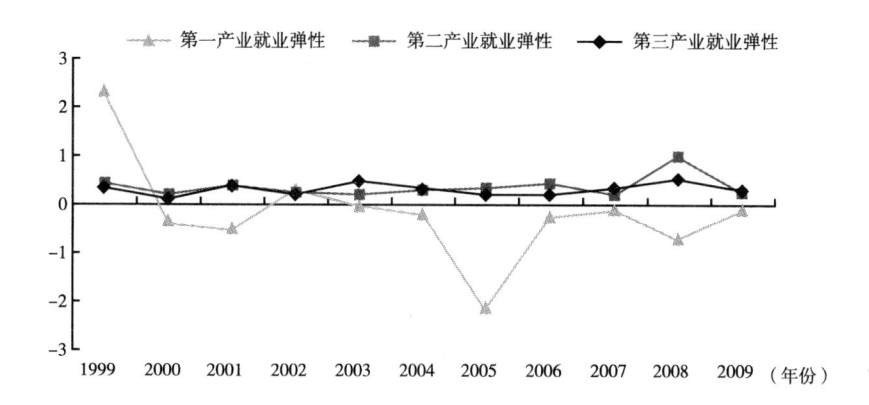

图10-5 河南省三次产业就业弹性

注：产业就业弹性是指产业总产值每变化一个百分点所对应的该产业就业数量变化的百分比。

2010年河南省农村劳动力产业间转移中，第二产业吸收了49.03%的转移人口，第三产业吸收了50.64%的转移人口（见表10-7）。与2004年相比，第三产业人数占比上升1.94个百分点，第二产业人数占比下降1.40个百分点。从行业角度来看，由于农村转移劳动人口受教育程度低，从事脑力劳动的相对较少，大多集中在以体力劳动为主的行业如建筑、纺织、服装、皮革、服务业等劳动密集程度比较高的工业部门。这些行业普遍具有劳动时间长、劳动强度大和技术含量低等特点，职业层次较低。

表 10-7 河南省农村劳动力产业间转移

单位：%

项　目	2004年	2005年	2006年	2009年	2010年
第一产业	0.87	0.77	0.96	0.23	0.33
第二产业	50.43	51.68	52.95	49.01	49.03
第三产业	48.70	47.55	46.09	50.76	50.64

5. 农村劳动力的地域转移以省外、中小城市为主

河南省农村劳动力转移有两种途径：一种是产业间转移，另一种是地域间转移，当然，两种途径存在相互交叉的部分。就地域间转移而言，农村劳动力转移以省外转移为主，虽然这个数据不能从统计年鉴中直接得出，但是根据表 10-8 可以推算出来。比如 2009 年农村劳动力转向东部地区的人口为 504.56 万人，转向西部地区的人口为 20.92 万人，转向其他地区的人口为 1.29 万人，转向中部地区的人口中也有部分人口属于河南省以外的中部地区，综合起来省外转移人口要远远高于省内转移人口。同样，2010 年也是如此。而且从转移结构上观察，转向东部地区的人口更多，而转向西部地区或其他地区的人口相对较少。究其原因，主要是由地区经济差异造成的。东部地区因经济发达，就业机会较多，工资水平相对较高，对收入相对较低的河南省农民工的吸引力远大于中西部地区。同时，相对于 2009 年，2010 年河南省农村劳动力转向东部地区和转向中部地区的比重都有所增加，但转向中部地区的人口增幅更大一些，增长了 7.2%。这与最近几年东部沿海地区的"民工荒"有很大关系。随着东部沿海地区的产业升级，越来越多的劳动密集型企业开始转向投资中部地区，比如 2010 年富士康入驻河南省，这预示着日后会出现大量外出农民工回潮就业或创业，支持中原经济区建设。

表10-8 河南省农村劳动力地区间转移状况

指标	2009年		2010年	
	数量(万人)	构成(%)	数量(万人)	构成(%)
跨地区转移情况(乡外)	990.53	54.50	1047.52	56.8
转向东部地区	504.56	27.76	526.48	28.6
转向中部地区	463.76	25.52	497.15	27.0
转向西部地区	20.92	1.15	22.37	1.2
转向其他地区	1.29	0.07	1.52	0.1

从农村外出劳动力就业地区的行政类型看，农村劳动力跨地区转移以中小城市为主。以2010年为例，当年河南省农村劳动力转向直辖市的人口占总转移人口的5.6%，转向省会城市的占10.8%，转向地级城市的占25.0%，转向县级城市的占9.1%，转向建制镇的占3.5%，转向其他地区的占2.8%。其中，转向地级城市和转向县级城市两项综合达到34.1%。由于农村劳动力在大城市就业门槛和生活成本均较高，地级城市、县级城市等中小城市愈来愈成为农村劳动力外出就业的优先选择地点。

三 农村劳动力转移对工业化、城镇化的影响

河南省农村劳动力数量多，随着农业生产技术的提高和土地要素的减少，出现了"僧多粥少"的现状，丰富的劳动力资源转变为剩余劳动力，成为阻碍现代农业发展的"绊脚石"。如何顺利转移农村剩余劳动力，并实现剩余劳动力的充分就业，成为现代农业亟须解决的重大课题。如果成功解决农村剩余劳动力的转移问题，就意味着从事农业生产人口的减少，这将为农业和农村经济结构战略性调整创造资源条件，即人均资源禀赋将得到改善，人均生产效率将得到提高。同时，也为工业化、城镇化建设提供

充足的劳动力。

工业化和城镇化进程中,劳动力是最关键的要素之一。刘易斯的二元经济理论认为,工业化的发展是以农村剩余劳动力不断向工业部门转移为前提的。而城镇化与工业化发展是二位一体的,城镇化若离开工业化的产业支撑将失去发展的动力。所以城镇化和工业化的发展是以农村剩余劳动力的成功转移为基础的,如果缺乏农村剩余劳动力的支持,城镇化与工业化的发展就成为无源之水、无本之木。目前农村劳动力转移主要呈现两种趋势:一种是产业上农业向非农产业的转移;另一种是地域上乡村向城镇的转移。

就产业间转移而言,农村劳动力向来以"廉价"为特点,农村劳动力从农业向非农产业的转移使工业化发展得到丰富廉价的劳动力资源。全国第五次人口普查资料显示,在第二产业从业人员中农民工占57.6%,在第三产业从业人员中农民工占52%;在加工制造业从业人员中农民工占68%,在建筑业从业人员中农民工占80%(侯善惠,2007)。可见,农村廉价劳动力已经成为产业工人的重要组成部分,工业化的发展已经离不开农村廉价劳动力的转移,尤其是中西部地区为甚。随着东南沿海地区劳动力成本上升、产业结构升级、人民币升值等,大量劳动密集型产业开始转移到中西部地区。例如,富士康入驻河南省,使得第一人口输出大省的河南省首次出现了"回巢"现象。来自河南省人力资源和社会保障厅的统计数据显示,2011年河南省农村劳动力省内转移1268万人,省外输出1190万人。2011年河南省农民工省内就业人数比2010年增加了126万人,其中约24万人是从省外转移回来的。河南省工业化的发展已经离不开农村劳动力的转移。另根据1999~2010年《河南省统计年鉴》计算得出(见图10-5),12年间河南省第一产业平均就业弹性为-0.18,第二产业平均就业弹性为0.36,第三产业平均就业弹性为0.30。就业弹性是经济增长每变化一个百分点所对应的就业数量变化的百分比。就业弹性的变化取决于经济结构和劳动力成本等因素。一定数量的劳动力就业所需要的资本投入和劳动力成本构成就业的单位成本。如果经济结构中小企业、服务业等劳动密集型经济所占比例较大,资本比例较低,就业成本相对就低,就业弹性就高。而1999~2010年河南省三次产业中第一产业就业弹性最低,而且变动幅度最大、最不稳定,说明第一产业经济增长对就业的拉动作用最小,意味着河南省农业已经不具有吸纳就业的潜力,而第二、第三产业就业弹性相对较高,而且更为平稳,其中第二产业比第三产业的就业弹性更高。这就再一次证明了河南省工业化发展离不开农村劳动力的支持,从另一个角度分析,工业化发展对农村劳动力的吸纳作用,也解决了农村剩余劳动力转移和农民增收的问题。

农村劳动力的另一种转移趋势是从乡村向城镇的转移,这一转移趋势的力量大小主要取决于城镇吸纳力,而城镇吸纳力直接受制于工业化发展水平。也就是说,农村劳动力从乡村向城镇的转移不仅取决于城镇化水平,而且其根本还是依托工业化的发展。反过来讲,农村劳动力的转移解决了工业化对劳动力的需求,同时也加快了城镇化的发展速度。从表10-9可以看出,1990年河南省城镇化率为15.5%,到2000年河南省城镇化率为23.2%,增长了49.68%,到2010年河南省城镇化率为38.8%,是1990年城镇化率的2.5倍。这就意味着大量的农村人口变为城镇人口,解决了农村人均资源禀赋紧张的问题,同时在坚守18亿亩耕地红线的基础上,通过农村宅基地合并,节约更多的土地用于工业化发展和城镇化扩张。

表 10-9 河南省城镇化水平的变化

单位：%

指标	1990 年	1991 年	1992 年	1993 年	1994 年	1995 年	1996 年
城镇化	15.5	15.9	16.2	16.5	16.8	17.2	18.4
指标	1997 年	1998 年	1999 年	2000 年	2001 年	2002 年	2003 年
城镇化	19.6	20.8	22.0	23.2	24.4	25.8	27.2
指标	2004 年	2005 年	2006 年	2007 年	2008 年	2009 年	2010 年
城镇化	28.9	30.7	32.5	34.3	36.0	37.7	38.8

四 农村劳动力转移对农业现代化的影响

河南省农村人口众多，人均耕地面积少，伴随着农业新技术的推广，农业劳动生产率不断提高，农业领域容纳劳动力出现了绝对量下降的情况，继而农村出现众多边际收益为零甚至为负数的剩余劳动力。这些农村剩余劳动力的存在成为阻碍传统农业向现代农业演变的"绊脚石"，所以实现现代农业就必须解决农村劳动力的转移问题，同时这也成为通过现代农业发展来推进"三化"协调发展的前提。也就是说，在实现农村劳动力向城镇、向非农产业转移的过程中，在保证工业化、城镇化有效发展的基础上，必须确保现代农业水平也得到同步提高，只有这样才是真正意义上的"三化"协调。

（一）基于农村劳动力转移的现代农业指标体系设计

从理论上讲，随着农村劳动力的转移，农业有效劳动人口减少，从而农村第一产业从业者劳均农业资源禀赋得到大大提高，同时农村第一产业从业者劳均产出增加，这将改变过去小规模分散生产模式，有利于向大规模现代化生产方式转变，即现代农业的发展。为此，采用农村第一产业从业者劳均农业资源禀赋及产出水平的高低来反映农村劳动力转移对现代农业发展的影响，具体指标设计见表 10-10。

表 10-10 农村第一产业从业者劳均农业资源禀赋及产出指标体系

一级指标	二级指标	三级指标	单位
基于农村劳动力转移的现代农业指标体系	农村劳均产出指标	粮食产量 a_1	公斤/人
		棉花产量 a_2	公斤/人
		油料产量 a_3	公斤/人
		水果产量 a_4	公斤/人
	农村劳均资源禀赋指标	年末常用耕地面积 b_1	千平方米/人
		农用机械总动力 b_2	千瓦/人
		农田有效灌溉面积 b_3	千平方米/人
		化肥施用折纯量 b_4	百千克/人
		农村用电量 b_5	百千瓦时/人
		农药施用实物量 b_6	千克/人
		农用塑料薄膜使用量 b_7	千克/人

（二）基于农村劳动力转移的现代农业指标值变化

随着大量农村劳动力的转移，第一产业从业人数大幅度减少，即有效劳动力数量得到优化，从而"僧多粥少"的现状得以改善。从表 10-11 可知，农村劳均资源禀赋 7 个指标中除了年末常用耕地面积 b_1 增幅不大外，其余 6 个指标都得到不同程度的提高，农村用电量 b_5 增幅最大，从 1996 年到 2010 年增长了 1.71 倍。

表 10-11 农村第一产业从业者劳均农业资源禀赋及产出

年份	a_1	a_2	a_3	a_4	b_1	b_2	b_3	b_4	b_5	b_6	b_7
1996	1363.60	26.13	98.88	87.81	2.41	1.51	1.49	1.23	3.68	2.96	2.19
1997	1341.60	27.21	95.30	92.75	2.33	1.49	1.49	1.22	4.07	2.92	2.39
1998	1293.01	23.49	100.65	100.81	2.20	1.54	1.46	1.23	3.91	2.93	2.42
1999	1289.25	21.44	105.87	105.92	2.07	1.62	1.41	1.21	3.71	2.91	2.41
2000	1152.43	19.78	110.30	102.48	1.93	1.62	1.33	1.18	3.53	2.68	2.58

续表

年份	a_1	a_2	a_3	a_4	b_1	b_2	b_3	b_4	b_5	b_6	b_7
2001	1186.60	23.84	104.40	114.95	1.99	1.75	1.37	1.27	3.88	2.84	2.71
2002	1240.78	22.54	123.98	125.85	2.14	1.93	1.42	1.38	4.17	3.01	2.91
2003	1074.82	11.34	93.32	129.59	2.16	2.09	1.44	1.41	4.35	2.97	2.98
2004	1316.85	20.61	126.35	156.74	2.22	2.32	1.49	1.52	4.87	3.13	3.14
2005	1464.83	21.64	143.73	177.65	2.30	2.54	1.56	1.66	5.50	3.36	3.47
2006	1682.23	26.65	151.39	194.73	2.37	2.73	1.62	1.78	6.21	3.67	3.90
2007	1802.48	25.77	166.32	228.00	2.47	3.00	1.70	1.96	7.68	4.05	4.35
2008	1891.09	22.94	178.11	251.68	2.54	3.32	1.76	2.12	8.37	4.20	4.61
2009	1956.79	18.79	193.53	274.47	3.56	1.83	2.28	9.36	4.41	5.13	
2010	2014.90	16.57	200.38	294.98	2.54	3.78	1.88	2.43	9.98	4.63	5.45

劳均资源禀赋的改善，促使农业生产要素投入量的提高，最终必然提高劳均农业产出。在此，通过粮食、棉花、油料、水果四大类农产品的劳均产量来反映农业成果。由表10–11可以看出，除劳均棉花产量外，其他三类农产品的劳均产量都呈现上升趋势。其中，劳均水果产量1996年为87.81公斤，2010年达到294.98公斤，15年间增长了2.36倍，增长速度最快；其次是劳均油料产量，15年间增长了1.03倍；劳均粮食产量总量最大，2010年达到2014.90公斤，15年间增长了47.76%。

（三）农村劳动力转移对现代农业的影响

农村劳动力通过向城镇、向非农产业转移两种途径实现有效转移，保证了工业化、城镇化的持续发展，但与此同时是否促进了现代农业水平的同步提高，才是判断农村劳动力转移是否促进"三化"协调的关键，而衡量的指标就是农村第一产业从业者劳均农业资源禀赋及产出的高低。在此，可以利用从农业中转移出来的劳动力数量与该指标体系值之间的关系加以判断。但反映农村第一产业从业者劳均农业资源禀赋及产出的指标共有11个，如何衡量农村剩余劳动力转移后现代农业发展的水平,就需要将众多的指标转换为少数几个指标,主成分分析法正好可以解决这一问题。

1. 主成分提取及综合得分

主成分分析法是将多个变量通过线性变换以选出少数几个重要变量的一种多元统计分析方法。主成分分析法的思想是将原来众多具有一定相关性的变量,重新组合成一组新的互不相关的综合指标来代替原来的指标。由于各个指标的度量单位和取值范围差异较大,为了消除量纲不同造成的影响,首先对各指标的数据进行标准化处理,然后分别对农村第一产业从业者劳均农业资源禀赋及产出指标体系进行主成分分析,计算综合得分。

首先运用 SPSS17.0 对表 10-11 的数据进行标准化,结果见表 10-12。

表 10-12　农村第一产业从业者劳均农业资源禀赋及产出指标标准化结果

指标	1996 年	1997 年	1998 年	1999 年	2000 年
a_1^*	-0.34442	-0.41470	-0.56992	-0.58193	-1.01900
a_2^*	1.00236	1.25925	0.37440	-0.11322	-0.50808
a_3^*	-0.91678	-1.01345	-0.86899	-0.72805	-0.60843
a_4^*	-1.06190	-0.99172	-0.87722	-0.80463	-0.85350
b_1^*	0.64581	0.24634	-0.40280	-1.05193	-1.75100
b_2^*	-1.02100	-1.04621	-0.98319	-0.88235	-0.88235
b_3^*	-0.35181	-0.35181	-0.52772	-0.82090	-1.28998
b_4^*	-0.85108	-0.87459	-0.85108	-0.89810	-0.96863
b_5^*	-0.83985	-0.66482	-0.73663	-0.82638	-0.90717
b_6^*	-0.65000	-0.71220	-0.69665	-0.72775	-1.08541
b_7^*	-1.11409	-0.92622	-0.89804	-0.90743	-0.74774

续表

指标	2001 年	2002 年	2003 年	2004 年	2005 年
a_1^*	-0.90984	-0.73677	-1.26692	-0.49376	-0.02104
a_2^*	0.45765	0.14843	-2.51565	-0.31065	-0.06565
a_3^*	-0.76774	-0.23906	-1.06691	-0.17507	0.29420
a_4^*	-0.67635	-0.52151	-0.46838	-0.08269	0.21436
b_1^*	-1.45140	-0.70240	-0.60253	-0.30293	0.09654
b_2^*	-0.71848	-0.49159	-0.28991	0	0.27731
b_3^*	-1.05544	-0.76226	-0.64499	-0.35181	0.05864
b_4^*	-0.75704	-0.49842	-0.42789	-0.16927	0.15987
b_5^*	-0.75009	-0.61994	-0.53915	-0.30578	-0.02304
b_6^*	-0.83661	-0.57225	-0.63445	-0.38565	-0.02799
b_7^*	-0.62562	-0.43775	-0.37199	-0.22169	0.08830
指标	2006 年	2007 年	2008 年	2009 年	2010 年
a_1^*	0.67344	1.05757	1.34064	1.55052	1.73615
a_2^*	1.12605	0.91673	0.24357	-0.74356	-1.27162
a_3^*	0.50103	0.90415	1.22249	1.63884	1.82379
a_4^*	0.45699	0.92962	1.26602	1.58977	1.88113
b_1^*	0.44607	0.94541	1.29494	1.29494	1.29494
b_2^*	0.51680	0.85714	1.26050	1.56302	1.84032
b_3^*	0.41045	0.87953	1.23134	1.64179	1.93497
b_4^*	0.44200	0.86518	1.24135	1.61752	1.97017
b_5^*	0.29561	0.95534	1.26501	1.70932	1.98757
b_6^*	0.45407	1.04498	1.27823	1.60479	1.94690
b_7^*	0.49223	0.91495	1.15918	1.64765	1.94825

其次对农村第一产业从业者劳均农业资源禀赋及成果指标体系进行主成分分析，从 11 个指标中提取了 2 个主因子，其累计贡献率为 96.701%，表明这 2 个主因子基本上可以代表原始数据的全部信息（见表 10-13）。

表 10-13 公共因子总方差解释

因子	提取因子特征值及其累计值		
	特征值	方差贡献率(%)	累积方差贡献率(%)
1	9.468	86.076	86.076
2	1.169	10.625	96.701

根据未旋转的因子载荷矩阵图计算每个主成分的因子得分。

$$Z_{in} = \sum \alpha_{ji} b_{jn}^* + \sum \alpha_{mi} a_{mn}^* \quad (i = 1 \text{ 或 } 2, j = 1, 2, \cdots, 7, m = 1, 2, 3, 4)$$

其中，Z_{in} 表示第 n 年第 i 个主成分的因子得分，α_{ji} 表示第 i 个主成分对第 j 个农村劳均资源禀赋指标的载荷量，α_{mi} 表示第 i 个主成分对第 m 个农村劳均产出指标的载荷量（见表 10-14），b_{jn}^* 表示第 n 年第 j 个农村劳均资源禀赋指标的标准化值，a_{mn}^* 表示第 n 年第 m 个农村产出指标的标准化值。

表 10-14 农村第一产业从业者劳均农业资源禀赋及产出指标成分矩阵 α_{ji} 及 α_{mi}（载荷量）

α_{ji}	b_1^*	b_2^*	b_3^*	b_4^*	b_5^*	b_6^*	b_7^*
成分 1	0.845	0.982	0.982	0.995	0.996	0.997	0.984
成分 2	0.340	-0.135	0.095	-0.079	-0.041	0.026	-0.127
α_{mi}	a_1^*	a_2^*	a_3^*	a_4^*			
成分 1	0.965	-0.153	0.975	0.988			
成分 2	0.230	0.968	-0.002	-0.103			

利用已经得到的各主成分的因子得分，分别得到各主成分的得分。

$$F_{in} = Z_{in} / \sqrt{\lambda_i} \quad (i = 1 \text{ 或 } 2)$$

其中，F_{in} 是指第 n 年第 i 个主成分的得分，λ_i 为第 i 个主成分的特征值（见表10-13）。

最后核算出一级指标的综合得分，即现代农业指标的综合得分。

$$y = \sum g_i F_{in} \quad (i = 1 \text{ 或 } 2)$$

其中，y 为农村第一产业从业者劳均农业资源禀赋及成果指标体系综合得分（见表10-15），g_i 为第 i 个主成分的方差贡献率。

由表10-15可以看出，随着时间的推移，农村第一产业从业者劳均农业资源禀赋及成果指标体系综合得分逐年增大，可以说明，随着农村剩余劳动力的转移，现代农业水平正逐年提高。

表10-15 农村第一产业从业者劳均农业资源禀赋及成果指标体系综合得分

指标	1996年	1997年	1998年	1999年	2000年
y	-1.80	-1.85	-2.02	-2.23	-2.74
指标	2001年	2002年	2003年	2004年	2005年
y	-2.35	-1.54	-1.65	-0.67	0.29
指标	2006年	2007年	2008年	2009年	2010年
y	1.24	2.53	3.41	4.34	5.04

2. 农村劳动力转移就业数量

河南省人力资源和社会保障厅提供的2004~2010年河南省农村劳动力转移就业人数，总体呈逐年增加的趋势。相对而言，省外转移人口比省内转移人口多，但2010年省外转移人口有所下降，省内转移人口继续增加，境外就业人口也相对减少（见表10-16）。这在一定程度上说明，河南省作为中原经济区的核心，经济社会的发展解决了众多农村剩余劳动力就业问题，同时，丰富的农村劳动力的省内转移为中原经济区建设提供了人力资源，扭转了河南省人力资源大量外流的困境。

表 10-16　河南省农村劳动力转移情况

单位：万人

年份	转移就业人数	年份	转移就业人数	省内	省外	境外
1996	120	2004	1411	569	838	4
1997	290	2005	1557	460	1089	8
1998	434	2006	1746	590	1147	9
1999	576	2007	1974	770	1195	9
2000	746	2008	2155	946	1200	9
2001	944	2009	2258	1020	1232	6
2002	1134	2010	2363	1142	1215	6
2003	1285	2011	2465	1268	1190	7

注：根据河南省人力资源和社会保障厅提供的 2004~2011 年农村劳动力转移就业人数，推测出 1996~2003 年河南省农村劳动力转移就业人数。

3. 基于 Granger 检验农村劳动力转移与现代农业发展的关系

在时间序列情形下，两个经济变量——农村劳动力转移就业人数 x 和农村第一产业从业者劳均农业资源禀赋及成果指标体系综合得分 y 之间的 Granger 因果关系定义为：若在包含了变量 x、y 的过去信息的条件下，对变量 y 的预测效果要优于只单独由 y 的过去信息对 y 进行的预测效果，即变量 x 有助于解释变量 y 的将来变化，则认为变量 x 是引致变量 y 的 Granger 原因。

根据 Granger 因果关系检验的条件，首先对各变量是否平稳进行 ADF 单位根检验，若变量序列为同阶单整，则对各变量是否协整进行验证，满足协整条件后，对两变量进行 Granger 因果关系检验，最后对所得检验结果进行简要分析。

本书采用 ADF 单位根检验法来验证变量的平稳性，检验时设定各变量均不含常数项和时间趋势项。运用经济计量软件 Eviews 5.0 对河南省农村劳动力转移就业人数 x 和农村第一产业从业者劳均农业资源禀赋及成果指标体系综合得分 y 进行 ADF 单位根检验。由结果可知，变量时间序列 x 和 y 都不是平稳的。通过一阶差分，x 可以实现平稳，但是在二阶差分的情况下，y 仍然是不平稳的。所以河南省农村劳动力转移就业人数 x 和农村第一产业从业者劳均农业资源禀赋及成果指标体系综合得分 y 不存在 Granger 因果关系。究其原因有两方面：一方面，农村劳动力转移就业人口存在阶段性变化特征，主要是受政策性因素的干扰太大。比如改革开放前，政府严格控制城乡之间的人口转移，不仅城乡之间的人口转移有难度，而且地区之间、企事业单位之间劳动力的自由转移也有难度，人口在产业、区域间的转移不属于常态，只有少部分的人口转移是基于政策性因素支援边疆和农村的。改革开放后，东南沿海地区先后设立了几个经济特区，大量就业机会促使农村剩余劳动人口向东南沿海转移，但随着国企改革步伐的加快，大量城市失业人口的再就业问题迫使当地政府出台严格的户籍管理制度，再一次切断了农村劳动力向城镇、向非农产业的转移路径。直到 20 世纪 80 年代，随着政府户籍管理制度的放松，民工潮才再次兴起，大量农村剩余劳动人口涌向东南沿海地区。另一方面，严格来说，河南省农村劳动力实现自由转移流动是从 20 世纪 80 年代开始的，短短 30 年的时间，涉及农村劳动力转移的各项法律法规及制度安排都还不够完善，比如政府对农村劳动力转移的引导工作不到位、农民工在城镇的社会保障跟不上等，因此可以认为，农村劳动力转移对现代农业发展的作用还未显现出来。

五　小结

由于长期受工农、城乡差距的影响，积贫积弱的农业、农村、农民成为制约工业化、城镇化、农业现代化"三化"协调发展的"短板"，只有推进传统农业向现代农业的转变，且保证现代农业的发展水平与工业化、城镇化的发展水平相协调，才能真正实现"三化"协调。由上文分析可知，解决这一问题的关键之一在于实现农村劳动力的合理转移。农村劳动力的转移，既为工业化、城镇化建设提供了充足、廉价的劳动力，也丰富了农村劳均资源禀赋，提高了劳均农业产出，但由于受政策因素的影响，无法直接判断农村劳动力转移和现代农业发展水平之间是否存在直接、显著的因果关系，不过可以确定的是，农村劳动力的转移能够促进现代农业的发展。

第三节　现代农业发展对"三化"协调的贡献：基于主因子的分析

"三化"协调发展虽然是在十七届五中全会上正式提出的，但出现"三化"不协调问题却由来已久。早在1956年我国社会主义改造完成后，借鉴苏联经验就开始了重工业为主导的发展模式。之后的四年内，我国集中力量推进重工业发展，使其在工农业生产总值中所占比重从1957年的26.6%迅速提升到1960年的53.3%。在这种以牺牲农业为代价来加速工业化的发展模式下，我国农业发展受到极大的遏制甚至出现倒退，粮食产量自1957年的19505万吨下滑到1960年的14350万吨。这种不平衡的发展导致了"三年困难时期"的出现，造成1961年及1962年我国经济指标大幅度滑坡，两年的工农业总产值分别下降了 22.6% 和 10.1%。而与此相对的是，1982 年家庭联产承包责任制的确立调动了农民积极性，极大地提高了农业劳动生产率，同时在改革开放的大背景下，我国工业化、城镇化进程加快。1982 年第一产业和第二产业的增长率分别为 11.5%、5.6%，1983 年则分别为 8.3%、10.4%，到 1984 年又分别增长到 12.9%、14.5%。虽然农业发展速度自 1984 年之后放缓，但我国经济增长却自此进入高速发展的时期。但 1984 年之后，我国经济的高速增长开始呈现城乡收入差距拉大，工农发展失调的特征（贺叶玺，2011），至此，"三化"不协调问题更加明显。下面仍以河南省为例，分析现代农业对"三化"协调的贡献。

一 农业现代化与"三化"协调的评价指标体系

1. 农业现代化的评价指标体系

关于农业现代化评价指标体系的设置，因其研究视角的不同而指标各异。本书根据河南省的实际情况，主要从农业经济发展状况、农业生产条件、农民生活水平和生态条件四个方面对其建立一套评价指标体系（见表 10-17）。该指标体系由 4 个二级指标、19 个三级指标组成。其中，农业经济发展状况主要从其数量、质量和效率三个角度来反映；农业生产条件主要从其劳动力、资金、土地、科技、机械等生产要素的投入来反映；农民生活水平主要采用了收入指标，并考虑物价因素，同时引入享有最低生活保障的总人数来综合反映农民的实际生活质量；生态条件主要通过化肥施用折纯量和农药施用实物量，反映农业现代化减少化学品施用量来提升农产品产量，保证生产过程的绿色、生态、可持续。

表 10-17 农业现代化评价指标体系

一级指标	二级指标	三级指标	单位	二级指标	三级指标	单位
农业现代化评价指标体系	农业经济发展状况	第一产业生产总值 b_1	亿元	农业生产条件	第一产业从业人数 b_9	万人
		第一产业贡献率 b_2	%		农村每百个就业劳动力高中以上文化程度 b_{10}	人
		农村就业率 b_3	%			
		粮食产量 b_4	万吨		第一产业固定资产投资 b_{11}	亿元
		第一产业劳动生产率 b_5	元/人		农业生产资料价格指数 b_{12}	1978年=100
	农民生活水平	农村居民收入水平 b_6	元		年底常用耕地面积 b_{13}	千公顷
		农村居民最低生活保障人数 b_7	万人		农用机械总动力 b_{14}	万千瓦
		农村居民消费价格指数 b_8	1978年=100		农田有效灌溉面积 b_{15}	千公顷
					农村用电量 b_{16}	亿千瓦时
	生态条件	化肥施用折纯量 b_{18}	万吨			
		农药施用实物量 b_{19}	万吨		农用塑料薄膜使用量 b_{17}	万吨

2."三化"协调的评价指标体系

河南省在推进"三化"协调进程中,落脚点是加快农业现代化,尽快将传统农业改造为现代农业。一方面,加大支农惠农的扶持力度;另一方面,发展农业产业化。事实上,十七届三中全会提出的"多予、少取、放活""工业反哺农业、城市支持农村"就为其明确了思路。"多予",就是要加大对农业的投入,逐步把政府公共财政、公共产品、公共服务的覆盖面扩大到农村,增加农民的福祉。"少取",就是减轻农民负担,保护农民合法权益。"多予""少取"可以通过"工业反哺农业、城市支持农村"来实现。"放活",则是搞活农村经营机制,消除体制束缚和政策障碍,给予农民更多的自主权,激发农民自主创业增收的积极性。通过"多予、少取、放活"的思路协调工业化、城镇化和农业现代化的关系,需遵循帕累托最优原则,即在不牺牲工业利益、不降低城镇人民生活水平的基础上,提高农业现代化水平，解决城乡二元结构、工农产业发展失衡问题，实现"三化"协调。秉承"多予、少取、放活"的思想，采取"工业反哺农业、城市支持农村"的手段，按照帕累托最优理论，建构一套"三化"协调评价指标体系（见表10-18）。

表10-18 "三化"协调评价指标体系

一级指标	二级指标	三级指标	单位	二级指标	三级指标	单位
"三化"协调评价指标体系	支农惠农水平	农林水事务财政支出 a_1	亿元	工业化水平	人均第二产业劳动生产率 a_9	元/年
					第二产业从业人员数 a_{10}	万人
		农村固定资产投资 a_2	亿元	城镇化水平	城镇化率 a_{11}	%
		年均农业贷款 a_3	亿元		城镇固定资产投资 a_{12}	亿元
		农民家庭人均转移性收入 a_4	元/年		城镇居民收入水平 a_{13}	元/年
		农村居民最低生活保障人数 a_5	人		城镇居民家庭人均转移性收入 a_{14}	元/年
		农民家庭人均经营收入 a_6	元/年		城镇居民消费价格指数 a_{15}	1978年=100
	工业化水平	第二产业生产总值 a_7	亿元		城镇登记失业率 a_{16}	%
		第二产业贡献率 a_8	%			

表10-18中，a_1、a_2、a_3、a_4、a_5、a_6 6个指标是用来反映支农惠农水平的，其中 $a_1 \sim a_5$ 是从外因角度反映对农业现代化的支持力度的，而 a_6 则是从家庭内部生产经营活动角度来对其反映的。a_7、a_8、a_9、a_{10} 4个指标分别从第二产业生产数量、质量、结构和条件方面反映工业化水平。a_{11}、a_{12}、a_{13}、a_{14}、a_{15}、a_{16} 6个指标分别从物价、就业、收入等方面来反映城镇化水平。

二 农业现代化、工业化与城镇化的演进及协调性

河南省作为农业大省，既肩负着保证全国粮食安全的重任，同

第十章　中原经济区现代农业发展对"三化"协调的影响

时也肩负着带动农业发展、提高农民福祉的重任。2000~2010年，河南省粮食产量稳步增长，由4101.5万吨增长到5437.1万吨，为国家粮食安全做出了较大的贡献。同时，国家支农惠农政策的扶持对农民生产生活条件的改善发挥了重要作用。2000~2006年，河南省农业特产税逐年下降，尤其是农业税在新时期2004年第一个中央一号文件颁布到2005年的1年间，由240728万元下降到74万元，下降了99.97%。从2007年开始，农业税全部取消，大大降低了农民的负担。除了税收的减免，中央加大对第一产业的财政支持力度，从2006年开始，河南省农林水事务财政支出超过100亿元，到2010年增加到399.19亿元，5年间增长了近3倍。同时，2000~2010年，河南省第一产业实际生产总值（以1952年为基期）由144.89亿元增加到241.54亿元，增长了66.71%，年均增长5.24%。与此相对应，第一产业的贡献率（产业增加值增量与生产总值之比）总体在下降，由2000年的10.20%下降到2010年的4.53%。其间，2003年降为-5%，而2004年在国家惠农政策的激励下，迅速上升为17.50%，之后又在波动下降。同期，农村居民家庭人均实际纯收入水平（以1978年为基期）由636.41元增加到1329.74元，增长了1.09倍，年均增长7.65%。

　　工业化是"三化"协调的动力要素，2000~2010年，河南省第二产业实际生产总值（以1952年为基期）增长较快，由2000年的1295.42亿元增加到2010年的5220.44亿元，增长3925.02亿元。其中，2004年以后增幅较大，由之前的年均增幅10.87%变化为之后的20.24%。除了总量上的增长外，第二产业贡献率总体在波动上升，由2000年的62.60%提高到2010年的68.49%，其间，2003年曾达到74.60%。第二产业生产总值的提高，带来其在总产值中贡献率的提高，这主要源于第二产业劳动生产率的提升，11年间由24282元/人提高到77173元/人，年均增长12.26%。可见，河南省工业化水平不仅有量的积累，也有质的飞跃。

河南省城镇化水平总体偏低，但近年来也在不断提高。2001～2010年，城镇化水平由23.20%提高到38.82%；同期，城镇居民家庭人均年可支配收入水平（以1978年为基期）由1213.25元增加到3176.52元，增长了1.62倍，年均增长11.28%，约高于农村居民实际收入年均增长幅度1.4个百分点。同时，伴随城镇化水平的提高，由农村转移到城镇的居民收入水平也在稳步提升。

从时序分析来看，河南省农业现代化、工业化及城镇化都在不同程度地提高，但增长呈现非均衡态势，表现为"三化"的不协调性，这一现象可以进一步从第一、第二产业间以及城乡间两个角度来看待。第一产业是国民经济的基础，第二产业是实体经济的核心，第二产业的发展离不开第一产业的原材料供给。从河南省第一产业与第二产业的发展来看，二者差距波动拉大，2000～2010年，第一产业与第二产业的贡献率差距由6倍增加到15倍，高于同期第一产业与第二产业劳动生产率的差距。可见，尽管农业现代化水平在提高，但仍远落后于第二产业。再从城乡角度看，城乡居民的人均收入差距由2000年的2040.26元增加到2010年的8636.88元，11年间的差距以年均15.52%的速度在拉大；城乡居民的转移性收入差距由2000年的1127.13元增加到2010年的4314.8元，以年均14.37%的速度在拉大。同时，河南省城镇化水平与工业化水平的不同步也较明显，以国际上通行的IU比（劳动力工业化率与城镇化率的比值）和NU比（劳动力非农化率与城镇化率的比值）分别为0.5和1.2的国际标准值来衡量的话，2009年河南省的IU比为0.75（I为28.15%，U为37.70%），NU比为1.42（N为53.52%），均明显高于0.5和1.2，这表明河南省目前城镇化发展滞后于工业化。可见，"三化"发展不同步较为明显。

三 农业现代化对"三化"协调的贡献

根据前面建立的农业现代化评价指标体系和"三化"协调评价指标体系,运用河南省 2000~2010 年的相关数据,通过主成分分析得出各指标体系的综合得分,并建立回归模型,定量分析农业现代化对"三化"协调的贡献。

1. 农业现代化和"三化"协调的指标值

通过主成分分析得出的河南省农业现代化和"三化"协调的指标值见表 10-19、表 10-20。

表 10-19 河南省农业现代化的指标值

指标	2000 年	2001 年	2002 年	2003 年	2004 年	2005 年
b_1	1161.58	1234.34	1288.36	1198.70	1649.29	1892.01
b_2	10.20	14.00	10.60	-5.00	17.50	9.80
b_3	64.66	64.92	65.76	66.72	68.30	70.15
b_4	4101.50	4119.88	4209.98	3569.47	4260.00	4582.00
b_5	3382.07	3505.80	3747.57	3562.33	5014.67	5926.42
b_6	2726.00	2916.28	3060.99	3036.19	3536.18	3945.67
b_7	16.49	21.77	15.40	6.15	10.00	53.28
b_8	312.04	314.22	316.11	320.53	337.84	344.93
b_9	3564.00	3477.71	3398.00	3332.00	3246.00	3139.00
b_{10}	13.07	13.18	14.29	13.40	13.40	13.64
b_{11}	102.84	106.05	113.35	149.06	128.20	166.56
b_{12}	334.89	331.87	334.53	340.89	379.75	409.75
b_{13}	6875.25	6907.30	7262.80	7187.20	7177.49	7201.18
b_{14}	5780.60	6078.70	6548.20	6953.20	7521.10	7934.20
b_{15}	4725.31	4766.00	4802.36	4792.22	4829.10	4864.12
b_{16}	125.80	134.61	141.36	144.59	157.69	172.15
b_{17}	9.19	9.41	9.86	9.88	10.16	10.84
b_{18}	420.71	441.73	468.83	467.89	493.16	518.14
b_{19}	9.55	9.85	10.20	9.87	10.12	10.51

续表

指标	2006年	2007年	2008年	2009年	2010年
b_1	1916.74	2217.66	2658.78	2769.05	3258.09
b_2	9.00	4.10	6.50	5.13	4.53
b_3	72.04	74.31	76.58	78.63	78.63
b_4	5112.30	5245.22	5365.48	5389.00	5437.10
b_5	6194.00	7429.35	9220.00	9868.00	11897.66
b_6	4459.40	5196.83	5994.39	6414.43	7293.38
b_7	199.04	257.08	268.18	363.91	369.21
b_8	350.11	369.40	398.60	400.20	415.40
b_9	3050.00	2920.00	2847.31	2764.86	2712.00
b_{10}	14.52	16.00	16.54	17.00	17.64
b_{11}	215.42	286.01	538.14	761.57	824.14
b_{12}	414.70	440.00	532.00	521.90	538.10
b_{13}	7202.40	7201.90	7202.20	7202.20	7202.20
b_{14}	8309.10	8718.70	9429.30	9817.90	10195.88
b_{15}	4918.80	4955.84	4989.20	5033.03	5080.96
b_{16}	188.82	223.43	237.36	257.76	269.41
b_{17}	11.84	12.66	13.07	14.14	14.70
b_{18}	540.43	569.68	601.68	628.67	655.15
b_{19}	11.16	11.80	11.91	12.14	12.49

表10-20 河南省"三化"协调的指标值

指标	2000年	2001年	2002年	2003年	2004年	2005年
a_1	34.19	36.94	44.77	47.92	65.99	82.28
a_2	479.95	505.24	552.78	612.27	664.50	850.40
a_3	500.67	572.58	682.47	805.13	939.80	1062.96
a_4	89.00	98.69	107.63	94.22	74.67	90.24
a_5	16.49	21.77	15.40	6.15	10.00	53.28
a_6	2134.32	2276.36	2353.84	2267.80	2679.29	2965.64
a_7	2294.15	2510.45	2768.75	3310.14	4182.10	5514.14
a_8	62.60	49.70	55.80	74.60	58.40	62.20
a_9	24282.12	25431.94	27207.96	31204.92	37582.62	46085.58
a_{10}	977.00	997.25	1038.00	1083.55	1142.00	1251.00

续表

指标	2000年	2001年	2002年	2003年	2004年	2005年
a_{11}	23.20	24.43	25.80	27.20	28.90	30.65
a_{12}	951.76	1076.76	1226.45	1693.27	2434.88	3528.29
a_{13}	4766.26	5267.42	6245.40	6926.12	7704.90	8667.97
a_{14}	1216.13	1421.34	1850.16	2039.58	2195.92	2293.83
a_{15}	392.85	395.60	394.81	401.52	423.20	432.09
a_{16}	2.60	2.80	2.90	3.10	3.40	3.45
指标	2006年	2007年	2008年	2009年	2010年	
a_1	111.34	152.51	209.59	361.60	399.19	
a_2	1063.98	1400.95	1769.46	2249.64	2651.03	
a_3	1167.14	1285.26	1346.57	1519.13	1519.13	
a_4	117.54	155.44	229.75	274.71	322.00	
a_5	199.04	257.08	268.18	363.91	369.21	
a_6	3278.75	3721.02	4211.63	4461.97	4969.00	
a_7	6724.61	8282.83	10259.99	11010.50	13226.38	
a_8	64.10	67.00	68.50	64.83	68.49	
a_9	51688.01	58370.89	67258.00	67995.00	77173.05	
a_{10}	1351.00	1487.00	1563.92	1674.72	1753.00	
a_{11}	32.47	34.30	36.03	37.70	38.82	
a_{12}	4843.76	6609.16	8721.19	11455.01	13934.82	
a_{13}	9810.26	11477.05	13231.11	14371.56	15930.26	
a_{14}	2577.60	3045.00	3545.86	4130.05	4636.80	
a_{15}	437.28	460.90	490.90	485.00	501.50	
a_{16}	3.52	3.40	3.40	3.50	3.38	

2. 主因子提取及其综合得分

根据前述思路，首先运用SPSS17.0对河南省2000~2010年的相关数据（见表10-19、表10-20）进行标准化，结果见表10-21、表10-22。

表 10 – 21　农业现代化指标值经过标准化的第 n 年第 j 个三级指标 b_{jn}^{*}

指标	2000 年	2001 年	2002 年	2003 年	2004 年	2005 年
b_1^*	-1.06920	-0.96813	-0.89310	-1.01764	-0.39176	-0.05461
b_2^*	0.39787	1.04150	0.46562	-2.17661	1.63431	0.33013
b_3^*	-1.17113	-1.12290	-0.96706	-0.78896	-0.49584	-0.15263
b_4^*	-0.86597	-0.83808	-0.70131	-1.67356	-0.62538	-0.13660
b_5^*	-1.00901	-0.96672	-0.88420	-0.94763	-0.45211	-0.14143
b_6^*	-1.06451	-0.94468	-0.85354	-0.86916	-0.55426	-0.29616
b_7^*	-0.85128	-0.81595	-0.85858	-0.92049	-0.89472	-0.60505
b_8^*	-1.07188	-1.01437	-0.96451	-0.84791	-0.39125	-0.20421
b_9^*	1.46147	1.17059	0.90000	0.67677	0.38589	0.02398
b_{10}^*	-1.00228	-0.94269	-0.28714	-0.82350	-0.82350	-0.70431
b_{11}^*	-0.75915	-0.74729	-0.72032	-0.58838	-0.66545	-0.52372
b_{12}^*	-0.99006	-1.02659	-0.99493	-0.91700	-0.44455	-0.07926
b_{13}^*	-2.11652	-1.86733	0.89675	0.30894	0.23345	0.41764
b_{14}^*	-1.42722	-1.22975	-0.91875	-0.65047	-0.27429	-0.00064
b_{15}^*	-1.38670	-1.03772	-0.72587	-0.81284	-0.49654	-0.19619
b_{16}^*	-1.16828	-0.99909	-0.86946	-0.80743	-0.55586	-0.27816
b_{17}^*	-1.14501	-1.03264	-0.80281	-0.79259	-0.64958	-0.30227
b_{18}^*	-1.37145	-1.10232	-0.75534	-0.76738	-0.44383	-0.12400
b_{19}^*	-1.25033	-0.96675	-0.63591	-0.94784	-0.71153	-0.34287
指标	2006 年	2007 年	2008 年	2009 年	2010 年	
b_1^*	-0.02026	0.39772	1.01045	1.16362	1.84290	
b_2^*	0.19463	-0.63531	-0.22881	-0.46085	-0.56248	
b_3^*	0.19800	0.61913	1.04026	1.42057	1.42057	
b_4^*	0.66836	0.87012	1.05267	1.08837	1.16139	
b_5^*	-0.05004	0.37113	0.98192	1.20290	1.89519	
b_6^*	0.02693	0.49172	0.99367	1.25819	1.81179	
b_7^*	0.37050	0.75895	0.83324	1.47395	1.50942	
b_8^*	-0.06756	0.44133	1.21165	1.25386	1.65485	
b_9^*	-0.27704	-0.71674	-0.96365	-1.24100	-1.42026	
b_{10}^*	-0.16795	0.72598	1.02395	1.32193	1.67950	
b_{11}^*	-0.34319	-0.08237	0.84921	1.67475	1.90593	

续表

指标	2006 年	2007 年	2008 年	2009 年	2010 年
b_{12}^*	-0.01838	0.28969	1.40993	1.28694	1.48420
b_{13}^*	0.42713	0.42324	0.42557	0.42557	0.42557
b_{14}^*	0.24769	0.51902	0.98973	1.24715	1.49754
b_{15}^*	0.27278	0.59046	0.87657	1.25248	1.66356
b_{16}^*	0.04197	0.70663	0.97414	1.36591	1.58964
b_{17}^*	0.20848	0.62729	0.83670	1.38320	1.66922
b_{18}^*	0.16140	0.53590	0.94562	1.29119	1.63023
b_{19}^*	0.27155	0.87652	0.98050	1.19791	1.52875

表 10-22 "三化"协调指标值经过标准化的第 n 年第 j 个三级指标 a_{jn}^*

指标	2000 年	2001 年	2002 年	2003 年	2004 年	2005 年
a_1^*	-0.81527	-0.79419	-0.73419	-0.71005	-0.57157	-0.44674
a_2^*	-0.90162	-0.86827	-0.80557	-0.72712	-0.65825	-0.41310
a_3^*	-1.46788	-1.27087	-0.96980	-0.63374	-0.26477	0.07266
a_4^*	-0.71767	-0.60433	-0.49975	-0.65661	-0.88530	-0.70317
a_5^*	-0.85128	-0.81595	-0.85858	-0.92049	-0.89472	-0.60505
a_6^*	-1.08080	-0.93820	-0.86042	-0.94680	-0.53368	-0.24620
a_7^*	-1.06405	-1.00760	-0.94019	-0.79889	-0.57133	-0.22370
a_8^*	-0.10156	-1.99278	-1.09848	1.65772	-0.71731	-0.16020
a_9^*	-1.18036	-1.11995	-1.02666	-0.81670	-0.48168	-0.03503
a_{10}^*	-1.15396	-1.08289	-0.93719	-0.77372	-0.56761	-0.18027
a_{11}^*	-1.41418	-1.23329	-0.87153	-0.69064	-0.32888	0.03289
a_{12}^*	-0.92715	-0.89944	-0.86640	-0.76287	-0.59838	-0.35606
a_{13}^*	-1.24303	-1.11117	-0.85386	-0.67476	-0.46986	-0.21648
a_{14}^*	-1.29209	-1.10483	-0.71352	-0.54067	-0.39801	-0.30851
a_{15}^*	-1.09469	-1.02770	-1.04694	-0.88348	-0.35534	-0.13877
a_{16}^*	-1.94829	-1.32256	-1.00970	-0.38397	0.55462	0.71105

续表

指标	2006 年	2007 年	2008 年	2009 年	2010 年
a_1^*	-0.22404	0.09147	0.52889	1.69381	1.98188
a_2^*	-0.13144	0.31293	0.79889	1.43211	1.96144
a_3^*	0.35809	0.68171	0.84968	1.32246	1.32246
a_4^*	-0.38383	0.05950	0.92873	1.45464	2.00780
a_5^*	0.37050	0.75895	0.83324	1.47395	1.50942
a_6^*	0.06814	0.51216	1.00471	1.25603	1.76507
a_7^*	0.09221	0.49888	1.01487	1.21074	1.78904
a_8^*	0.11835	0.54351	0.76342	0.22537	0.76195
a_9^*	0.25924	0.61028	1.07710	1.11582	1.59792
a_{10}^*	0.17510	0.65839	0.93202	1.32648	1.60366
a_{11}^*	0.21377	0.57554	0.93730	1.29907	1.47995
a_{12}^*	-0.06431	0.32698	0.79520	1.40131	1.95112
a_{13}^*	0.08406	0.52260	0.98410	1.28415	1.69425
a_{14}^*	-0.04935	0.37680	0.83397	1.36688	1.82935
a_{15}^*	-0.01234	0.56307	1.29390	1.15017	1.55212
a_{16}^*	0.93006	0.55462	0.55462	0.86749	0.49205

其次分别对标准化后的农业现代化和"三化"协调的指标值进行主因子的提取，结果见表 10-23。可以看出，从反映农业现代化发展水平的 19 个指标中提取 2 个主因子，其累计贡献率为 93.804%；从反映"三化"协调水平的 16 个指标中提取 1 个主因子，其累计贡献率为 89.165%。根据旋转后的成分矩阵图可知，反映农业现代化的主成分 1 是由除 b_2 和 b_{13} 以外的 17 个指标决定的，而主成分 2 主要由 b_2 和 b_{13} 2 个指标决定；反映"三化"协调的主成分 1 是由全部的 16 个指标决定的。

第十章 中原经济区现代农业发展对"三化"协调的影响

表 10-23 公共因子总方差解释

主成分	因子	提取因子特征值及其累计值		
		特征值	方差贡献率(%)	累积方差贡献率(%)
农业现代化指标的主成分	1	16.743	88.123	88.123
	2	1.079	5.680	93.804
"三化"协调指标的主成分	1	14.266	89.165	89.165

根据未旋转的因子载荷矩阵图计算每个主成分的因子得分。

$$Z_{in} = \sum \alpha_{ji} b_{jn}^* \quad (i = 1 \text{ 或 } 2, j = 1, 2, \cdots, 19)$$

$$Z'_{in} = \sum \beta_{ji} a_{jn}^* \quad (i = 1, j = 1, 2, \cdots, 16)$$

其中，Z_{in} 表示农业现代化指标体系中第 n 年第 i 个主成分的因子得分，α_{ji} 表示第 i 个主成分对第 j 个农业现代化三级指标的载荷量（见表 10-24），b_{jn}^* 表示经过标准化的第 n 年第 j 个农业现代化三级指标（见表 10-21）；Z'_{in} 表示"三化"协调指标体系第 n 年第 i 个主成分的因子得分，β_{ji} 表示第 i 个主成分对第 j 个"三化"协调三级指标的载荷量（见表 10-25），a_{jn}^* 表示经过标准化的第 n 年第 j 个三级指标（见表 10-22）。

表 10-24 农业现代化指标成分矩阵 α_{ji}（载荷量）

α_{ji}	b_1	b_2	b_3	b_4	b_5	b_6	b_7	b_8	b_9	b_{10}
成分1	0.987	-0.328	0.995	0.922	0.987	0.995	0.970	0.991	-0.986	0.965
成分2	0.104	0.832	0.000	0.247	0.088	0.052	0.059	0.059	0.062	-0.015

α_{ji}	b_{11}	b_{12}	b_{13}	b_{14}	b_{15}	b_{16}	b_{17}	b_{18}	b_{19}
成分1	0.933	0.979	0.533	0.985	0.995	0.998	0.997	0.996	0.989
成分2	0.043	0.086	-0.530	-0.053	-0.013	0.009	-0.005	-0.024	0.008

表 10-25 "三化"协调指标成分矩阵 β_{ji}（载荷量）

β_{ji}	a_1	a_2	a_3	a_4	a_5	a_6	a_7	a_8
成分1	0.953	0.982	0.973	0.925	0.964	0.994	0.997	0.518
β_{ji}	a_9	a_{10}	a_{11}	a_{12}	a_{13}	a_{14}	a_{15}	a_{16}
成分1	0.991	0.997	0.987	0.987	0.999	0.992	0.985	0.733

利用已经得到的各主成分的因子得分，分别得到各主成分的得分。

$$F_{in} = Z_{in}/\sqrt{\lambda_i} \quad (i = 1 \text{ 或 } 2)$$
$$F'_{in} = Z'_{in}/\sqrt{\lambda'_i} \quad (i = 1)$$

其中，F_{in} 是指农业现代化指标体系中第 n 年第 i 个主成分的得分，λ_i 为第 i 个主成分的特征值（见表 10-23）；F'_{in} 是指"三化"协调指标体系中第 n 年第 i 个主成分的得分，λ'_i 为第 i 个主成分的特征值（见表 10-23）。

最后核算出一级指标的综合得分，即各年份农业现代化指标的综合得分（见表 10-26）。

$$x_n = \sum g_i F_{in} \quad (i = 1 \text{ 或 } 2)$$
$$y_n = \sum g'_i F'_{in} \quad (i = 1)$$

表 10-26 农业现代化指标和"三化"协调指标的综合得分

指标	2000年	2001年	2002年	2003年	2004年	2005年	2006年	2007年	2008年	2009年	2010年
x	-4.28	-3.85	-2.83	-2.94	-2.04	-0.85	0.47	2.09	3.64	4.74	5.86
y	-4.31	-4.12	-3.44	-2.56	-1.94	-0.85	0.40	1.88	3.52	5.04	6.39

其中，x_n 为第 n 年农业现代化指标的综合得分（见表 10-26），y_n 为第 n 年"三化"协调指标的综合得分（见表 10-26）；

第十章 中原经济区现代农业发展对"三化"协调的影响

g_i 为农业现代化第 i 个主成分的方差贡献率（见表 10-23），g'_i 为"三化"协调第 i 个主成分的方差贡献率（见表 10-23）。

从表 10-26 可以看出，随着时间的推移，农业现代化指标和"三化"协调指标的综合得分都在逐年增大，表明河南省现代农业水平在逐步提高，工业化、城镇化和农业现代化尽管不协调，但其程度在逐渐减弱。

3. 回归估计

上述分析表明，随着农业现代化发展水平的提高，"三化"协调程度也在提高。那么，二者之间的相关性如何？影响程度多大？在此，采用相关性验证和回归分析予以说明。

将农业现代化指标综合得分 x 与"三化"协调指标综合得分 y 进行相关性分析，结果显示，Pearson 相关系数在 1% 显著水平下为 0.995，同时其散点图可以显示二者之间存在线性相关关系，从而对二者进行回归分析，得到：

$$y = 1.040149 \cdot x$$
$$(R^{2*} = 0.994130, t = 41.15357, D.W. = 1.882715)$$

t 值显著，$\alpha = 1.040149 > 0$ 符合经济意义，且 $R^{2*} = 0.994130$ 说明模型的拟合度很高。给定显著水平 0.05，通过 White 检验知 $nR^2 = 0.012819 < \chi^2_{0.05}(2) = 5.9915$，所以接受原假设，表明模型不存在异方差。但 $D.W. = 1.882715$，给定显著水平 0.05，当 $n = 11$，$k = 1$ 时，下线临界值 $d_L = 0.927$，$d_U = 1.324$，$d_U < D.W. = 1.882715 < 4 - d_U$，所以模型不存在自相关。结果表明，农业现代化水平提高 1%，"三化"协调程度就能够提高 1.04%，基本上是同步发展。可见，农业现代化在"三化"协调中的贡献突出。

四 小结

农业现代化是工业化、城镇化发展的基础，农业为工业提供原料、劳动力与发展资金；农业为城镇化供应农产品和大量剩余劳动力；农业的社会保障功能保持了社会的稳定，为工业化、城镇化带来了良好的发展环境。鉴于农业大省城乡"二元"经济、工农产业发展失衡较为突出的状况，"三化"协调的落脚点应该放在农业现代化建设上。一方面要加大对现代农业建设的支持力度，包括财政支出结构、基本建设投资计划、信贷等方面向"三农"倾斜，同时还要通过政策引导推动社会资金向"三农"倾斜；另一方面要激活农村经济，推进农业工业化，尽可能发展劳动密集型产业，吸纳更多的农村剩余劳动力，加快城镇化步伐。同时也要增强县域经济，支持有条件的县城逐步发展为中等城市，提高承接中心城市辐射和带动农村发展的能力。总之，农业大省的"三化"协调之路要"稳农""强农"，这亟须对农业现代化采取区域倾斜战略，确保在农产品有效供给的情况下与工业化、城镇化同步推进。

第十一章
中原经济区现代农业发展的经验借鉴与路径选择

第二次世界大战以来，发达国家先后以现代机械替代手工劳作，用现代科学技术改造和发展农业，用现代经济管理科学经营和管理农业，大大提高了农业的专业化、集约化和市场化水平，农业发生了根本性变化。而一个国家现代农业的发展模式究竟走哪条道路，主要由该国的土地、劳动力和工业水平决定。美国经济学家弗农·拉坦用实证资料证明了这条规律，世界上劳均土地在30公顷以上的国家，基本上走的是机械技术型道路；劳均土地在3~30公顷的国家，走的是生物技术－机械技术交错型道路；而劳均土地不足3公顷的国家，多数走的是生物技术型道路。以下分别就有借鉴意义的国际现代农业发展模式加以分析。

第一节 国际经验及借鉴

国外现代农业发展有三种主要模式，即以美国为代表的规模化、机械化、高技术化模式，以日本、以色列等国为代表的资源节约和资本技术密集型模式，以及以法国、荷兰为代表的生产集约加机械技术的复合型模式。

一 美国、日本、法国现代农业的发展模式

美国由于土地资源丰富，农业生产建立在农场的基础上，能够充分发挥现代农业的规模化生产和机械化作业。同时，美国现代农业生产拥有发达工业体系的强力支撑，不仅为机械化的实现提供了条件，也为现代农业的高科技提供了重要支持。农业高科技化是美国发展现代农业的重要保障。另外，机械化和高科技的实现需要高额资金的投入。这就构成了美国现代农业规模化、机械化、高投入型的发展模式。具体表现为"个人农场+合伙农场+公司农场"的规模化组织形式、"集约化+商品化"的机械化模式以及"高投入+高消耗+高补贴"的模式。

日本在耕地资源有限且分布分散的条件下，根据各地自然差异较大的状况，在优先发展农业生物技术以及水利技术的基础上培育出有利于发挥地区优势的农作物品种。主要有以"一村一品"形式的资源节约型现代农业发展模式和现代"MIDORI"（美多丽）绿色生态技术密集型现代农业发展模式。

法国是世界农业强国之一，农业外贸规模居世界第二位，仅次于美国。法国现代化发展起步较晚，落后于美国、英国和日本等国家。法国能够迅速实现现代化的根本原因在于法国选择了一条适合本国国情的农业生产模式，即以机械技术为主要特征，以先进技术为基础，辅以集约化、专业化和一体化生产为特征的集约化生产方式来实现现代农业的发展。其具体的发展模式为传统"集约+技术"复合型农业发展与现代多功能农业发展。

美国、日本、法国现代农业的发展模式都是在加大发展农业技术密集性的基础上进行的，但由于各国发展模式形成的基础、主导方向与政府作用不同而形成了不同的模式。

二　美国、日本、法国现代农业的政府支持

随着美国农业现代化进程的加速，相关的农业立法也在不断地进行调整。在美国现代农业立法中，价格支持、生产调控、价格稳定、扩大出口等成为其普遍目标。这些目标主要通过保护农业、林业和牧业土地，向人们提供安全营养的食品，向村民提供经济发展机会，支持乡村社区发展，为农业、林业产品开拓国外市场等方式来实现。通过国家税收、补贴、价格干预、信贷管理以及产量定额分配等手段，对农产品市场与农业内部资源配置进行有效调节，且政府每隔5年就出台一个"农业法案"计划，与一些科技计划相衔接。总之，美国政府通过颁布法律、制定政策，全方位地规范和引导农业健康发展。

日本分散的小农经济能迅速纳入现代化的轨道，主要是依靠日本政府的全面干预和强有力的宏观调控政策。日本不仅对农业发展中有关生产和经营方面进行了法律规定，而且对农业开发、农业资源利用和保护等方面也进行了相关的立法。在农业现代化的过程中，日本政府所起的作用要比美国更加重要。日本农业的发展和现代化的实现并不是自发进行的，而是日本政府有计划、有步骤地进行的，其现代农业的管理机构发挥着重要作用。

法国政府始终重视农业的发展，坚持将农业置于优先发展的战略高度，在有关农业发展的各个方面给予大力支持。法国的土地政策有利于土地集中，促成了法国农场的规模化经营，极大地提高了农业生产率；机械化政策激发了农户使用先进农机具的热情，使得农田耕作效率和土地产出率在较短时期内得到巨大提高；专业化政策在很大程度上促进了农业劳动的分工协作，既提高了农产品的质量，又便于管理和进行机械化的推广；财政、金融和外贸政策的倾向性，极大地鼓励了农户从事农业生产的积极性，同时也诱导了社

会资金向农业投资；健全的农业科技和推广体系的建立，为法国农业现代化提供了技术上的支持，也给法国农业的发展提供了动力（佚名，2009）。

可见，美国、日本、法国在现代农业立法支持、现代农业管理支持与现代农业政策支持上存在一些差异。

三 美国、日本、法国现代农业的组织化与现代化

现代农业的发展需要将农民组织起来，农业合作社就是提高其组织化程度的一条路径。

美国农业合作社完全由农民自发联办，没有任何官方色彩，主要活跃在流通及农产品初加工、储运和销售环节，不仅直接成为土地和市场联系的纽带，而且成为一种能够避免市场风险、保护农民利益的有效的合作经济组织。日本则是通过农协与农户建立了各种形式的经济联系，在产前、产中、产后各环节上使小农户同大市场对接起来，保护了农民的利益，同时，帮助政府贯彻农业政策、代表农民向政府施加压力的双重职责，在日本农业现代化过程中发挥了重要作用。法国现代农业合作组织主要是农民根据市场的共同需求而自发联合建立起来的，其形式主要有以家庭农场为基础和以流通领域合作社为主。法国农户基本上都成了合作社社员，农业合作社占据了农产品市场绝大多数的份额，生产资料和饲料基本上由供销合作社销售，90%以上的农业贷款业务，由信贷合作社提供。美国、日本、法国合作社虽然在形成方式与类型、组织职能以及与政府关系上存在差异，但在现代农业发展中均发挥着较大作用。

美国、日本、法国的现代农业各具特色，其现代化程度也各不相同。美国农业现代化程度很高，在科技方面，重视农业的研发投入，建立产学研相结合的现代农业科研体系，强调生物技术和化学技术的普及应用。在机械化方面，强调机械普及率的同时，重视农

第十一章 中原经济区现代农业发展的经验借鉴与路径选择

业生产内部各环节的机械化，基本上走大型化农业机械生产道路。在专业化方面，充分发挥区域优势，注重农工商分工协作专业化，实现了农产品生产、加工、销售的有机联系。在信息化方面，广泛融合信息化技术，运用卫星定位遥感技术以及成熟农产品市场，建设全国范围内的农业计算机网络。与美国相比，日本的农业现代化程度不是很高，以农业内部兼业向非农从业兼业转化为主，农业生产中主要鼓励使用专业化性能高的农业机械，推广中小型机械为农业生产的主力，同时也注重农村现代信息网络的建设。法国政府在推行农场经营规模化、生产方式机械化的同时，不失时机地引导本国农业走上了专业化和一体化道路，即区域专业化、农场专业化和作业专业化。专业化生产提高了农业的现代化水平，使法国农民人均收入达到城市中等工资水平。

四 美国、日本、法国现代农业发展的经验借鉴

美国、日本、法国实行了全面的现代农业政策，这些政策在增加农民收入和提高农产品国际竞争力等方面起到了很大的促进作用。作为发展中的农业大国，我国现代农业发展路径虽然不能照搬发达国家的道路，但可充分利用农业科技，提高劳动者素质，发展现代农业。在能实行规模经营的地方，可以通过有效地转移农村劳动力来集中土地，推行机械化生产；在经济发展较落后的地区，可以采取集约经营的方式，通过拓宽农业发展的深度、广度，实行产业化生产来发展农业。

发展我国现代农业，政府必须对农业进行必要的保护，完善政府支持农业的制度安排、组织管理和支持政策体系，加大政府对农业的支持保护力度。在农业产业化经营的发展过程中，我国专业合作经济组织有了较大的发展，但与现代农业发展的要求相比还存在很大差距，应大力支持农业合作经济组织的发展，加强农业科技推

广体系和农业社会化服务体系建设,有效保护农民利益,促进农业现代化发展。

第二节 国内经验及借鉴

对中原经济区现代农业发展的动力机制研究离不开我国现代农业发展的大背景。这里分别选取中原经济区西部毗邻的山西省和东部毗邻的山东省,以及整个区域进行农村综合改革的四川省、重庆市等进行现代农业发展的状况介绍,以期对中原经济区现代农业发展有所借鉴。其中,选取陕西省杨凌区作为中原经济区现代农业发展的科技推动型的参照;选取山东省寿光市作为中原经济区现代农业发展的产业创新模式的参照;选取成渝农村综合改革试验区作为中原经济区现代农业发展的政策驱动型的参照。

一 科技推动型现代农业发展——以陕西杨凌农业高新技术产业示范区为例

1. 杨凌区发展状况

杨凌区位于渭河流域关中平原腹地,东距西安市 82 公里,西距宝鸡市 86 公里,欧亚大陆桥陇海铁路线及西(安)宝(鸡)高速从区内穿过,是部分建成的徐兰高速铁路的重要节点,南距咸阳市区仅百余里,与西安共轭咸阳国际机场,另有其他多条国道、省道过境,交通十分便利。1997 年 7 月 29 日在咸阳市杨陵区成立杨凌农业高新技术产业示范区,规划面积 22.12 平方公里,纳入国家高新区管理,由陕西省直辖,并和 19 个中央部委共管,具有地级行政级别,管辖县级杨陵区,但因为其作为农业示范区的特殊性,尚未被我国主管行政区划的民政部单独列为行政区,仍将杨陵区划属咸阳市。杨凌农业高新区总面积135平方公里,其中国务院批准的示范区规划面积22.12平方公里,目前城市建成区约17平方公里。下辖一个县级杨陵区,有3个镇,2个街道办事处,87个行政村,总人口20万人,其中城市人口8万人。耕地面积10.6万亩,农民人均耕地约0.8亩。杨凌区是我国农业起源之地,历史文化悠久,自古就是"姜嫄腹地,后稷之根"所在。而今以农业高新技术武装起来的杨凌区再次成为我国现代农业发展的新标杆。

杨凌区内驻有西北农林科技大学等4所高等院校,其中西北农林科技大学是教育部直属高校,是国家"211"高校,也是迄今为止我国两所农林类的"985"高校之一。西北农林科技大学现有学科涵盖农、理、工、经、管、文、法、哲、史、医、教育11大学科门类,有植物病理学、土壤学、农业水土工程、临床兽医学、果树学、动物遗传育种与繁殖、农业经济管理7个国家级重点学科和作物遗传育种、农业昆虫与害虫防治2个国家重点(培育)学科,另有若干省部级重点学科和国家级、省部级重点实验室,在农业领域拥有雄厚的研究实力。其他大专和中专院校中,个别学校以农科为特色。强大的科研优势,为杨凌区现代农业发展提供了有力支持。

杨凌区记载了我国农业及农业科技文明史。远在4000多年前,我国农业师祖后稷在杨凌区这块热土上"教民稼穑、树艺五谷",成功地推动了我国原始农业向传统农业的过渡,创造了先古时期我国农耕文明和杨陵区农业的辉煌。民国二十二年(1933年),焦易堂与戴季陶、于右任、张继等国民党元老,力主发展大西北教育事业,振兴农业,以济民生,创办了我国西北地区第一所农业高等专科学校——国立西北农林专科学校,即西北农林科技大学的前身。

新中国成立后,国家和陕西省在这里又陆续布局建设了一批农林水方面的科教单位,到1997年示范区成立时,共有10家农科教单位,包括2所大学、5个研究院所、3所中专。在不足4平方公里的地方，聚集了农林水方面70个学科近5000名科教专门人才，可谓当之无愧的"农科城"。但是21世纪之前，杨凌区优质的农业科技资源仍处于分散运行状态，科技对现代农业发展的推动作用有限。李岚清同志1996年来杨凌区视察后认为，杨凌区"只能算个农科乡"。造成这种状况的原因，一是杨凌区当时缺乏基本的城市功能，从基础设施条件看只能算是一个落后的北方小镇。也正因为条件太差，以及体制上的问题，改革开放以后，这里出现了严重的人才流失，特别是农林类高科技人才的流失问题比较严重。二是当时杨凌区的科技、教育资源与当地农业发展相脱离，科技对农业的推动与支撑作用有限。为了稳定人才，发挥农科教优势，推进干旱、半干旱地区农业发展，在李岚清同志的亲自带动下，国务院于1997年7月13日批准成立杨凌农业高新技术产业示范区，并实行"省部共建"的领导和管理体制。目前，杨凌区是我国唯一的国家级农业高新技术产业示范区，由国家19个部委和陕西省人民政府共同建设，陕西省成立了由34个厅局组成的省内共建领导小组。示范区管委会享有地级行政管理权、省级经济管理权及部分省级行政管理权。享受国家级高新技术产业开发区的各项优惠政策、国家对农业的倾斜扶持政策以及西部大开发的各项优惠政策。

之后两年的1999年9月，经国务院批准，杨凌区10家农业科研教学单位合并组建为西北农林科技大学和杨凌职业技术学院。经过10多年的发展，杨凌区的科教实力明显增强，走出了农科教相结合、产学研一体化的办学新路。在校学生由合并前的1万名增加到了近5万名，各类研究生从700名增加到了近7000名。西北农林科技大学先后进入国家"985工程"和"211工程"建设行列，杨凌职业技术学院也被确定为首批国家示范性高等职业院校建设单位之一，进入了国家重点高职院校建设行列。

国家给杨凌区的发展定位是：通过体制改革和科技创新，把科技优势迅速转化为产业优势,依靠科技示范和产业化带动,推动我国干旱、半干旱地区农业实现可持续发展,带动这一地区农业产业结构战略性调整和农民增收,并最终为我国农业的产业化、现代化做出贡献,要在农业改革发展思路,培养、吸引、发挥人才作用,农科教结合,产学研结合,科教体制改革,干旱农业研究和开发,对外交流与合作,省部共建,农业产业链延伸及行政管理体制改革十个方面发挥示范作用。

经过10多年的发展,杨凌示范区已成为陕西省经济最具发展潜力的增长点和西部大开发的亮点,已被国家批准成为向亚太经合组织开放的十大工业园区之一,是国家重点支持的五大高新区之一和全国六个海峡两岸农业合作试验区之一。

作为国家级的农业高新技术产业示范区,杨凌区的发展成就主要表现在以下方面。

一是健全了现代农业产业体系。杨凌区充分发挥区内的农业科技先导优势,抢抓机遇,积极调整产业结构,大力发展设施农业、畜牧、苗木花卉、名优新特杂果、良种五大产业,建成了一批优质农产品生产和示范基地。

二是构筑了现代农业园区基本框架。杨凌区业已建设了一个设施较为配套、功能比较齐全、初具现代化水准的园区硬环境。示范区成立15年来,固定资产投资和地区生产总值分别增长了近103倍和15倍,分别由1997年的0.53亿元和3.83亿元增加到2011年的55.01亿元和60.79亿元,年均增长39.3%和16.8%(各年投资、GDP总量及增速见表11-1和图11-1)。其中,基础设施和公共服务设施投资近30亿元,包括几十万平方米高标准的安居工程、孵化功能齐全的创业中心、四星级的国际会展中心等。

三是实现了现代科教体制的重大转轨。科教体制改革取得重大突破,科教实力和科技创新能力明显增强。通过合并组建西北农林

表 11-1 1997~2011 年杨凌示范区固定资产投资与 GDP 总量增速情况

年份\指标	固定资产投资		地区生产总值	
	总量(亿元)	增速(%)	总量(亿元)	增速(%)
1997	0.53	—	3.83	—
1998	1.63	207.55	4.20	9.66
1999	6.69	310.43	5.25	25.00
2000	6.43	-3.89	6.20	18.10
2001	6.44	0.16	7.71	24.35
2002	13.25	105.75	9.29	20.49
2003	9.40	-29.06	12.33	32.72
2004	9.49	0.96	15.39	24.82
2005	9.96	4.95	17.36	12.80
2006	8.49	-14.76	20.75	19.53
2007	11.46	34.98	26.66	28.48
2008	16.05	40.05	33.67	26.29
2009	22.26	38.69	40.68	20.82
2010	36.33	63.21	47.29	16.25
2011	55.01	51.42	60.79	28.55

资料来源：杨凌示范区 2011 年内部年报及分析，《杨凌示范区固定资产投资和 GDP 关系实证分析》。

科技大学、杨凌职业技术学院等高校，科教资源得到有效整合，创新能力明显增强，实现了我国教育与科研单位的首例实质性合并。经过多年的探索，已初步构建出农科教相结合、产学研一体化的办学新格局。新体制和新机制激发的活力，推动了科技创新和高新技术跨越式发展，在旱作农业、水土保持、小麦杂交育种、生物制药、体细胞克隆、人体干细胞研究等众多领域相继产生了一批具有国际水平的成果。科技成果转化率由 1997 年的 32% 提高到了 2007 年的 45%，一大批科教人员走出校门，创办或领办科技型企业，一批技术成果实现了产业化。

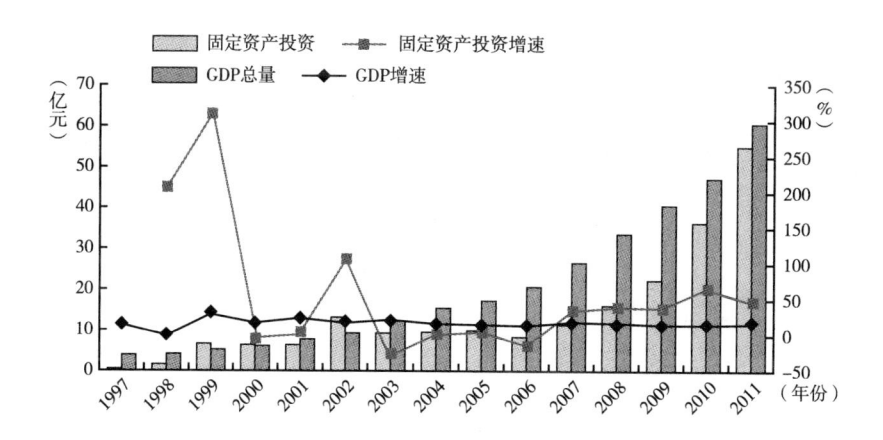

第十一章　中原经济区现代农业发展的经验借鉴与路径选择

图 11−1　1997~2011 年杨凌示范区固定资产投资与 GDP 总量增速趋势

四是优化了现代农业的投入运行机制。建立了符合市场经济要求和与国际惯例接轨的管理体制和运行机制，初步建立起了良好的投资环境。示范区成立以来，始终把环境建设作为生存和发展的生命线，着力创造一流的投资软环境。按照"小政府、大服务"的原则，建立了精干高效的管理机构。在全国较早实行了会计代理制，部门经费使用完全透明化，实现了有效监督；所有的工程项目全部纳入有形市场，公开招标，阳光操作；大宗公用物品购买实行政府集中采购制度；中层干部的公务用车和所有工作人员的通信费用实行货币化分配，基本体现了公平分配原则，降低了行政开支，同时有效克服了公务用车可能滋生的腐败问题；服务、办事推行首问责任制和服务承诺制等措施，努力树立诚信政府形象；等等。示范区还逐步健全了有利于企业发展的生产要素市场和社会化服务体系，先后设立了企业孵化、人才交流、证券交易、专利信息、信贷担保、投资咨询以及法律、会计、审计等中介服务机构，为企业提供全方位的社会化服务。良好的投资创业环境，为吸引人才、促进招商引资和加快农业高新技术产业发展创造了有利条件。

五是完善了现代农业科技示范推广应用机制。杨凌区充分利用农高会的科技示范效应、科研院所的辐射带动能力以及市场经济主体的实体承载功能，构建完善了现代农业的科技示范推广体系。首先是农高会业已成为杨凌区吸纳转化农业科技资源和生产要素的重要载体。省部已成功联办农高会18届，规模和影响越来越大，已成为我国四大科技会之一。农高会累计有来自全国各省、市、自治区和美国、法国、日本等40多个国家或地区的上万家国内外涉农企业，农业科教和中介机构以及近2000万客商和群众参展、参观。在农、林、水、牧、农机等方面的高新技术、实用技术及其产品的展示交流和交易，取得了积极成果。项目投资及技术、产品交易额累计2100亿元。这个日渐凸显国际气质的农业盛会，将持续对展示农业高新科技成果、促进成果转化和普及科技知识起到积极的推动作用。农高会已经成为以农业高新技术为龙头的农业综合要素大市场，一大批农业高新技术成果得到转化，大量实用技术得到推广，科技、人才、资金、物资等多方面信息被扩散和辐射，从而推动了农民增收致富，推动了农业经济结构的战略性调整。其次是示范区管委会与两所大学及入区企业，先后在陕西关中、陕北、陕南以及16个省份的不同生态类型区，建设了116个农业科技示范区推广基地，入区企业共在全国30个省份建立示范点和原料基地1258个，涵盖了农作物良种、畜牧、苗木花卉、设施农业、生态农业、水利水保、荒漠治理等众多领域。据不完全统计，示范区管委会和两所大学建设的科技示范基地共引进国内外优良种1500多种，累计推广农业实用技术600余项，推广面积8000多万亩，治理水土流失面积200多平方公里，培训农民300多万人次，每年的对外示范辐射效益超过100亿元。最后是在围绕示范区内外科技示范、促进农村发展和农民增收方面，逐渐摸索出了一些可供推广的经验和模式。例如，金坤、科元公司采用"公司+科技人员+农户"的产业发展模式,与科教人员、农户结成了利益共同体,成为带动农业化和农民增收的龙头。杨凌职业技术学院在校村共建、技术示范的实践中,总结出了技术指导型、股份合作型、经济共同体型、公司带动型四种农业产业发展模式。同时,积极引导、鼓励并规范发展各类专业协会和经纪人队伍,走"科技+专业协会+农户"的道路,逐步建立农产品生产、加工和销售一体化的产业化经营体系。示范区内产业结构调整步伐明显加快,设施农业、畜牧业发展迅速,成为最具发展活力的主导产业。农民收入增长迅速,杨凌区农民人均纯收入从1997年的1396元增加到2003年的2843元,年均增长12.6%。

六是实现了现代农业发展的典型示范及内引外联。杨凌区对外交流不断扩大,绿色旅游悄然兴起。示范区成立以来,打破传统的生产和管理模式,积极参与国际合作与交流。通过引进农业高新技术,发展农业高新科技产业,提高了竞争力和内在需求,促进了示范区从小农经济向商品经济、从传统农业向现代农业的转变。先后同美国、日本、法国、加拿大、澳大利亚、以色列、中国台湾、中国香港等30多个国家或地区的有关政府、科研机构、企业和大学建立了密切的联系。同时,以农业观光和科技游为主的特色旅游正在成为示范区发展的一个新亮点。目前,杨凌农业高新技术产业示范区已被确定为首批工农业旅游示范点。西北农林科技大学昆虫博物馆被陕西省旅游总局评为4A级景点,杨凌水运中心被陕西省旅游总局评为2A级景点。在旅游业的带动下,第二产业和第三产业发展迅猛,拓宽了就业渠道,就业形势发生了喜人变化。与1997年相比,累计新增就业岗位近万个,灵活就业人数超过1万人。

2. 成功经验及借鉴

近年来,杨凌示范区一改原有体制及运营机制,紧紧围绕

"现代农业看杨凌"的目标,按照"高标准规划、高科技支撑、高起点建设、高水平展示、高效益运行"的基本要求,遵循"科技先导、市场导向、机制创新、统筹发展、多元投入、生态循环"六大原则,规划建设了以"一轴一心八园"为主体框架的现代农业示范园区,创建了发展现代农业的全新模式。

一抓规划设计。示范区牢记肩负国家使命,立足"现代农业看杨凌"的目标定位,注重学习借鉴国内外先进经验,邀请农业部以及西北农林科技大学资深专家深入调研论证,按照"国内领先、世界知名"的目标,高标准、高起点编制了"一轴一心八园"的现代农业示范园区总体规划和控制性详规,在杨凌区100平方公里的农业用地上,布局发展设施农业、经济林木、精品苗木、小麦良种、花卉、食用菌、生猪及奶肉牛养殖八大类产业。同时,对水电路、公益区、批发市场等基础设施进行了系统规划和建设。建设中始终坚持先规划后流转、土地流转跟着规划走的原则,有计划、有步骤地推进,避免了土地流转的无序性和盲目性。目前,示范区现代农业园区的基础设施建设已全部配套到位,基本满足了广大农户和入园企业的生产和建设需要。

二抓宣传动员。示范区管委会先后多次组织干部群众、技术人员等赴山东、北京、天津等地考察学习现代农业,尤其是设施农业的发展情况,增长见识、开阔眼界。同时,组织区内产业大户现身说法、对比算账,充分调动广大干部群众发展现代农业的积极性、主动性和创造性。在此基础上,各级领导率先垂范,深入村组、农户及田间地头,广泛宣讲园区发展规划和扶持政策;人大代表、政协委员及社会各界人士积极建言献策;示范区公众信息网、杨凌电视台、《农业科技报》等新闻媒体,设立专栏深入探讨发展现代农业问题,及时宣传报道园区建设进展情况。这些都为园区规范化、规模化、精准化、设施化建设营造了宽松的工作环境和良好的舆论氛围。

三抓组织协调。示范区成立了由区领导牵头负责的园区建设包抓工作领导小组,各部门按其职责职能分别负责园区基础设施建设、产业发展、市场开拓等各项工作。同时,区领导坚持驻守园区建设一线,现场研究解决建设中的实际困难和问题,广大干部职工深入田间地头,具体检查、督促、指导园区建设及实施情况。

四抓配套服务。示范区制定了设施农业等八类产业发展扶持政策及奖励措施,协调金融机构降低门槛,简化手续,帮助农民解决现代农业发展中的资金短缺等难题。先后成立了农民培训中心,实施了"十百千万"农民培训工程,着力加快培养新型农民队伍。此外,还聘请驻区两所大学的专家教授及农技人员,开展生产技术服务与现场指导,初步建立起现代农业标准化、信息化、市场化体系,确保现代农业发展以及园区建设的顺利推进。

五抓机制创新。创新土地流转模式,组建土地银行,是现代农业示范基地及园区建设中最富有成效的成功探索和尝试。三年多来,示范区成立土地银行33家,顺利完成了涉及3个乡镇、2.76万余亩园区建设用地的流转任务,指导组建了200多个农民专业合作社,带动6000多户农户发展设施农业,在园区建设、调动群众积极性、加强设施农业经营与管理等方面,发挥了重要作用。与此同时,还整合捆绑使用各类涉农项目资金1亿多元,加强园区基础设施建设,确保园区建设资金需要。此外,还坚持推行政府引导、企业出资、农户自筹、银行贷款等多元化投融资机制,引导和支持龙头企业与农民建立良好的生产经营和合作关系以及利益联结机制,为现代农业发展注入了新的活力。

通过多年来的成功探索,目前杨凌现代农业示范园区基本完成了既定的"建载体、搭平台、抓龙头、带农民"的目标任务,其

"展示、示范、生产、交流、展会、培训、创新"七大功能逐步得到全面体现，引领作用也得到有效发挥。

杨凌区成功探索了现代农业示范园区的发展模式，其示范引领功能不断增强，核心辐射带动作用的不断提升，对于毗邻的中原经济区现代农业发展极具启发借鉴意义。

一是应凸显现代农业园区在科技成果集聚及新技术、新品种、新装备应用上的先导示范效应。现代农业科技示范园区能够充分发挥资金、技术、人才等方面的优势，通过其特有的开发、孵化及熟化功能，将农业生产、产业发展与农业高新技术在园区实现有效对接，进而优化和重组生产要素，合理配置资源，为农业新品种、新技术、新成果、新知识的推广应用以及农业科技工程的实施提供平台和载体。杨凌现代农业示范园区历经从策划到建设的巨变，集聚了大量的农业科研新成果，吸引了来自四面八方的参观学习者，尤其是省内外多家企业入园发展，产生了广泛而深远的影响。目前入园企业达28家，其中投资上亿元的有4家。尤其是本香集团、秦宝牧业等企业不断发展壮大的历程及带动作用的增强，充分印证了引进一个龙头企业便能延伸一个产业链条，培育和形成一个产业体系，在更大范围、更广领域、更高层次实现资金、技术、成果、人才等产业要素的有效聚集，最大限度地发挥集成创新和带动作用。中原经济区是国家重要的粮食生产和现代农业基地，是全国工业化、城镇化和农业现代化协调发展示范区，是全国重要的经济增长板块，是全国区域协调发展的战略支点和重要的现代综合交通枢纽，是华夏历史文明传承创新区，现代农业发展是基础与支撑。中原经济区现代农业发展应高起点定位，合理谋划现代农业园区的科技先导示范作用。

二是应充分发挥现代农业园区科技示范推广的载体功能。杨凌现代农业示范园区多年来的探索实践，充分说明了园区化发展能够

第十一章　中原经济区现代农业发展的经验借鉴与路径选择

发挥和挖掘其自身优势，积极引进、示范种植国内外新品种，同时加强生物工程、信息网络等农业高新技术的引进、开发与推广，大大加快了无公害标准化生产、设施栽培、节水灌溉、立体种养等农业适用技术的推广应用，提升了农业高新技术的组装配套能力，推进了现代农业发展和农业现代化进程。中原经济区是国家重要的粮食生产和现代农业基地，加快转变农业发展方式，发展高产、优质、高效、生态、安全农业，培育现代农业产业体系，离不开现代农业科技的推广应用。现代农业园区是现代农业的展示窗口，有助于实现现代农业科技的产业化应用。现代农业园区以环境优美、设施先进、技术领先、品种优新、高效开放为特点，代表现代和谐农业的发展方向。结合中原经济区现代农业发展的战略定位，应创新发展以下园区形式：农村科技园区，包括农业示范园、农业科技示范园、高新技术示范园、工厂化高效农业示范园、持续高效农业示范园等；农业产业化园区，包括粮食生产产业化、肉类生产产业化、奶业生产产业化、温室业生产产业化等；农业旅游园区，主要包括农业观光园区、休闲农业园、采摘农业园、生态农业园、民俗观光园、保健农业园、教育农业园等；城市型生态农业园，主要是以农民为主体经营的生态庄园，在城市可称为市民生态农园；生态餐厅园区，包括温室餐厅、体验餐厅等。针对不同类型园区，创新性地发挥现代农业园区的科技创新承载功能。农业科技园区不是对农业技术的简单集成和推广，而是要突破传统农业技术体系，进行科技创新，将现代高新技术与传统农业技术进行组装、集成，形成能适应农业新技术革命潮流和市场经济发展要求的新型农业技术体系，推动传统农业向现代农业转变。

三是应注重现代农业园区体制与机制创新对于现行农村经营体制转型的引领示范作用。现行农村经营体制的基本特点是土地一家一户经营，农户承包地块分散零碎，不利于机械化耕作，不利于农业规模经营，也不利于现代农业及农业现代化的顺利推进。而杨凌现代农业示范园区建设进程中，打破了传统的小农经营方式，创新了土地流转模式，组建了土地银行，充分挖掘和利用了土地资源，实现了农业的规模经营，提高了农业生产效率，增加了农民收入。与此同时，还把现代企业管理机制引入园区建设和管理，实现了各类农业资源和市场的有效对接。实践证明，杨凌农业园区化发展及其规模扩大的过程，在一定意义上讲，就是不断探索和创新农村经营体制的实践过程。农业科技园区作为一种新型农业发展模式，亟须进行机制创新。通过市场需求导向作用，推进现代农业科技的产业化。

四是应强化现代农业园区发展对农业组织方式变革的内在激励功能。杨凌现代农业示范园区通过出台极具吸引力的扶持政策和得力措施，鼓励规划区内的农民广泛参与农业园区的建设和实践，极大地调动了广大农民加入各类专业合作组织以及参与园区建设的积极性和主动性，把农村剩余劳动力及分散的生产力集中起来，降低了生产和交易成本，提高了农业抵御自然灾害的能力，有效提升了广大群众发展产业、应对市场、实现增收致富的能力，形成了促进园区发展壮大的整体合力。中原经济区建设现代农业示范园区，应重视发展多元化的科技服务组织，加强园区与科研院所、大专院校等单位以及个体经济、民间、私营企业的联系，强化园区制度环境条件的建设，着力完善公共科技服务创新支持体系，努力实现科技院校与企业、科技成果与企业和农民、科技项目和信息与企业、农产品生产与国内外市场的有效对接。

五是应珍视现代农业园区对于发展现代农业的桥梁纽带作用。小农分散经营模式难以提供和满足农业现代化的各种条件。现行体制下，要按照农业现代化的要求，制定具体的建设标准，必须走以政府投资为主的发展模式，或通过各种途径筹措建设资金，先行试点，重点突破，以点带面，示范带动，全面推进。也就是说，通过快速扩大现代农业示范园区的规模，着力实现农业和农村现代化由点到面的全面推进。由此可见，杨凌现代农业示范基地以及现代农业示范园区的发展模式，无疑是中原经济区发展现代农业、实现农业现代化的重要路径之一。现代农业示范区建设必须与"三化"协调发展有机融合。注重农业功能的拓展，即除农业传统的产品供给保障功能外，还要注重农业的多功能性拓展。着力打造以都市农业区、规模高效农业区、生态绿色农业区为增长极，以现代农业先导示范区为增长点的现代农业发展新格局，形成不同特色的"三化"协调发展示范区。

二 产业创新推动型现代农业发展——以山东寿光蔬菜基地发展为例

1. 寿光蔬菜基地发展状况

寿光是山东省潍坊市下辖的一个县级市。原为寿光县，1993年6月1日撤县设市。寿光市位于山东半岛中北部，渤海莱州湾的西南岸，是我国最主要的蔬菜和原盐产地之一。东邻潍坊市寒亭区，西接广饶县，南接青州市和昌乐县，北濒渤海。纵长60公里，横宽48公里，海岸线长56公里，总面积2180平方公里，占全省总面积的1.43%，常住人口113.94万人（第六次人口普查数据）。

2009年，寿光市居全国综合实力百强县（市）第26位，稳居中国蔬菜之乡榜首，是"中国国际蔬菜科技博览会"（菜博会）举办城市。全市耕地面积141万亩，其中蔬菜播种面积80万亩，蔬菜年产量40亿公斤，产值40亿元。寿光市也是全国改革开放30周年18个重大典型之一，首创的"冬暖式蔬菜大棚"全国闻名，其蔬菜种植始终居于全国前沿水平，市场营销范围辐射全国。目前蔬菜种植面积发展到80万亩，其中有机蔬菜面积65万亩，有322

种农产品获得国家优质农产品认证，科技进步对农业增长的贡献率达70%。

家庭承包经营以来，寿光市就将蔬菜种植基地建设作为农业结构调整的主要方向与目标。30多年来，其农业的产业化水平不断提升，初步形成了南部菜、中部粮、北部盐和棉的梯次结构，优质高效农业得到了迅猛发展。目前，全市蔬菜面积发展到80万亩、优质粮食生产基地60万亩、棉田12万亩、冬枣5万亩、海淡水养殖10万亩、盐田133万公亩，建成畜牧标准化小区466处，畜禽存出栏总量达到5000万只，形成了万亩辣椒、万亩韭菜、万亩芹菜等十几个成方连片的蔬菜生产基地，全市涌现了"中国韭菜第一乡""中国胡萝卜第一镇""中国香瓜第一镇"等专业镇587个，农业生产基本实现了区域化布局、规模化经营和专业化生产。全市无公害蔬菜面积达到60万亩，先后注册农产品商标128个，有97种农产品获得国家优质农产品标志，成为"全国农业标准化示范区建设先进单位"和"全国农产品质量安全工作先进单位"。依托蔬菜品牌，大力发展农业龙头企业，全市农业龙头企业已达到350家，其中潍坊市级以上农业龙头企业21家，省级以上4家，带动80%以上的农民以"公司+基地带农户"等形式进入产业化经营体系。连续成功举办了11届"中国（寿光）国际蔬菜科技博览会"，第八届菜博会参观人数达到146万人次，签约招商引资项目73个，签约额89亿元。

在农业部门结构中，蔬菜种植的优势地位日益突出。以打造"全国最大最安全的蔬菜产销基地"为目标，大力发展安全农业、品牌农业和示范农业，全市被认证的优质蔬菜基地达到65万亩，有412个农产品获得"三品"认证，"独根红韭菜""桂河芹菜"获得国家地理标志产品认证，农产品质量安全监管模式在全国推广。积极开展农村综合配套改革试点，在全国率先推出了以农村住房、大棚、承包地等为抵押的新型贷款方式,被称作"寿光模式"。

2. 成功经验及借鉴

寿光市在发展现代农业过程中,通过调整农业结构、推行标准化生产、发展产业化经营等措施,加快转变农业发展方式,提升了现代农业发展水平,促进了农业增效、农民增收。

一是调整优化农业结构,推进农业发展由分散粗放向优势特色产业转变。立足自身优势,积极推进传统粗放式农业发展向优势特色产业发展转变。根据寿光市农业资源分布特点,对农业产业进行规划和定位,对经济效益低、带动能力弱、不具备发展前景的产业进行淘汰,通过规划引导、政策扶持、示范带动等措施,大力推进农业结构调整,逐步形成了南部菜、中部粮、北部盐和棉的梯次结构。蔬菜产业成为寿光市最具竞争力和特色的支柱产业,仅蔬菜一项,农民年人均纯收入达到4000多元。

二是实施标准化生产,推进农业发展由数量提高向质量提升转变。寿光市把标准化生产视为提高产品质量、提升产业发展水平的关键措施,通过健全五个体系,加强农产品质量安全监管,推进了农业发展由数量提高向质量提升的转变。随着标准化生产的深入开展,蔬菜质量稳步提高,在农业部每年5次对全国37个抽检城市农产品质量的抽检中,寿光市始终名列前茅,2009年农业部对寿光蔬菜检测的平均合格率为99.25%。第一是健全监管体系。市级成立了农产品质量安全领导小组,下设农产品质量安全监督管理办公室,具体负责全市农产品质量安全监督管理和标准化生产的总体规划和监督管理;镇级相应成立了农产品质量安全监督管理办公室和农业行政执法中队;村级实行了村委负责制。目前,全市形成了一级抓一级、层层抓落实的监管领导体系,为农产品质量安全监管提供了强有力的组织保障。第二是健全标准体系。按照"完整、接轨、配套、简便"的原则，以市场为导向，抓住主导产品，组织有关专家制定了《寿光市农业标准化生产操作规程汇编》和《寿光市农产品生产技术操作规程实用手册》，将农产品生产全部纳入标准化体系，彻底解决了无标生产、无标流通、无标销售的问题。第三是健全生产体系。农产品生产基地是产业化经营的"第一车间"。寿光市以企业为主体高标准建设基地，积极引导对达到标准的基地争取"三品"基地认证。全市建成了洛城农发、燎原果菜等20多处规模大、市场竞争力强的生产示范基地，其中有15处基地获得了国家"三品"基地认证，面积达68万亩。同时，对生产基地实行"技术培训、产品检测、技术规程、注册商标、标识销售"的"五统一"管理模式，建立健全生产记录档案，对全市14万户蔬菜种植户、40万个蔬菜大棚编制了身份证，做到有据可查、能够追溯。如寿光洛城农发绿色基地使用的蔬菜安全追溯条码，对销售的蔬菜可实现全程追溯。第四是健全检测体系。质量检测是确保质量安全的有效措施，市级投资1000多万元建设了市农产品质量检测中心，镇级检测室投资200多万元新上了28台高标准检测设备，全部配备了农产品质量流动检测车，农产品企业、基地、市场、超市均建立了检测室。村级对村头地边蔬菜交易市场进行了集中整治，全部配备了速测设备，形成了全覆盖的检测网络，实现了固定检测与流动检测、定样检测与抽样检测的有机结合。同时，建立了农产品质量安全视频监控与信息管理平台，把超市、龙头企业、各镇（街道）的村头地边市场速测室都纳入视频监控，各速测室速测仪数据接口直接与寿光农业信息网的服务器连接，实现检测数据的自动上传、统计、分析和处理。第五是健全品牌创建体系。坚持把推进"三品"认证、商标注册和名牌申报作为实施品牌战略的三大内容，不断强化措施，推进品牌创建工作。"桂河芹菜""独根红韭菜"被评为国家地理标志产品，全市有412种蔬菜产品获得"三品"认证,打造了"乐义"蔬菜、"王婆"香瓜等十几个知名商标。

三是发展产业化经营,推进农业发展由传统经营向现代经营方式转变。把加强发展产业化经营、组织引导农民进入市场作为推进现代农业发展的关键措施来抓。按照"巩固核心、扩展体系、突出带动"的思路,加大市场开拓力度,积极灵活地进行市场结构调整,提高农民进入市场的组织化程度。"巩固核心",就是不断改进寿光蔬菜批发市场的运作方式、交易手段、组织体系、市场发展战略和策略,进一步做大规模,扩大影响。寿光市对现有蔬菜批发市场进行了整合,投资20多亿元建设了全国最大的农产品物流园,占地面积3000多亩,预计年交易额将达到600亿元。农产品物流园的建设将进一步发挥寿光市在"买全国、卖全国"交易格局中的蔬菜集散中心、信息交流中心和价格形成中心作用。"扩展体系",就是以农产品物流园为核心,对外抓开拓,对内抓完善,构筑了与国内外市场相融合的现代化市场体系。配套建设了"十大蔬菜专业市场",带动了蔬菜运销、经营、中介等产业和人才、信息、技术等要素市场的发展,形成了内外相通、遍布城乡的市场网络。特别是创建了全国第一家蔬菜网上交易市场,年交易额216亿元。积极推广新型市场销售方式,先后开通了寿光至北京、哈尔滨、湛江三条"绿色通道"和面向国际市场的海上"蓝色通道"、网上通道,蔬菜销售范围辐射到全国30个省、市、自治区和10多个国家或地区。"突出带动",就是大力发展农业龙头企业,突出其对以产业化经营、标准化生产和品牌化销售为主要内容的现代农业建设的引领带动作用。寿光市认真贯彻执行上级关于扶持龙头企业的一系列政策,优化服务,加强管理,扩张总量,并着眼于提高企业的知名度和竞争力,积极推进企业上档升级。目前全市农业龙头企业发展到410家,其中有1家进入国家重点企业行列,有9家进入省重点企业行列，有48家进入潍坊市重点企业行列；有1家企业基地被列入国家标准园建设行列，有5家企业基地被评为省级标准化示范基地，有6家企业基地被评为潍坊市级标准化基地；有10多家企业的"三品"蔬菜进驻北京、济南、青岛等大中城市的260多家超市，实现了优质优价。同时，积极推动农村专业合作组织建设，提高农民的组织化程度。农村专业合作经济组织发展到300多个。农业龙头企业和农村专业合作组织的发展、辐射，带动了80%的农户进入产业化经营体系。

三 政策推动型现代农业发展——以成渝统筹城乡综合配套改革试验区为例

如果说陕西杨凌的科技推动型现代农业发展模式和山东寿光的产业创新推动型现代农业发展模式是就"农业而农业"的话，成渝地区围绕城乡一体化建设进行的综合配套改革试验区建设则是综合围绕解决"三农"问题、建设现代农业的一个典范。与前两个区域模式相比，其现代农业发展的内涵更加丰富，区域范畴更加宽泛，是我国继20世纪80~90年代后经济特区建设又一大区域发展模式的重大突破。在这个区域发展中，国家政策层面的供给作用显得异常重要。

1. 改革试验区发展状况

国家综合配套改革试验区的设立是我国在经济社会发展的新阶段，在科学发展观的指导下，为促进地方经济社会发展而推出的一项新的举措，它是我国改革开放后继深圳等第一批经济特区后建立的第二批经济特区，亦即我国的"新特区"。截至2011年12月，国务院已经批准了上海浦东新区综合配套改革试点、天津滨海新区综合配套改革试验区、重庆市全国统筹城乡综合配套改革试验区、成都市全国统筹城乡综合配套改革试验区、武汉城市圈全国资源节约型和环境友好型社会建设综合配套改革试验区、长株潭城市群全国资源节约型和环境友好型社会建设综合配套改革试验区、深圳市综合配套改革试点、沈阳经济区国家新型工业化综合配套改革试验区、山西省国家资源型经济转型综合配套改革试验区和厦门市深化两岸交流合作综合配套改革试验区10个国家级综合配套改革试验区。2012年，国务院又决定设立了2个"综合改革试验区"（区别于"配套"）：义乌市国际贸易综合改革试点和温州市金融综合改革试验区。

通过以上介绍我们可以发现，已经批复的12个综合改革试验区中，真正涉及"三农"及"现代农业发展"实质内涵的有两个：重庆市全国统筹城乡综合配套改革试验区、成都市全国统筹城乡综合配套改革试验区。由于两个试验区的地域相连、目标一致、属性相同，因此我们可以将它们合称为"成渝统筹城乡综合配套改革试验区"。

2. 成功经验及借鉴

成渝统筹城乡综合配套改革试验区的设立是我国解决"三农"问题的新探索，是我国现代农业发展的一项制度创新。成渝统筹城乡综合配套改革试验区将现代农业发展置于城乡统筹、"三农"问题的一揽子解决上，重点关注以下几个问题：第一，解决城乡空间结构混乱问题，促进城乡空间合理布局的形成；第二，解决城乡产业分工不明确的问题，确立城乡产业分工协作的新局面；第三，解决城乡居民权利与义务差异过大的问题，建立城乡居民合理的利益分享机制。

在综合试验区建设上，自上而下的政策制定主要集中在城乡行政区划、改革农业人口与非农业人口的二元户籍制度、建立城乡统筹的社会保障制度、调整城乡产业结构、建立明确的城乡产业分工、建立兼顾国家和农民利益的和谐的城乡土地制度等方面。通过对以上几项制度的城乡统筹改革，解决了现代农业发展的地从哪里来、人往哪里去、城乡统筹如何体现、产业结构如何调整等实质性问题，这就为现代农业的规模化、集约化、多元化等特征的形成打下了良好的基础。

经过近5年的探索，成渝统筹城乡综合配套改革试验区已经摸索出了若干现代农业发展的模式与路径。

第一，"五朵金花"模式。所谓"五朵金花"，是指成都市锦江区三圣乡的五个小村子。政府按照"城乡一体化发展"的要求，因地制宜地把这五个村子打造成"幸福梅林"（幸福村）、"江家菜地"（江家堰村）、"东篱菊园"（驸马村）、"荷塘月色"（万福村）、"花香农居"（红砂村）"五朵金花"。在经营模式上，围绕共同做大做强休闲观光农业这一主导产业，五个景区实现"一区一景一业"错位发展的格局。"花香农居"以建设中国花卉基地为重点，主办各种花卉艺术节，促进人流集聚。"荷塘月色"以现有1074亩水面为基础，大力发展水岸经济。"东篱菊园"依托丘陵地貌，构建菊文化村。"幸福梅林"用3000亩坡地培育20万株梅花，建设以梅花博物馆为主要景点的梅林风景。"江家菜地"把500余亩土地平整成0.1亩为一小块的菜地，以每块每年800元租给城市市民种植，丰富市民和儿童对发展绿色产业的兴趣。由于连片联户经营和"一区一景一业"创意新颖，打造出了各具特色、相互关联的休闲观光农业品牌。

第二，成都市新都区的花碑新型社区模式。花碑新型社区是新都区新农村建设示范点之一，辖区面积6063亩，耕地3398亩，辖18个村民小组，983户，3097人。花碑新型社区模式主要就是把以前散居的农户集中起来，建成农民集中居住社区。社区占地60亩，聚集农户145户，472人，有道路、广场、图书馆、放心商店、便民服务中心、福利院等完善的公用设施。在劳动力转移方面，社区大力推行"村企结对、车间进社区、加工进农户"的就业促进模式。目前，集中居住区就业率达92%，实现了充分就业。同时，成立了农产品配送中心。在产业支撑方面，社区大力推行"龙头企业+专合组织+基地+农户"的发展模式，依托成都市花中花生态农业发展有限公司、方兴食用菌合作社、川浙花碑蔬菜瓜果合作社等龙头企业和专合组织，规模流转土地2000余亩，用于发展大棚蔬菜、食用菌等高效经济作物种植和设施的农业建设。

第三，龙泉驿区跨区域整合的生态模式。成都市龙泉驿区位于成都市东部，是国务院正式命名的"中国水蜜桃之乡"。龙泉驿区由于受自然条件的制约，坝区与山区并存，其远郊山区与城市近郊的坝区发展不平衡矛盾比较突出。跨区域整合的生态模式就是有计划、有组织、有规模地实施高山、远山、深山区农民的分批转移，让农民下山进城，让生态产业上山，发展延伸产业链条。该模式率先在地处龙泉山脉深处的大兰村和位于城市发展近郊的龙华村进行试点，把偏远的大兰村村民转移到便捷的龙华村居住和生活。其主要的运作模式是由政府主导，中信集团投入资金、项目，与龙华农民办股份合作社并接收万兴乡大兰村农民组成股份公司，按照"两村整合、参股入社、拆院并院、生态移民、权益平等、共享成果、国企带动、政府扶持"的思路，将位居大山深处极旱极贫的大兰村与位居城市繁华坝区的龙华村全面整合。

第四，江北双溪村的农民转市民模式。双溪村地处重庆市江北区鱼嘴镇南部，面积3.31平方公里，辖16个社，572户，总人口1618人，人均纯收入4800元（2006年）。该村2006年被确定为全市新农村建设首批启动的100个示范村之一。2007年重庆市被确定为全国统筹城乡综合配套改革试验区后，双溪村成为重庆市市区共建新农村的第一个试点项目。

双溪村位于铁山坪以东的山脚下，交通闭塞。2002年以来，双溪村相继引进了金宏、光大奶牛养殖公司，大力发展以奶牛养殖为重点的白色产业，现已吸纳270多名村民就业，人均年收入超过1万元。村民种植牧草1500亩供应奶牛场，平均每亩收益是种粮收益的2倍。2005年底，双溪村被确定为重庆市新农村建设"千百工程"示范村后，江北区又将双溪村作为"农民转市民"工程的试点村，这给村里的发展带来了重大机遇，成立了重庆双溪新农村建设有限公司，对村里的土地统一实施招商经营。其具体的做法如下：一是农民转市民，即"自愿两放弃一退出"。针对村里有固定非农工作、有稳定收入来源的农村居民，凡自愿申请放弃宅基地使用权和土地承包经营权、退出集体经济组织的农民，按程序转变为城镇居民，并得到相应的经济补偿。同时在城镇户口登记、安排就业、子女教育、购房等方面都提供了相应的优惠政策。二是"村委会+公司"经营模式。为了促进规模化现代都市农业的发展，增强集体经济实力，将农村集体经济组织推向市场，组建了以村为单位、以村民个体的土地经营权入股为主要形式的重庆双溪新农村建设有限公司。目前，双溪公司作为合法的市场主体，已拥有4300多亩土地的经营权。重庆双溪新农村建设有限公司已与5家社会业主签订了土地承租合同，涉及土地面积近2000亩，业主承诺将按规划的"田园牧歌"主题要求对双溪村进行整体打造。三是产业发展带动循环经济。双溪村的产业发展围绕该村新农村建设的规划，定位于发展休闲观光体验式现代都市农业，以奶牛养殖和水果、花卉、特色蔬菜的两大环保产业为主。双溪村还利用奶牛养殖场，建设了具有迪士尼风格的奶牛科普观光园和西部奶牛博物馆，大力发展旅游经济。

以上成功经验的借鉴之处在于：第一，两个推力——政府主导和市场主体两个积极性缺一不可。尽管成渝城乡统筹综合配套改革试验区制度创新的色彩比较浓重,但政策引导解决"三农"问题与现代农业发展绝不是回到计划经济与集体化时代,市场对资源的配置仍然起基础性作用。"五朵金花"从建设到管理,始终体现了政府的强势推动。近几年来,在旧村庄改造中,涉及拆迁等各种农民实际利益的问题,各级政府按照"宜拆即拆、宜建则建、宜改则改"等办法改造了3000多户旧农居,把原来的6个行政村合并成5个景区,农民在新景区就地转市民,统一缴纳"三金",按照城市社区进行管理。区政府和街道办先后投资建设水、电、路、气和污水排放等公共设施。在政府的推动引导下,企业和农户投资8000多万元用于整修农居、新建花卉市场和游泳馆等经营性项目。第二,统一规划——亦城亦乡的城乡统筹规划建设。2000年在规划"五朵金花"建设规模时,成都市政府提出了"农房改造景观化、基础设施城市化、配套设施现代化、景观打造生态化、土地开发集约化"的高起点的科学规划思路,用景区模式打造国家级品牌观光休闲农业的大平台。对确定的规划方案,政府、企业和农户一张蓝图干到底,从而打造了国家4A级风景旅游区"五朵金花"的知名品牌。重庆江北的双溪村为了做靓、做优、做出精品,邀请国内著名策划机构"王志纲工作室"对双溪村新农村建设进行战略定位和深度策划,编制了以"田园牧歌"为主题的都市现代农业规划。第三,产业带动——突出都市农业、生态产业、休闲旅游业等地域特色。"五朵金花"走的是一条以旅游业为龙头,不断完善"公司+农户"的独特的经营和赢利模式之路,使旅游和土地开发互为补充,相得益彰,土地产出效益大幅增加。"江北双溪"确立了以奶牛为主的白色产业和以水果、花卉、特色蔬菜为主的绿色产业作为两大特色产业,下一步将大力发展休闲观光旅游业和现代都市农业。"龙泉驿区"按照"农民出山、产业进山"的思路广泛开展与企业、专业协会等的合作,在大兰村实现生态产业、现代农业、休闲旅游业等的集中发展，在原龙华社区区域实现市场物流、居家购物、新型工业等的集中发展。第四，身份转变——农民收入来源多元化，拓宽农民增收就业途径，提升农民生活质量。改革使试验区农民的身份发生了巨大转变，一部分转变为城市市民，另一部分依然是农民。但这里的农民已不是传统农民，而是现代农民。他们既拥有承包地、宅基地的转租收入，又可作为农业工人取得工资并获得相应的社会保障。例如，"五朵金花"开创的离土不离乡、就地市民化的生活模式，为农民提供了租金、薪金、股金、保障金四种稳定的收入。全区农村劳动力已转移就业9790人，登记安置失地农民就业率达89%。龙华村和大兰村的跨区域整合中，龙华农民股份合作社为大兰村移民同步提供人均35平方米的新居。同时，龙华农民股份合作社按政策为大兰村移民同步落实社会保险，社保费在龙华股份合作社收益中统筹解决。通过集体资产运作，移民和龙华股民将人均拥有集体资产金10万元，每年集体收益人均分配也将达到3000元以上。

以上仅对杨凌现代农业科技园区、寿光蔬菜产业园区和成渝统筹城乡综合配套改革试验区现代农业的发展状况进行介绍。尽管以上三种现代农业发展模式不能综括我国现代农业发展的全貌，但是也能达到"窥一斑而见全豹"的作用。中原经济区现代农业的发展无外乎也在科技创新、产业结构转型、制度激励、市场改革等方面发力，以上介绍均能对中原经济区现代农业发展有所借鉴。

第三节 路径选择

农业现代化是中原经济区建设的三个重要支撑点之一，是我国传统农业大区亟须提升的战略要点。按照主体功能区的原理、规律与方法促进中原经济区现代农业发展，符合现代农业区域发展、地区分工、突出优势、协调发展的经济社会规律,有利于中原经济区农业现代化建设和主体功能区形成的齐头并进。

一 针对不同主体功能区采用不同机制推动现代农业发展

制度创新、技术创新与市场改革至今仍然是推进现代农业发展的三大动力。但在不同区域这三大动力机制的创新模式与路径是有差异的。针对中原经济区不同主体功能区农业发展基础、社会经济条件和功能定位,重点采用不同的动力机制。

根据前面对中原经济区划分的五大农业主体功能区,在郑州城市圈都市农业区,制度创新的重点在于创新都市农业的发展模式,深化农业市场化的发展水平,达到较高水平的市场对农业资源的自由配置。在中原城市群外围高效农业区,制度创新、技术创新与市场改革应该围绕加深农业产业化、一体化的方向展开。在黄淮海现代农业特区,技术创新应体现在对提高粮食生产能力有决定意义的基础设施建设改善与物质技术装备提高上;制度创新应体现在粮食生产的规模化经营与增加农民粮食生产积极性上;市场改革应体现在保护种粮农民(企业)的利益上。在南部养护型特色农业区和西部防护型生态农业区,技术创新应体现在生态技术发展上;制度创新应体现在促使农民进行保护性耕作和对生态农业正向外部性进行合理补偿上;市场改革应该有利于实现特色农业产品(或服务)附加值。

二 协调好社会与经济层面的关系来引导主体功能区现代农业发展

按照国务院对主体功能区的划分,中原经济区现代农业发展的两大功能定位是国家层面上的粮食安全保障和生态安全屏障。而具体到中原经济区现代农业主体功能区划分上,除了执行国家层面的两大功能保障之外,还应该强调农业功能的拓展及与中原经济区整个社会经济发展的互动效应。在农业功能拓展上,要充分发挥农业的生态功能、社会文化功能,服务于中原城市群,特别是郑州市核心都市区的建设,发展都市社会性农业;关于农业与社会经济发展的互动效应,要强调农业现代化与中原经济区工业化、城市化建设的联动效应。这是对中原经济区现代农业建设进行主体功能区规划的前提与基础。

三 分类安排、渐次推进主体功能区现代农业发展

中原经济区现代农业建设的主体功能区规划是一个系统的、长期的工程,其实施必须进行分类安排、渐次推进。当前要做的主要工作是黄淮海现代农业特区和郑州城市圈都市农业区的规划。黄淮海现代农业特区的规划必须在指导思想、界线划分、发展导向、功能定位、资源评估、组织配套、重要政策倾斜、地方政策配套、资金投入、分步推进、组织目标等方面拿出可操作性的议案。郑州城市圈都市农业区的规划应该在产业布局与协调、土地制度改革与创新、政策导向、市场预测、村民社会工作配套、招商引资、优惠政策等方面做好先行调研和策划预案。下一个阶段要开始中原城市群外围高效农业区、南部养护型特色农业区和西部防护型生态农业区的现代农业发展规划。关于中原城市群外围高效农业区当前的规划重点是做好农业产业化布局、农业加工园区规划的可行性研究报告,以及农业物流园区的规划整合与可行性研究报告,以及农产品安全规范的优化方案、食品安全与市场规范的实施方案的制订;关于南部养护型特色农业区和西部防护型生态农业区现代农业发展规划,当前要做的主要工作是保护性耕作的贯彻与实施,轮耕、休耕、生态耕补偿的落实与到位,退耕还林工作的进一步深化,生态移民与工程移民的社会工作,清洁水源地的划定与保护,节水技术在林果经济中的推广,生态产品的品牌建设,等等。

Dynamic Mechanism of Regional Agricultural Development in China

政策篇——机制优化

第十二章
中原经济区现代农业发展的战略部署

中原经济区是一个区域内富有差异性格局的板块，这种差异性格局既有来自农业资源禀赋的，也有来自经济社会发展的，还有来自农业发展的社会传统的。通过以上章节的分析发现，中原经济区不同板块之间的差异构成了中原经济区结构性的发展格局，这也是从主体功能区发展中原经济区内不同区域现代农业的基础。不同主体功能区现代农业发展的机理不同，适用的政策机制也不同，只有针对不同区域制定不同的促进现代农业发展的政策，才能因地制宜，达到事半功倍的效果。具体来讲，就是在郑州城市圈都市农业区，发展富有多功能化的都市农业；在中原城市群外围高效农业区，发展农业产业化，将城市群强大的工业化加工能力整合进现代农业发展中来，延长农业的产业链条，提升现代农业整体效益；在黄淮海现代农业特区，集中体现粮食核心区的安全保障功能；南部养护型特色农业区和西部防护型生态农业区现代农业的政策设计则围绕着生态屏障区的功能完善来展开。

第一节　以多功能化农业建设为核心，打造郑州城市圈都市农业区

当前我国处在一个城市化加速发展的时期，有些区域还出现城市化的网络化与集群化，形成若干大都市区域城市群、城市圈或城市带。那么，在这些都市化地区是否还需要农业？都市化区域农业发展如何定位？日本东京都的一项民意调查显示：除生产功能外，85.4%的市民认为都市农业具有陶冶情操的教育功能；65.5%的市民认为都市农业具有绿化城市空间的功能；65.1%的市民认为都市农业具有形成城市景观的功能；50.8%的市民认为都市农业具有防灾减灾的功能；45.5%的市民认为都市农业具有休闲娱乐的功能。大阪府和日本农林水产省所进行的调查也同样证实了现代都市农业在生态保障、鲜活农产品提供、人与自然和谐发展等方面的重要功能，可见都市农业具有明显的多功能化（或者多功能性）的趋势（王威等，2005）。在中原经济区建设中，郑州作为中心城市的作用与地位日趋明显，城市化、工业化的发展也给郑州市都市农业的功能定位提出了许多新的要求，服务于郑州市城市化、工业化发展的都市农业建设迎来了前所未有的发展机遇。为此，可以借鉴国内外大都市区域城市群农业多功能化的相关经验，为郑州城市圈都市农业的发展进行多功能化的政策设计。

一　农业的多功能化的趋势

关于农业的多功能化（Agricultural Multi-functionization），在1992年的联合国环境与发展的里约峰会上通过的《21世纪议程》中，提出了"基于农业多功能特性考虑的可持续农业和乡村发展的综合计划"，此后，农业多功能化开始成为反思常规现代农业和

提倡可持续农业发展（Sustainable Agricultural Development）的热点。由于都市是现代经济较为发达的区域，都市农业对城市居民的生存保障功能在下降；同时，都市农业对城市经济的比例份额、对工业化的贡献份额在降低（一般在10%以下），农业的经济功能也在下降；而现代城市的空间结构与社会的能源结构状况的不合理性则使农业的多功能利用更具紧迫性（张占耕，2001）。农业的生态功能、社会功能等非经济功能日益上升，都市农业的效用趋向多功能化。

二 都市型多功能化农业的功能

现代都市发展是大量人流、物流、资金流、能量流在狭小的区域集成作用的结果，都市化的扩张与膨胀往往造成以下后果：噪音、污水、垃圾、汽车尾气、城市"热岛"等对城市生态环境的恶化效应；立体化的、拥挤的空间，交通繁忙的城市生活造成居民的社会心态失衡；单调的文化，"工业化过程中，人类主体对人类主体行动所创造的环境（文化）的改变"（安东尼·吉登斯，2000），在大都市区域表现得最为明显，使城市区域生活的价值也日益单一。因此，都市化的发展对城市区域环境、城市社区、市民心态均产生许多不利的影响，而农业是一个自然性状最明显的产业，是人类与大自然建立起的最近的接口，其作用与功能主要表现为以下几点。

第一，都市农业的生态功能。包括都市农业为城市区域提供优质的空气、清洁的水源；通过农作物的生物机理吸纳城市浑浊的空气，净化城市的污水，为喧嚣的城市减噪；从生态防护的角度，还可以为城市消减沙尘、调节空气、涵养水土，增加城市的防灾抗灾能力。另外，还有保持城市生物多样性的功能，避免城市生态的单一化等。

第二，都市农业的社会功能。都市农业随着其产业部门属性的不断弱化，其作为社会公共部门的属性日渐明显，从这个意义上讲，存在着很强外部性的都市农业正日益成为一个社会性农业（王威等，2005；周淑景，2003）。都市农业的社会功能主要有：为城市提供多样化的从业机会；是市民理解自然、体验农事生产过程、调节生活节奏的休闲方式；避免城市社会的单一化；等等。

第三，都市农业的文化功能。都市农业可以通过各种形式展示乡村的乡土文物、民俗古迹、乡土文化；对城市青年人进行农耕文化教育，是传承农耕文化的极好的形式。

三 郑州都市区多功能农业的发展设计

据郑州市农委统计，2010年城市圈各类观光休闲农业景点和项目已发展到400多个，年接待游客约2000万人次，实现综合收入近7亿元；全市花卉生产企业已达600多家，种植面积7.1万亩，年销售收入近6亿元。根据功能形态，可以将其农业分为生态农业、示范农业、休闲农业、体验农业四个类型。

1. 供给型与防护型生态农业

供给型生态农业主要是指满足城市圈市民对基本绿色农产品及特色农产品需求的生态农业。其功能已经超越了传统的温饱农业的阶段，主要是满足市民高层次的物质生活享受和安全的菜、禽、畜、水等农副产品供应。如今的郑州城市圈，沿黄渔业带初具规模，传统优势主打品种黄河鲤鱼已形成水产特色，销往郑州市及周边省区；其他的知名农业品牌，如中牟西瓜、荥阳石榴、二七樱桃、广武大葱也已经进入广大市民的厨房。围绕这些生态产品、特色农产品，郑州市的丰乐农庄、荥阳绿色中原等项目已经投资上亿元，建成了上万亩的绿色水果、绿色蔬菜、花卉苗木供应基地；郑州毛庄蔬菜基地也已经成为农业部批准的农产品生产基地与定点交易市场，年生态蔬菜产值达到10亿元，带动农户2万多户。

防护型生态农业的主要功能是为城市圈发展提供生态屏障和清新空气、幽静的环境等生态产品。目前郑州市已建成或在建黄河生态绿带、贾鲁河绿化廊道等多条绿色生态屏障，并预计在连霍高速以北区域实行限制开发的政策，力争在"十二五"期间打造黄河南岸连片生态农业防护区，一保城市圈黄河防汛之需，二备城市圈水源涵养之用，三避黄河滩区风沙侵扰之害。加上黄河湿地保护区以及其他生态保护屏障，郑州城市圈的防护型生态农业区已经达到近百平方公里的规模。

2. 示范农业

示范农业是对传统农业的生产力水平与经营水平的提升，主要功能是展现农业生产的技术魔力，挖掘传统农业中的特色元素，提高农业的经营水平，以产生广泛的技术与管理的扩散效应。因此大致可分为科技示范型农业和经营示范型农业。

科技示范型农业是一种技术密集型的高效农业。例如，位于新郑市的中荷农业科技示范园占地近2000亩，投资近3亿元，利用智能温室种植优质玫瑰，是一种典型的外向型设施都市农业。金水区高新农业示范园也是以高档名优特花卉品种培育为主的都市型农业示范园，已带动姚桥乡发展花卉苗木3000余亩。位于郑州市惠济区的郑州农业科技示范园区是融现代农业科技展示、科普培训等为一体的农业高科技示范基地。位于中牟县的河南省农业高新科技园2000年被中国科学院确定为中国科学院农业高新技术河南示范基地，主要从事动、植物新品种培育，生态观光果树、蔬菜、花卉及优质农作物生产，商品化种苗开发，畜禽及水产养殖等农业高新技术的示范和推广。其他的还有郑州市二七区侯寨乡的农业科技示范园、金水区庙李镇的蔬菜科技示范园、河南绿色中原食品公司等。

经营示范型农业的示范作用主要表现在经营形式的创新上。例如，郑州市南郊管城区的南曹金鹭鸵鸟观赏园、南郊的新郑野生动物散养园等，就以别出心裁的经营模式吸引了大量的游客，取得了较好的经营效益。经营面积不足200亩的鸵鸟园建成10多年来，已经先后接待游客800多万人次，实现经营收入近亿元。

3. 休闲农业

休闲农业是充分发挥和利用农业的多功能性和农业特有的生产经营方式，创造优美的绿色生态休闲环境，为人们提供观光旅游、休闲养生、生产体验、娱乐教育等多种休闲服务的特有农业类型（范水生、朱朝枝，2011）。郑州城市圈已经建立了北郊沿黄农业示范带、二七樱桃沟果乡风情游示范区、西区花卉苗木基地为依托的花乡农家风情游示范区、东南部农业生态旅游示范区为主体的"一带三区"休闲观光农业组团。目前，郑州市仅农家乐就达到450家，年接待游客850万人次，实现综合收入8500万元。

4. 体验农业

与休闲农业相比，体验农业在发展乡村旅游中，注重对农耕文化元素的挖掘，并强调游客的参与。体验农业大致可以分为文化体验型农业、教育体验型农业、生活体验型农业三种。

文化体验型农业。主要是各种形式的农业节会，如2010年郑州城市圈先后举办的荥阳石榴节和桃花节、中牟西瓜节、新密杏花节、新郑大枣节等，接待游客达187.6万人次，实现综合收入约1.8亿元。

教育体验型农业。由于郑州城市圈紧临黄河，形成了特有的黄河滩地、湿地地理风貌，也是中华民族的摇篮，形成了特有的民族文化内涵。同时，城市圈的许多乡村在历史上通常是风云际会之地，许多历史陈迹（如官渡之战、牧野之战遗址等）散落在田野村外。城市圈的惠济区、中牟县等通过对文化元素与历史元素的创意开发，已经成为体验母亲河、触抚历史的教育及休闲旅游之地。

生活体验型农业。主要是指在城市圈远郊区所开发的观光采摘基地、农家游、乡村旅游等休闲农业项目。新郑的龙湖结合当地的知名旅游景点，开发了休闲农场、度假疗养村、民宿庄园等生活体验式农业项目，"将游客请进来，住下来，自己采摘，自己加工，真正体验乡村的原生态生活"。在郑州周边的尖岗、常庄、金海、龙岗等水库开展的休闲垂钓和游客动手下厨房等旅游项目，也达到了生活体验的效果。

以上是对郑州城市圈农业多功能化的都市农业类型的剖析，各种都市农业类型的界限也并非十分严格。这些具体的都市农业形式有时可以统称为乡村旅游业，有时又可以统称为休闲农业，有时称作观光农业，有时又可以不准确地称作体验农业。但是不管使用哪个名称，它们都反映了都市型农业多功能化的发展特征，这些概念可以相互替代，没必要加以区分（范水生、朱朝枝，2011）。

四 郑州都市农业发展多功能化的策略

农业作为一个古老的、自然属性最强的产业，其生态功能、社会功能和文化功能是与生俱来的（何帆，2005）。不过在传统时期，由于物质的匮乏，农业的物质产出功能一直备受关注，而其生态功能、社会功能、文化功能则长期受到忽视；在工业文明时期，农业又作为一个相对弱势产业而存在，并且农业剩余一直被工业部门、城市区域所"抽取"，因此农业的经济部门属性得以凸显，而生态、社会、文化等农业的非经济属性又长期被掩盖。只有到了农业的现代化水平大大提高、农产品的供应能力大大提高、农业的经济产出减弱（通常由农业产出占GDP的份额降低来显示）之后，农业的非经济功能才逐步显现出来，越来越呈现多功能化的趋势。

我国农业当前正处于大转型的发展时期，从客观上讲，农业产值在国民经济中的份额已经降到 10% 左右，说明农业功能拓展的时机已经成熟；从主观上讲，我国也先后实施了农业结构调整、农业生产形式创新和"反哺"农业等各种政策，大大增加了拓展农业功能的推动力，因此，未来中国农业发展的多功能化是一个大的趋势与方向，在经济水平更为发达的都市化区域，这种趋势更加明显。顺应农业多功能化的趋势，针对郑州城市圈都市农业发展提出如下建议：第一，多功能化农业发展的工作应该做"实"，即都市农业的非经济产出不能脱离物质生产而存在，因此还应当注重农业的物质生产功能。城市圈农业要将重点放在蔬菜、水果、畜禽产品、水产品等食品原料的充足和优质供应上，要大力发展肉、菜、禽、蛋、奶等事关市民食物营养结构升级换代和"食品安全"的生态农产品的生产上。第二，多功能化应该做"虚"，即发展休闲、旅游、观光等多功能化都市农业时，不能简单地拘泥于惯常的"农家乐"、采摘等形式，而是要充分挖掘农业的文化元素、农事生产过程的社会内涵、农业生产与自然和谐的生态美感，不断创新休闲农业的产品形态，通过休闲、观光、体验农业过程真正发挥农业的多功能化。第三，郑州城市圈都市农业发展应立足中原经济区的自然、文化基础，服务于中原经济区现代农业发展的需要，拓展农业的多功能化。城市经济的发展过程要始终将生态建设、社会服务、文化传承作为都市农业发展的内核。

第二节 融通"三化"，谋划城市群外围区农业产业化

中原城市群外围高效农业区是经济区内"工业化、城市化、现代农业"发展整合水平较高的区域，主要表现在：工业化基础好，引致的城市化水平高，农业现代化的技术装备较强；城市化率

高，涉农企业数量众多，农副产品的消耗量很大，城乡居民的消费结构升级快。基于这么一个"三化"协调度，中原城市群外围高效农业区现代农业发展的重点应围绕农业产业化的路径展开，政策设计与机制优化也应围绕农业产业化区的建设进行。

2010年中原经济区城镇化率不足40%，而外围区域的城镇化率则达到50%以上，城市化水平高于中原经济区平均水平10多个百分点，高城镇化率就意味着高农产品消费水平和巨大的优质农产品消费需求；外围区域优质的农业资源特色明显，有许昌的高精粉高弹性面粉、开封的高出油率沙土地花生、焦作的铁棍山药等，这些优质的粮食、经济作物资源是区域内发展农业产业化"优炊"的"良米"；同时，经过多年的发展，外围区域已经发展起一大批市场结合度高、资源利用效率好、高成长性的涉农企业，如新乡的黄金晴米业、许昌的挂面及小杂粮加工等粮食加工企业，开封的花生油脂等经济作物加工业，漯河双汇、许昌大用等畜禽养殖业的深加工企业，均积累起了相当的农业产业化的基础。面向市场发展起来的农业产业化与一体化，是农工商的联结点，是"三化"统筹的纽带，也是农业增值的介质，是实现农产品单向度"食用"价值到多向度"市场"价值飞跃的重要环节。

农业产业化是外围区域现代农业发展的基础，也是其现代农业发展的优势，以农产品加工为载体和桥梁，打通农产品加工转化和贸易通道，有利于农产品附加值增加的乘数效应和滚动循环，是实现农业产业化和工业化良性互动，形成产业化提升农业、工业化富裕农民、城镇化带动农村发展格局的重要载体。要按照保障粮食有效供给和发挥比较优势的要求，引导外围区域内农产品加工、物流、市场体系建设的聚集效应，做大做强涉农企业和农产品市场网络，建立集农产品良种繁育、规模生产、精深加工、物流销售和循环利用于一体的现代农业产业体系。

一　涉农企业的培育是基础

在中原城市群外围高效农业区，依托粮食、畜禽、经济作物等优势农产品，支持开展农产品精深加工和综合利用，做大做强面制品、肉制品、淀粉加工、快餐食品等产业链，促进结构升级，提升产业附加值，逐步形成完整的农业产业体系。政府应该在扶优、做大做强等方面出台相应措施，实施"龙头企业倍增计划"，支持资源对路、市场前景广阔的中小食品企业快速发展；实施"龙头强质工程"，打造以食品工业为主的农产品加工业的企业集团。设立由省投集团主管专门投向中原城市群外围高效农业区的省管农业产业化重点扶持资金，加强区域内重点优势农产品加工业的基础设施建设，以优质的基础设施服务吸引优质的区内外、国内外大型食品企业的入驻。同时，外围区域的农业产业化还应该体现农产品加工的综合利用，以农业产业化链条的拉升来促进农民就业和创业。在财政、税收、金融政策上，加大对农业产业化企业的支持力度，鼓励大型农业产业化龙头企业利用品牌优势，搞集团化战略，实行标准化生产、规模化经营和一体化服务。同时，在黄河北的新乡、沿黄河的开封和黄河南的许昌、漯河建立外围区域次级农业产业化示范园，利用示范园的产业集聚和专业化生产的作用，引导中小食品企业集聚发展，培育特色食品产业集群；利用农业产业化联系效应强的优势，扩大农业产业化企业的对外开放，先以漯河临颍食品加工园为试点，积极开展招商引资，尝试建立全国性或世界性农业产业化大型企业的基地，以基地为支撑，发挥辐射带动作用，成熟一个，再试一批，滚动发展，延续良好势头，培植农业产业化龙头企业群。

二 涉农企业的集群发展是农业升级的核心

在外围区域建立"‖"字形的农业产业化带,一个是沿新乡-开封-许昌的粮经产品优势产业带,一个是许昌-漯河畜禽产品优势产业带。第一个产业带以面粉、油脂加工为中心,第二个产业带围绕肉制品加工展开,围绕从新乡优质大米加工,到双汇肉制品联合加工等农畜产品优势产业带建设,建立一批产业关联度大、精深加工能力强、规模集约水平高、辐射带动范围广的龙头企业,进一步提升现有企业的规模和技术水平,完善产业链条,形成发展合力。在开封、许昌等与郑州经济技术开发区、中牟农产品物流园、郑州航空港物流园的毗邻区域,建设能够与郑州城市圈物流体系配套承接的外围农产品物流园,重点推进粮食现代加工、物流、仓储,现代乳畜业的精细加工、市场稳价储备、战略轮次储备、冷物流等,同时发展建立确保粮食、畜禽产品的质量标准及现代检测技术、现代粮食农畜产品信息技术及管理等方面的产业化"软件"支撑体系。以农产品加工园区为依托,加大招商引资力度,吸引和鼓励区域外、境外投资者到粮食主产区开发粮食资源,兴办农产品加工企业。同时,实施走出去战略,鼓励外围区域内的龙头企业向区域外、国外优质农畜产品资源投资,特别是对国内资源相对稀缺的油脂业(如大豆种植与加工)进行投资,实行租地、借劳、舶来品加工等一体化经营的外向型农业产业化经营。

三 农产品市场流通体系建设是农业产业化的关键

第一,建立综合性的农产品市场体系,先期尝试在焦作和临颍各建立一个超级农业产业化产品的批发市场,用几年时间建成全国性的农产品中心市场。依托中心市场建设,全面发展多种类型的农产品市场流通业态。第二,建立农产品综合的网络信息平台,由河南省商务厅和农业厅联席主办、双汇集团承办"中国肉品交易网",发展集信息服务、电子商务、农畜产品政策走向分析等为一体的虚拟市场。第三,振兴农村农产品市场,鼓励各类投资主体通过多种方式建设农村日用消费品、生产资料连锁经营等现代流通网络,形成以集中采购、统一配送为核心的新型营销体系。第四,市场建设中,政府应当承担起相应的职责与功能,包括减免农产品运销环节收费,长期实行绿色通道政策,加快形成流通成本低、运行效益高的农产品营销网络。完善农产品安全、食品安全的制度与监管,为市场网络建设保驾护航。

第三节 培养"核中之核",建设粮食安全保障的现代农业特区

黄淮海地区是我国最大的农业综合开发区和粮食主产区,地跨京、津、冀、豫、鲁、皖、苏7省(市),河南省是我国三大核心区省份,其黄河北的黄海3市(安阳、鹤壁、濮阳)和黄河南的黄淮4市(商丘、周口、驻马店、信阳)则构成了黄淮海扇形区域的半幅扇面。而中原经济区则是将黄淮海地区和河南粮食核心区叠合起来,构成了粮食核心区的"核中之核",因此以区域内的黄淮海平原为中心进行的现代农业特区建设,对中原经济区和全国的粮食安全保障建设具有重要的意义,因而在现代农业特区建设的思路中,农业综合生产能力的提高、粮食综合产能基础的建设,就成为政策设计的中心。

一 以提高土地产出率为中心,打好确保粮食安全保障水平的基础

农业特区所涉及的4省14个地市粮食生产特征明显,但也是

劣势相对突出的区域与单元，主要表现为中低产田比重大、农业科技水平相对较低、人口众多、人地矛盾突出、水旱冰冻等自然灾害发生频繁等。因此，农业特区粮食安全保障能力建设要围绕提高农业物质技术装备水平和提高土地产出率进行构建。一要加强农田水利建设。该区域在20世纪80年代就已经进行了"黄淮海农业综合开发工程"，该工程覆盖的农田水利设施在发挥巨大作用的同时，保障能力不足、"拖尾巴"工程、用而不管、用而不葺、淤积废置等问题相继出现。近30年后，相继进入病险期。因此，国家要加大对农业特区农田水利建设的投入力度，进一步完善其防洪抗旱功能体系建设。加快推进洪水控制工程、主要河道治理、病险水库加固、农田基本建设等，形成完善防洪排涝体系的农田网络。二要开始对中低产田进行改造。农业特区有许多海河流域低滩区、黄患区、淮河流域行洪区等中低产田，尽管面积很大，但较为连片，应按照跨行政区统一规划、分工协作、集中投入、连片推进的要求，进行农田排灌、土壤改良、机耕道路和农田林网建设等，加快进行改造，将它们建设成高产稳产基本农田。三要提高农业机械化水平，加快农业机械装备发展，支持建立各类行政区级别和以农村社区为单元的农机专业合作社和农村社区农机联合组织，提高农机的利用效率；国家出资组建社会性服务的农机维修及管理组织，集中为农民提供高效率的农机服务；各级政府的路政、交管部门继续在农机跨区作业上为商业性农机服务队提供引导、过境、规费减免等方面的服务，为商业性农机作业提供制度保障。

二 以生物工程技术创新为突破口，加大粮食安全保障的科技支撑

大力发展粮食生产的生物工程与技术。高度重视小麦、玉米等主粮作物和红薯、高粱等杂粮作物的种业发展，搞好粮食种子科技

创新与品系升级。整合特区内跨省级行政区域的农业科研力量。黄河以北6市（安阳、濮阳、鹤壁、邯郸、聊城、菏泽），每市建立一个杂粮种苗科研、示范基地，每县建立一个种苗供应基地；在特区13市，每个地市建立一个小麦、玉米种苗科研示范基地，专司这两个品种粮食作物的种子科研、育种育苗试验、品系推广、初苗示范。

三　建立科学耕作体系，构筑粮食生产的可持续发展保障机制

建立特区生物质化肥原料、加工、配送科研基地，突破生物质肥料生产成套设备、集成工厂化生产的相关技术以及大田养分平衡体系与控制性工程，力争在2015年前建立特区生物质肥料集团，在每个乡镇配套建立一个规模化生物质肥料工厂，申请农业部循环农业的国际质量体系认证。彻底扭转粮食作物种植对化学肥料的依赖，以及化肥过量施用对粮食品质的影响和对农田水气系统的面源染污。建立特区粮食作物病虫害综合防治体系，包括作物带状种植规划与工程设计；轮耕、休耕计划与方案；无公害农药、环境友好型农药、生态农药的研发与区域适配体系的建立；病虫害防治技术基地建设与技术推广；病虫害天敌防治体系的建设；病虫害非接触式粘连板技术推广与管理；病虫草害物种入侵与阻隔技术体系的建设；病虫害种植体系隔离工程的建设（如臭椿、艾草、臭蒿隔离技术等）；传统病虫害防治技术的挖掘与整理优化；等等。

四　加强农业特区社会建设，提升粮食安全保障的社会基础

首先，要加快新农村建设，探索适应特区规模化粮食经营的"三地"归并与整合规划。关于耕地整合，实施耕地流转的产权制

第十二章　中原经济区现代农业发展的战略部署

度改革，推进粮食生产的规模化；关于宅基地整合，配合新农村社区建设，实施宅基地的产权化置换改革，以立体化的大农村社区、功能齐备化的新农村建设实现农村生活用地的集约、商品化使用；关于农村墓地整治，可以推进农村殡葬制度改革和农村新文化建设工程，逐渐消除"死人抢占活人地""神俗混杂""生产、生活、祭祀用地不分"等现象。通过对农村各类用地进行一揽子、综合化改造，形成粮食生产的规模化、连片化耕作，形成各类用地功能分化的农村土地供应格局，提高农地的利用效率。其次，要重视农村道路、能源建设。在"十二五"期间，力争新建农村道路10万公里，改建、修整农村公路10万公里，初步实现农村生活及生产道路的分离，建立专业化的农村公路养护队伍，初步实现"国资、民用、商养"的农村公路投管格局，建立农村公路投资公司与养护基金，将现代化的公路运营系统向农村延伸。新搭建农村电力线路20万公里，增加农村供电载荷20亿千伏，年新增农村供电量100亿千瓦时。大力发展农村清洁能源，集中实施新农村社区太阳能热水器一户一标配。到2015年特区铺设太阳能电池板2亿立方米，实现太阳能年发电量1000亿千瓦时；风能发电机30万台套，风能年发电300亿千瓦时；新建容积超3000立方米以上超大沼气50万池，实现年沼气制作15亿立方米，除基本满足居民用气需要外，年沼气发电100亿千瓦时。最后，加强粮食经营体系建设。新建、改建农村中小粮食仓库1.5万座（库容大于100万立方米），实施农户、农场生产"全粮入库"，防止传统粮食储藏中过大的损耗和品质降低，配套晾晒区、加工区、粮食物流节点建设；组建特区粮食集团，整合经济区内所有涉粮企业，强化粮食深加工能力建设，达到将经济区内所有小麦、玉米、红薯进行一次性浅加工率100%、二次性深加工率40%、进一步深加工率20%的能力；组建全国性的粮食交易及食品交易中心。

五 构建完善的支农惠农政策框架，提高农民粮食生产的积极性

我国的支农惠农政策框架主要由对种粮农民进行直补，对产粮大县进行奖励，对小麦、稻谷等主要粮食品种进行最低收购价收购，对种粮农民实行农机良种进行补贴等一系列政策构成。但这些体系在全国实施过程中呈现"千人一面"的状况。有些经济发达区域由于农村经济发展水平高，农民的非农收入、土地的非粮收入、土地的资本化收入水平高，支农惠农政策框架设计下的补贴很难撬动农民的种粮积极性，即呈现一种"你给补贴我不一定种粮"的政策反应。而对农业特区的农民而言，由于他们的农业种植结构较为单一，对粮食生产的依赖度高，需要国家给出一个合理的补贴，但是实际上得到的与发达地区的不以粮食为主要经营对象的农民得到的补贴是一样的，呈现"想得到合理补贴但是国家不给"的无奈，因此出现"种粮吃亏""多种多吃亏""多收了三五斗"的"丰收悖论"，这对特区农民的种粮积极性是一个极大的打击，严重削弱了国家粮食安全保障的基础。

就中原经济区粮食核心区建设的需要来看，现行的支农惠农政策依然有待继续完善，粮食安全特区需要特殊的政策设计。一是支农惠农的总量偏低，农业特区8000多万人口每年支农惠农政策设计下人均获取的补贴约为120元，共100亿元左右，与一个拥有5万名职工左右的中等国有企业的利润水平大体相当。二是支农惠农政策设计下的补贴结构不合理，"撒胡椒面"式的普惠性补贴对农业特区的农户是极不公正的，粮食核心区农户每年向区外调出的各类粮食大约为200亿斤，价值约240亿元，是他们得到补贴价值的2倍多。另外，在对种粮农民进行直补时，也存在着"瞄不准"的问题，向种粮大户倾斜的政策意图还没有实现。同时，直补"瞄

准"机制中最大的不合理在于,当农户将土地流转给其他农户耕种时,补贴没有随流转的土地走,即出现按人头补而不按耕种补的情况。在耕种补中,不管是种还是养,不管是种经济作物还是种粮食作物,没有体现对种"粮""农民"进行"直补"政策设计的初衷。

因此,为了在工业化、城镇化加快推进的背景下建立粮食稳产增产的长效机制,必须对现有的支农惠农政策体系进行改善。第一,要尽快制定和完善有关法律法规,明确界定财政总支出中"三农"支出的内涵,强化法律约束,建立财政资金"三农"投入稳定增长机制。要不断加大对"三农"的支持力度,逐步增加对农业特区粮农和产粮大县的补贴,继续加强农业农村基础设施建设,发展农村社会事业,缩小城乡差距和地区差距,形成完善的粮食生产补贴机制,改变让粮农和产粮大县、粮食主产区过多承担国家粮食安全的局面。第二,国家对粮食生产大县的奖励政策要进一步强化,中央财政安排的公共事业发展和基础设施建设等方面的投资要优先用于农业特区的产粮大县(如河南的滑县、河北的武安市、山东的曹县、安徽的临泉县等)。第三,要帮助农业特区积极探索不以牺牲粮食为代价的发展道路。目前农业特区大部分县市为粮食调出县(市)。据不完全统计,2010年14地市总调出粮食达260亿~340亿斤。由于特区的粮食产业化发展落后,调出的多为产品附加值低的原粮。本来"种粮就吃亏",在调出粮食的市场交易中又吃"重茬亏",长此以往,农业特区终究将滑落成"纯农区""纯粮区"和特殊的贫困地区。因此,建议中央依据农业特区的粮食贡献率不断增加的实际状况,在重大生产力布局上对特区给予支持,将与农业有关的科技攻关项目和农业科技高补贴项目向特区倾斜,以此调动农民的种粮积极性,推动粮产区的经济发展。第四,粮食生产是特区农户的"主业",要研究和重视特区农业发展主体不愿意种粮食的问题，逐步落实粮食新增农业补贴适当向种粮大户、农民专业合作社倾斜的政策。进一步提高小麦最低收购价格，并将特区主要粮食品种之一的玉米纳入国家最低收购价范围内，逐步引导市场粮食价格合理上升，确保农民种粮能够补偿成本并获得基本收益。

第四节 养护发展，构筑西南部生态安全保障区

在中原经济区内部，南部2市和西部4市将限制开发的生态区作为其主体功能，说明6市的人地关系配置非常敏感，改善人地关系的配置状况也是南部、西部生态安全保障区养护发展的关键。因此，关于西部、南部生态安全保障区建设，一要在"人"的方面做好文章，让"人"有去处，人有所业，安居乐业；二要在"地"的方面做好文章，给"地"减压，地有所养，环境再造。

一 加快农村剩余劳动力转移进程，提高人与环境的协调度

目前，南部、西部6市人口近3300万人，其中70%以上为农村人口。人均耕地面积低于中原经济区其他地区，人地关系较为紧张，加上近年来各级政府将6市许多区域的山区、林地、滩区划归为自然保护区、世界文化自然遗产、国家级风景名胜区、国家森林公园和国家地质公园，以及南水北调水源地保护、国家天然林保护、黄土高原水土流失综合治理、退耕还林等禁止开发的区域，6市人均耕地面积进一步大规模缩小的趋势不可避免。因此，加快农村剩余劳动力向外转移和农民工市民化进程，提高人与环境的协调度是6市生态屏障建设让人为环境涵养"挪窝"的重要工作。南部、西部特殊的区位交通优势也在促使6市农村剩余劳动力自发地向外转移。2009年6市外出务工人员达到近900万人，占劳动力

总量的55%左右，高出中原经济区其他区域，但从总体情况看，由于6市农村土地对农业劳动力配置的要求较低，今后一个时期6市农村劳动力转移的任务仍然很繁重。目前，6市农村劳动力总量为1600万人，在现有的农业生产力水平下，按劳均8亩地计算[①]，6市2300万亩耕地只需要300万~350万名劳动力耕种，至少有1200万名农村劳动力的剩余。以2010年6市农村劳动力转移就业规模700万~800万人计算，仍然有近500万名农村剩余劳动力需要向外转移。

南部、西部6市促进农村劳动力转移、促进农民工市民化，既有利于推进各地的城镇化进程，又有利于6市人口、资源、环境的可持续发展。推进6市农村劳动力转移，首先要立足于提高劳动者素质，在促进城乡义务教育均衡发展的基础上，加快在农村普及高中教育，推进职业教育和初中、高中教育的无缝连接，全面提高农村劳动力素质，增强其就业能力，为稳定转移农村劳动力打好基础。其次要稳妥进行信阳城乡一体化综合改革试验区的试点工作，大力发展县域经济，加速进行小城镇建设，允许符合条件的农民工在城镇就业和落户，转变为城市居民，积极发展服务业和劳动密集型产业，提高容人之量，促进农民就地转移、就近转移。待信阳的综合改革试验成功之后，向其他5市铺开，走出一条适合生态保障区建设的农村劳动力转移和城镇化发展之路。

二 以可持续乡村建设，带动循环农业和低碳农业发展

第一，加强农业资源保护。在南部、西部区域除了实施最

---

① 河南省人民政府发展研究中心刘云的研究是按照河南省劳均10亩耕地计算的。由于中原经济区南部、西部6市的地形中山区、丘陵、水田、黄土区、河滩区所占的比重较大，因此本书将南部、西部的劳均耕地面积缩小为8亩。关于河南省劳均耕种面积的研究见《中原经济区发展报告》（2011）。

严格的土地保护制度、制定耕地红线之外，还得对与农村自然生态密切相关的非耕地生态进行严格的保护，如黄土高原水土易流失区的土地、南水北调水源地滩区的土地、其他小流域区域的土地、居民区的裸露地均在保护之列。加快建立包括耕地在内的各类土地保护性补偿机制，设立土地保护基金，对农民和集体管护土地，特别是生态区域地（如草地、林地、坡地等）给予直接补贴。优化水资源配置，不管在生产中还是生活中，坚持全面节约用水，建立饮用水源保护制度，重点加强丹江口库区、南水北调中线工程输水沿线、豫西晋东南黄土区的保护。禁止借小城镇扩大之名，乱占耕地和生态保护土地，非耕建设用地的取得要严格执行耕地补偿制度，在执行好占补平衡、占劣补优的基础上，尝试实行"大补小占、补而不占"的生态地扩张计划，在中原经济区内首创"绿地储备、碳费交易"的试点。在新农村建设的整村合并中，要做好旧村改造中旧宅基地的复绿工作，向国土资源部申报"连片区域性土地复耕"项目，一则可以增加生态地存量，二则可以防止村庄改造带来的新的水土流失点的增加。

第二，积极推进农村循环经济发展。加快实施规模畜禽场沼气治理和农村用户沼气工程，推进农村生物质能源开发，扩大农村清洁工程建设规模。推进农作物秸秆综合利用，大力推广秸秆还田、秸秆养畜、秸秆气化等，推进秸秆利用的肥料化、能源化、原料化、饲料化、基料化。加强畜禽水产养殖污染控制，特别是在信阳、南阳水作区和水禽、水产养殖发达的地区，要合理规划畜禽养殖规模和养殖区域，禁止超环境容量养殖和在禁养区域内养殖，强化对农村再生能源的回收加工利用，对农村生活垃圾采取集中无害化处理，防止农村生产生活水域的富营养化，保护我国北方重要水源地的水质。

三　完善生态退耕机制，构筑经济区生态屏障

认真实施林业生态区建设规划，继续组织实施大别山区、伏牛山区、桐柏山区、秦岭山区、中条山区、太岳山区、太行山区的天然林保护、退耕还林、太行山绿化等林业重点工程，以及山区生态体系建设、生态廊道网络建设、村镇绿化等省级重点林业工程；做好淮河干流岸基防护林、淮河主流固沙林、丹江口库区滩涂水生丛林等生态工程林的建设；加强洛河上游防风固沙林工程、三门峡水库库区还草工程、黄河（下）中游水土流失治理，以及汾河、涑水河、沁河等黄土区域河流的水土流失综合治理，搞好防沙治沙工程建设。

四　发展特色农业，实现经济效益与生态效益共赢

山地、丘陵、高原面积构成中原经济区南部、西部两地地形的主体，适宜茶叶、中药材、小杂粮等特色经济作物的生长，因此发展山区特色经济是因地制宜发展区域现代农业的重要支撑点。另外，信阳水热条件好，是经济区内仅有的稻作主体区，南阳则是我国南水北调中线工程的水源汇集地和渠首区域，因而其特色农业还应该体现水作农业生态保护和清洁水源地涵养的内容，这些均构成了山区养护型农业区域功能定位的基础。西部区域特殊的黄土土质和汾河、沁河河谷肥沃的土壤能够产出优质的小米、高粱、莜麦、薏米等小杂粮作物，这又成为发展旱作特色农业的基础。豫西晋东南的黄土层区域适合柿、枣、苹果等温带水果的生长，这又为山区林果经济创造了有利的条件。

在南阳的西峡、信阳的新县等地，发展山茱萸、羚锐等中药材的山地种植，实施中药材基地化培育和产业化发展。在信阳市建立现代集约化的茶园采摘基地，开展茶叶品种开发的科研攻关，进行

茶叶品系的改造与升级。同时，引进茶叶、茶油等特色农产品加工龙头企业，培育一批像"信阳红""长竹园茶油"等全国知名的优质绿色农产品品牌；发挥两地的山地、水产、畜禽养殖的优势，大力发展像潢川华英等大型饲料加工、麻鸭养殖的国家级龙头企业。

成立国家杂交水稻工程技术研究中心信阳分中心，推进超级稻品种培育、品系推广和生态化种植，打造中国纬度最高的亚热带超级稻连片种植示范基地；实施信阳大米品质优化、口感宜化、加工精化工程，创造信阳大米加工经营的自主品牌。

在豫西晋东南建立林果、旱作种植带和加工营销中心，以此延长经济林果业、杂粮小杂粮作物业的产业链，通过果品、杂粮、小杂粮加工业的发展，提高农林产品的附加值；建立2个小杂粮科研示范基地、20个种苗繁育基地，扶持1个大型小杂粮加工龙头企业、3个大型苹果产业加工基地、2个大型柿品加工基地；加大国家、省级生态补偿的力度，在条件成熟的情况下，增加中原经济区生态特别补偿项目，增加转移性收入在农民收入中的比重，确保农民收入水平与环境改善同步增长。

参考文献

[1] Byrne, Robert J., "Risk Management Strategies for Producer-owned Peanut Shelling Cooperatives", Southern Agricultural Economics Association Annual Meeting, February 2005, Little Rock, Arkansas.

[2] Hagestrand, T., *Innovation as a Spatial Process*, Chicago University Press, 1967.

[3] Hansen, Mark H., Morrow, J. L., Jr., Batista, Juan C., "The Impact of Trust on Cooperative Membership Retention, Performance, and Satisfaction: An Exploratory Study", *Journal International Food and Agribusiness Management Review*, 2002 (5).

[4] Hicks, John R., *The Theory of Wages*, London: Macmillan, 1932.

[5] Karin Hakelius, "Farmer Cooperatives and Trust", Swedish University of Agricultural Sciences Forum Papers, 1999.

[6] Manfredo, Mark, "Agricultural Cooperatives and Risk Management: Impact on Financial Performance", American Agricultural Economics Association Annual Meeting, July 2003, Montreal, Canada.

[7] Manuel Núñez-Nickel, "Ownership Structure of Cooperatives as an Environmental Buffer", *Journal of Management Studies*, 2007, 11.

[8] Mar'la Bielzaa, "Finding Optimal Price Risk Management Instruments: The Case of the Spanish Potato Sector", *Agricultural Economics*, 2007, 36.

[9] Michael Cook, "The Future of U. S. Agricultural Cooperatives A Neo-Institutional Approach", *American Agricultural Economic Association*, 1995 (11).

[10] Ole Gjolberg, "A Portfolio Approach to Cooperative Price Risk Management", *Journal of Cooperatives*, 1999, 14.

[11] Schultz, Theodore W., *Transferming Traditional Agriculture*, New Haven: Yale University, 1964.

[12] Zeuli Kimberly, "Managing Yield Risk through a Cooperative", American Agricultural Economics Association Annual Meeting, August 2001, Chicago.

[13] 安春华等：《中原经济区范围界定研究》，《地域研究与开发》2010年第6期。

[14] 包宗顺：《论推进现代农业发展策略》，《农村经济》2007年第6期。

[15] 曹建民、胡瑞法、黄季焜：《技术推广与农民对新技术的修正采用：农民参与技术培训和采用新技术的意愿及其影响因素分析》，《中国软科学》2005年第6期。

[16] 程杰、段鑫星：《技术创新在现代农业发展中的哲学思考》，《农机化研究》2011年第2期。

[17] 程庆新、吴震：《大力发展农村合作经济组织 有效推动农业现代化——"现代农业与合作经济组织发展研讨会"综

述》,《中国合作经济》2011年第1期。

[18]《邓小平文选》(第三卷),人民出版社,1993。

[19] 董文俊:《评保罗·贝罗奇的"农业先行论"》,《咸宁学院学报》2008年第10期。

[20] 杜黎明:《中国主体功能区现代农业发展研究》,《经济纵横》2010年第4期。

[21] 段昌群、杨雪清:《生态约束与生态支撑》,科学出版社,2006。

[22] 范水生、朱朝枝:《休闲农业的概念与内涵原探》,《东南学术》2011年第2期。

[23] 冯开文:《合作制度变迁与创新研究》,中国农业出版社,2003。

[24] 付月红:《关于发展现代农业的思考及对策建议》,《经济师》2011年第4期。

[25] 高明国:《农业转型期我国农业负外部性的生成研究》,中国农业大学博士学位论文,2009.

[26] 郭红东、蒋文华:《影响农户参与专业合作经济组织行为的因素分析——基于对浙江省农户的实证研究》,《中国农村经济》2004年第5期。

[27] 郭红东:《龙头企业与农户订单安排与履约:理论和来自浙江企业的实证分析》,《农业经济问题》2006年第2期。

[28] 郭红东、钱崔红:《北美新一代合作社的发展与启示》,《农村经营管理》2004年第5期。

[29] 郭红东、杨海舟、张若健:《影响农民专业合作社社员对社长信任的因素分析——基于浙江省部分社员的调查》,《中国农村经济》2008年第8期。

[30] 郭九林、戴振福、顾春健、陈廷顺:《大面积机械直播水稻

技术经济效益分析》,《农业技术经济》2000 年第 1 期。

[31] 郭庆海:《中国农民合作经济组织产业分布差异解析》,《农业经济问题》2007 年第 4 期。

[32] 郭晓鸣:《农民专业合作社发展与地方政府的角色》,《中国农村经济》2005 年第 6 期。

[33] 国鲁来:《农民专业合作社发展的促进政策分析》,《中国农村经济》2006 年第 6 期。

[34] 何帆:《农业的生态功能及其与农业现代化路径之关系》,《农村经济》2005 年第 3 期。

[35] 何慧丽:《兰考县南马庄农民合作组织探索的实质意义》,http://blog.sina.com.cn/s/blog_4ce351fa01009wka.html,2008 年 6 月 11 日。

[36] 何嗣江:《订单农业风险管理与农民专业合作经济组织创新》,《浙江社会科学》2007 年第 11 期。

[37] 贺叶玺:《工业化、城镇化和农业现代化共生关系研究》,《改革与发展》2011 年第 5 期。

[38] 侯善惠:《河南农村劳动力转移问题研究》,《郑州大学》2007 年第 5 期。

[39] 胡定寰:《试论"超市+农产品加工企业+农户"新模式》,《农业经济问题》2006 年第 1 期。

[40] 黄珺:《信任与农户合作需求影响因素分析》,《农业经济问题》2009 年第 8 期。

[41] 黄珺:《异质性成员关系下的合作均衡——基于中国农民合作经济组织成员关系的研究》,《农业技术经济》2007 年第 5 期。

[42] 黄祖辉、张冬平、潘伟光:《求索中国特色现代农业之路》,浙江大学出版社,2008。

[43] 贾蕊：《农民专业合作经济组织运营中的风险及其防范》，《开发研究》2006年第2期。

[44] 金勇：《企业信息化评价指标体系及其评价方法》，《科技进步与对策》2003年第4期。

[45] 李宝玉等：《环渤海现代农业发展现状、思路与模式研究》，《农业现代化研究》2010年第1期。

[46] 李海玉：《关于现代农业发展问题的若干思考——以河南为例》，《中共石家庄市委党校学报》2011年第3期。

[47] 李海玉：《河南省工业化、城镇化、农业现代化协调发展研究》，《安徽农业科学》2012年第5期。

[48] 李佳怡、李同昇、李树奎：《不同农业技术扩散环境区农户技术采用行为分析——以西北干旱半干旱地区节水灌溉技术为例》，《水土保持通报》2010年第5期。

[49] 李铜山：《把现代农业特区作为中原经济区建设的内核》，《河南工业大学学报》（社会科学版）2011年第1期。

[50] 李铜山：《论中国现代农业持续稳定发展的支撑体系架构》，《社科纵横》2011年第2期。

[51] 李晓玮、胡心洁：《新型农业现代化："三化"协调发展的基础》，《河南日报》2011年10月27日。

[52] 李修彪、赵予新：《河南省现代农业发展的问题及对策》，《粮食技术与经济》2011年第2期。

[53] 李彦、赵小敏、欧名豪：《基于主体功能区的土地利用分区研究》，《地域研究与开发》2011年第6期。

[54] 李燕：《中国现代农业发展的历史经验与现实思考》，《科学社会主义》2011年第1期。

[55] 李永山：《中国农民专业合作组织创新模式——基于"合作组织＋期货市场"的视角》，《农业经济问题》2009年第8

期。

[56] 李争、杨俊:《农户兼业是否阻碍了现代农业技术应用——以油菜轻简技术为例》,《中国科技论坛》2010年第10期。

[57] 林毅夫:《制度、技术与中国农业发展》(第3版),上海三联书店、上海人民出版社,2008。

[58] 刘芳:《组织关系视角下的农民专业合作组织行政科层化问题研究——以用水协会(WUA)的构建和发展为例》,《农业经济问题》2009年第9期。

[59] 刘怀廉:《中原经济区发展报告(2011)》,社会科学文献出版社,2011。

[60] 刘静、赖会梅、刘雨珍:《杂交水稻直播优点及高产栽培技术》,《现代农业科技》2011年第4期。

[61] 刘宇翔:《农民合作组织成员参与管理的意愿与行为分析——以陕西省为例》,《农业技术经济》2011年第5期。

[62] 吕世辰:《农村社会学》,社会科学文献出版社,2006。

[63] 罗必良:《经济组织的制度逻辑——一个理论框架及其对中国农民经济组织的应用研究》,山西出版社,2000。

[64] 罗必良:《农民专业合作组织:偷懒、监督及其保障机制》,《中国农村观察》2007年第2期。

[65] 马驰、廖嘉、张荣:《农业企业化——中国农业现代化的必由之路》,《特区经济》2005年第2期。

[66] 马凯:《中华人民共和国国民经济和社会发展第十一个五年规划纲要》,北京科学技术出版社,2006。

[67]《毛泽东选集》(第五卷),人民出版社,1977。

[68] 梅德平:《订单农业的违约风险与履约机制的完善——基于农民合作经济组织的视角》,《华中师范大学学报》(人文社会科学版)2009年第11期。

[69] 梅德平：《中国农村微观经济组织变迁研究》，中国社会科学出版社，2004。

[70] 〔美〕埃弗雷特·M.罗杰斯：《创新的扩散》，辛欣译，中央编译出版社，2002。

[71] 〔美〕道格拉斯·C.诺斯：《制度、制度变迁与经济绩效》，刘守英译，上海三联书店，1994。

[72] 潘劲：《中德农村合作社发展及所面临的问题》，《中国农村经济》2000年第4期。

[73] 彭留英、冯继康：《山东省现代农业建设的动力机制及其途径研究》，《经济理论与政策研究》2009年第10期。

[74] 秦海：《制度、演化与路径依赖——制度分析综合的理论尝试》，中国财政经济出版社，2004。

[75] 任大鹏：《有关农民合作经济组织立法的几个问题》，《中国农村经济》2004年第7期。

[76] 〔日〕速水佑次郎、〔美〕弗农·拉坦：《农业发展的国际分析》，郭熙保、张进铭译，中国社会科学出版社，2000。

[77] 〔日〕祖修田：《农学原论》，张玉林等译，中国人民大学出版社，2003。

[78] 施士忠：《坚持优质、高产、高效打造上海现代农业示范基地》，《上海农村经济》2011年第2期。

[79] 石敏俊：《中国农民需要合作组织吗？——沿海地区农户参加农民专业合作社意向研究》，《浙江大学学报》（人文社会科学版）2004年第5期。

[80] 田林元：《浅谈中原经济区上升为国家战略的思考》，《科技创新导报》2010年第35期。

[81] 屠豫钦：《我国农药科学之发展》，《植物保护》2007年第5期。

[82] 完世伟:《中原经济区发挥农业优势的若干思考》,《黄河科技大学学报》2011年第3期。

[83] 万忠等:《转变农业发展方式,建设现代农业强省》,《南方农村》2011年第1期。

[84] 汪力斌:《农民专业合作经济组织与妇女发展》,《农业经济问题》2007年第2期。

[85] 王汉民、马俊峰:《谋划农业新发展,给力中原经济区》,《河南农业》2011年第7期。

[86] 王庆锋、鲍小明:《宁夏现代农业发展的现状、问题及区域功能定位》,《宁夏农林科技》2011年第4期。

[87] 王少伯:《建议国家在建三江设立农业特区》,《商业时代》2001年第12期。

[88] 王威、杨丹妮、方志权:《日本多功能性农业对我国都市农业的启示》,《社会科学》2005年第3期。

[89] 王新利:《农民专业合作经济组织的发展分析》,《农业经济问题》2007年第3期。

[90] 王秀峰、陈祥兵:《助推农业产业化发展 加快现代农业综合发展改革引领区建设》,《河南农业》2011年第5期。

[91] 王永苏:《试论中原经济区工业化、城镇化、农业现代化协调发展》,《中州学刊》2011年第3期。

[92] 王玉龙、丁文锋:《技术扩散过程中农民经营行为转变的实证分析》,《经济经纬》2010年第2期。

[93] 温铁军:《把农村金融留给农民》,《农村金融研究》2007年第1期。

[94] 吴海峰:《实施主体功能区战略,促进中原经济区科学发展》,《河南工业大学学报》(社会科学版)2010年第4期。

[95] 吴群:《农村剩余劳动力转移的前景与制度创新》,《现代经

济探讨》2003年第7期。

[96] 吴新生:《荷兰现代农业成功经验对黄淮四市的借鉴与启示》,《湖北农业科学》2011年第10期。

[97] 伍国勇:《基于现代多功能农业的工业化、城镇化和农业现代化"三化"同步协调发展研究》,《农业现代化研究》2011年第4期。

[98] 徐大伟、段姗姗、刘春燕:《"三化"同步发展的内在机制与互动关系研究》,《农业经济问题》2012年第2期。

[99] 徐金海:《"公司+农户"经营组织的制度缺陷及改进思路》,《农业经济》2002年第12期。

[100] 徐旭初:《中国农民专业合作组织的制度分析》,经济科学出版社,2005。

[101] 许锦英:《资源禀赋诱导技术变革理论述评》,《东岳论丛》2005年第3期。

[102] 杨承训:《关于中原经济区建立"农(业)谷"的建议》,《创新科技》2011年第1期。

[103] 杨桂梅:《豫南丘陵山区水稻直播高产栽培技术》,《河南农业》2010年第8期。

[104] 杨海霞:《解读全国主体功能区规划》,《中国投资》2011年第4期。

[105] 杨红炳:《发展现代农业重在农业组织制度创新》,《经济问题》2011年第3期。

[106] 衣保中:《中国现代农业发展路径的新思考》,《吉林大学社会科学学报》2010年第1期。

[107] 佚名:《发达国家现代农业发展路径》,《新农村》2009年第11期。

[108] 尹成杰:《农业多功能性与推进现代农业建设》,《中国农村

经济》2007 年第 7 期。

[109] 应瑞瑶：《中国农业合作社立法若干理论问题研究》，《农业经济问题》2002 年第 7 期。

[110] 〔英〕阿尔弗雷德·马歇尔：《经济学原理》，廉运杰译，华夏出版社，2005。

[111] 〔英〕安东尼·吉登斯：《现代性的后果》，田禾译，译林出版社，2000。

[112] 于华江：《试论农民合作经济组织资金短缺的解决途径》，《中国农村经济》2006 年第 6 期。

[113] 余芹、王若楠：《我国农业技术路线分析》，《南方农业》2008 年第 2 期。

[114] 俞姗：《福建省现代农业发展水平与对策研究》，《福建论坛》（人文社会科学版）2010 年第 7 期。

[115] 张改清、张建杰：《美国合作农业推广体制及其对中国的启示》，《中国软科学》2003 年第 7 期。

[116] 张红宇：《关于推进社会主义新农村建设的几个重大问题》，《新视野》2007 年第 2 期。

[117] 张培刚：《新发展经济学教程》，经济科学出版社，2003。

[118] 张伟：《水稻直播之争：我省粮食生产方式亟待转变》，《湖南农业科学》2011 年第 12 期。

[119] 张文妹：《着力培育农民专业合作社 加快推动现代农业发展》，《农村经营管理》2005 年第 7 期。

[120] 张晓山：《促进以农产品生产专业户为主体合作社的发展——以浙江省农民专业合作社的发展为例》，《中国农村经济》2004 年第 11 期。

[121] 张晓山等：《连接农户与市场：中国农民中介组织探究》，中国社会科学出版社，2002。

[122] 张晓山:《关于发展现代农业的几点认识》,《中国经贸导刊》2011年第1期。

[123] 张晓山:《现代农业需走向内涵式规模经营道路》,《中国发展观察》2007年第2期。

[124] 张占耕:《都市农业功能拓展》,《光明日报》2001年7月24日,B02版。

[125] 赵梦远、贾立平:《促进中国农村剩余劳动力流动的对策性思考》,《特区经济》2011年第2期。

[126] 赵排风:《城市化进程中河南农村劳动力转移模式和路径研究》,《河南农业》2010年第5期。

[127] 中国农学会耕作制度分会:《现代农业与农作制度建设》,东南大学出版社,2006。

[128] 中华全国供销合作总社国际合作社:《国际合作社联盟》,中国社会出版社,2009。

[129] 周淑景:《多功能农业与我国农业发展方向》,《广西经济管理干部学院学报》2003年第1期。

[130] 朱启臻、陈倩玉:《农业特征的社会学思考》,《中国农业大学学报》(社会科学版)2008年第1期。

[131] 朱兆良、〔英〕David Norse、孙波:《中国农业面源污染控制对策》(第1版),中国环境科学出版社,2006。

图书在版编目(CIP)数据

中国区域农业发展的动力机制：以中原经济区为样本/史自力等著.
—北京：社会科学文献出版社，2013.2
（中国区域经济发展动力机制研究系列）
ISBN 978-7-5097-4076-7

Ⅰ.①中… Ⅱ.①史… Ⅲ.①区域农业-农业经济发展-研究-中国 Ⅳ.①F327

中国版本图书馆 CIP 数据核字（2012）第 302994 号

·中国区域经济发展动力机制研究系列·

中国区域农业发展的动力机制
——以中原经济区为样本

著　者 / 史自力 等

出 版 人 / 谢寿光
出 版 者 / 社会科学文献出版社
地　　址 / 北京市西城区北三环中路甲 29 号院 3 号楼华龙大厦
邮政编码 / 100029

责任部门 / 经济与管理出版中心（010）59367226　　责任编辑 / 冯咏梅
电子信箱 / caijingbu@ ssap. cn　　　　　　　　　　　责任校对 / 李　惠
项目统筹 / 恽　薇　　　　　　　　　　　　　　　　责任印制 / 岳　阳
经　　销 / 社会科学文献出版社市场营销中心（010）59367081　59367089
读者服务 / 读者服务中心（010）59367028

印　　装 / 北京鹏润伟业印刷有限公司
开　　本 / 787mm×1092mm　1/16　　　　　　　　　印　张 / 22.5
版　　次 / 2013 年 2 月第 1 版　　　　　　　　　　　字　数 / 286 千字
印　　次 / 2013 年 2 月第 1 次印刷
书　　号 / ISBN 978-7-5097-4076-7
定　　价 / 69.00 元

本书如有破损、缺页、装订错误，请与本社读者服务中心联系更换

△ 版权所有　翻印必究